中国革命根据地货币总表

周士敏　马宪玉　贾章旺　著

中国金融出版社

责任编辑：赵燕红
责任校对：刘　明
责任印制：丁淮宾

图书在版编目（CIP）数据

中国革命根据地货币总表（Zhongguo Geming Genjudi Huobi Zongbiao）/周士敏，马宪玉，贾章旺著．—北京：中国金融出版社，2017.4
ISBN 978-7-5049-8873-7

Ⅰ．①中…　Ⅱ．①周…②马…③贾…　Ⅲ．①革命根据地—货币史—中国　Ⅳ．①F822.9

中国版本图书馆CIP数据核字（2017）第023273号

出版发行　中国金融出版社
社址　北京市丰台区益泽路2号
市场开发部　（010）63266347，63805472，63439533（传真）
网上书店　http://www.chinafph.com　（010）63286832，63365686（传真）
读者服务部　（010）66070833，62568380
邮编　100071
经销　新华书店
印刷　北京市松源印刷有限公司
尺寸　185毫米×260毫米
印张　13
字数　276千
版次　2017年4月第1版
印次　2017年4月第1次印刷
定价　68.00元
ISBN 978-7-5049-8873-7

前　言

中国共产党人创建和领导的革命根据地发行的货币在无产阶级革命史上是一个伟大创举。

马克思主义教导我们，上层建筑离不开经济基础。中国共产党人领导中国人民以马克思列宁主义为指导，在中国二十世纪二十年代初至四十年代末进行的一场轰轰烈烈的、天翻地覆的无产阶级革命，充分诠释了马列主义的这条真理。这场以推翻“三座大山”，把中国人民从半封建半殖民地的泥沼里解放出来的革命，根本目的是人民夺取政权，人民当家做主人。而革命根据地货币在这场战争中是至关重要、生死攸关的一个环节。

我们大家知道，早在1871年，巴黎爆发了无产阶级革命，成立了无产阶级的革命政权——巴黎公社。可惜，这一政权存在时间不长，她在反动派的围剿下被扼杀了。其中一条最重要的教训就是没有及时占领和没收代表着重要经济基础的法兰西银行。

历史的经验值得注意。在中国共产党人的革命史上，无论是参加北伐战争，还是领导的土地革命战争、抗日战争、解放战争中均把建立革命根据地银行放在至关重要的地位。实践证明，建立政权、成立银行，与取得革命的节节胜利具有必然的联系。走向成熟的中共各个根据地的创建者，战争推进到哪里，银行就成立到哪里。越到革命成功的后期，这一点做得越到位。1948年，随着解放战争的顺利进行，大片革命根据地连在了一起，亟须统一货币发行，因此，中国人民银行的成立整整早于中华人民共和国成立10个月。例如天津解放前夕，银行工作者紧随着军事工作者，在天津郊区的战争前沿等待着，随着解放军进入市区，银行即迅速进驻，在第一时间将第一批货币送达这个新被解放的大城市。

发行货币，必须遵循货币的发行规律，这就是要有足够的准备金，才能保证货币的足额兑付，才能使货币有购买力，才能得到人民的信任和拥护。无产阶级革命是人民群众、劳苦大众的革命，必须在任何时候、任何地方都要赢得人心，得到人民的拥护。在货币发行上，照样不例外。革命根据地货币每当发行时候，都要以自己占有的物资、粮食、食盐、法币（抗日战争初期的货币）、拥有的少量黄金、白银等，作为自己的货币发行准备，保证足额兑换。早期的中国共产党人，他们不但懂革命、懂政治，同样懂经济、懂银行、懂管理，因此，他们每到一处，发行的货币即为老百姓所接受和拥护。在阅读这些历史史料的同时，深深地为老一辈革命者这一成熟理念所感动。中国共产党人在宣传革命的同时宣传着共产党人的诚信，在那样的艰苦条件下真是难得。从成立中国共产党到成立中华人民共和国，28 年来，中国共产党领导的根据地货币得到了人民的信任，在军事上节节胜利的同时，在经济战线上同样战胜了敌人。在抗日战争中，日寇曾经大量印制和发行假票，用极不道德的手段套取我国物资，从经济上反映出反动势力的丧心病狂；解放战争后期，国民党反动派滥发货币，导致一日物价翻番数倍，充分印证这个势力已经无可奈何花落去。

印制货币，需要资材，中国共产党人既是勇敢无畏者，同时又是聪明睿智者。根据地处在偏远的山区、荒凉的僻壤，资材不足。但是我们的根据地银行的货币发行工作者，总能就地取材，无论是纸、布、银、金、铜、铁、木等，都能制成货币，达到促进物资流通、支援战争、发展经济的目的。看着这形形色色的革命钱币，她质朴、无华，像草根一样代表着坚定、顽强，代表着生生不息，代表着千万劳苦大众翻身求解放的探索历程。

货币，同样需要艺术。献身于无产阶级事业的革命者，从来就不缺少浪漫和激情。他们在制作的货币中，张扬着革命、张扬着个性、张扬着生机勃勃。无论是早期货币上的革命口号、革命纲领，还是后期栩栩如生的收割图、耕地图、火车、轮船、飞机，无产阶级革命者把艰苦的革命做成了艺术，他们把对明天的美好期望注入自己的作品，在货币流通的同时，流通着革命，流通着美丽，流通着希望，流通着未来。

中国革命根据地货币是无产阶级革命史上的瑰宝，是无数勇敢、智慧的革命先辈用自己的创造和牺牲留给我们一份极其宝贵的财富。这是一项伟大的事业所留下的遗产。研究她、珍惜她，是为了发扬、继承和传播她。我们相信，研究她的、喜欢她的人会越来越多。中国共产党人创建的革命根据地银行，发行的革命根据地货币，将在中国历史上永远放射着无比灿烂的光辉！

2016 年 11 月 8 日

目　录

第一章　北伐战争时期

1924 年至 1927 年中国共产党与中国国民党合作时期，中国共产党人发动了农民运动，成立了农民协会。其中南方各省开展得更早更快。1926 年，在北伐军占领的地区，农民运动得到更大规模的发展，湖北、湖南、江西、河南等省成为农民运动的重点。11 月，湖南省有 54 个县建立了农民协会组织。到 1927 年 4 月，湖南的农民协会会员达到 518 万人，几乎占全国农会会员的一半。

由于封建地主、土豪劣绅不甘心失败，他们转移资金，关店关厂，致使农副产品市场流转停顿，正常的借贷断绝，同时货币市场混乱，给农村经济和农民生活造成了极大困难。中国共产党人深入研究了这一现状，1923 年 1 月《中国共产党对于目前实际问题之计划》中就提出了“组织农民借贷机关”和实行低利借贷的建议。1925 年广东省召开第一次农民代表大会，通过《经济问题决议案》，提出“要创办农民银行（或叫信用合作社）”。1926 年 12 月，湖南省召开第一次农民代表大会，作出关于设立农民银行的决议。1927 年 3 月，毛泽东与澎湃、方志敏等人组成了全国农民协会临时委员会；毛泽东和陈克非、邓演达联名发表《对农民宣言》，阐述了农民的经济问题，研究了农民运动中的金融政策，提出，“在革命势力可及之地，……努力设立农民银行等条件极低的贷款机关，以解决农民资本缺乏问题。”

于是，各地农民协会纷纷成立自己的金融机构，发行各种银行流通券，方便了农民之间的贸易，促进了农村经济的发展。

第一节　柴山洲特别区农民银行银元兑换券

一、柴山洲特别区第一农民银行兑换券一览表

面额	年度		票幅	主景		主色		备注
	正面	背面	（长×宽）mm	正面	背面	正面	背面	
壹圆			67×133					竖式，白竹布

二、柴山洲特别区第二农民银行银元兑换券一览表

面额	年度		票幅	主景		主色		备注
	正面	背面	（长×宽）mm	正面	背面	正面	背面	
壹圆			67×133					竖式，白竹布

湖南省衡山县和湘潭县交界处，湘江在这里拐了 S 形的弯，形成两处三面临水的河湾，柴山洲就是其中的一处，离衡山县和湘潭县两县城都较远。1923 年春，中共湘区委员会及毛泽东曾派共产党员刘东轩、谢怀德到衡山开展革命活动，1926 年春天建立了中共柴山洲党支部。1925 年年底，中共党组织又派省农运特派员、共产党员贺尔康建立了“柴山洲特别区农民协会”，领导农民开展了减租、减息和清算土豪劣绅的斗争。贺尔康是湘潭县人，曾在湖南自修大学学习，后到广州农民运动讲习所学习，结业后回乡。1926 年 8 月，衡山县柴山洲特别区农民协会正式成立时，农会已经完全掌握了这里的政权。

1926 年 10 月，为克服“有产阶级与无产阶级之间经济绝交”给贫苦农民生产和生活造成的困难，柴山洲特别区农民协会设立了第一农民银行筹备处。订有银行暂行章程 12 条。经过两个月的筹备，共向富户筹集银行基金银圆 5800 元。12 月，召开了农会会员大会，公推文海南（农民协会委员长）为经理（管钱）、夏兆梅为副经理（管账），夏俊生、夏仁和、夏荣华、陈金堂、刘美林、李贵廉、夏竹贤等 7 人为监察员，制定暂行章程，定名为“柴山洲特别区第一农民银行”，行址设在农民协会会址柴山洲夏拜公祠。

这一银行是中国共产党创办的第一家银行，具有划时代的历史意义。

银行成立后，发行了以白竹布作币材的面额壹元的银圆兑换券，约两寸宽四寸长，由农会秘书文海云用毛笔写数字，共计发行5000 元。除在当地流通外，还与湘江对岸、湘潭县寺门前的“王十万”区联系，保证兑现。由于保证兑换券与银元等值兑换，信誉很好。目前没有见到此券的实物。银行业务包括发行票币、发放贷款和为农民协会办理平粜收款。

1927 年 3 月，柴山洲特别区第二农民协会在油麻田刘家祠堂建立了柴山洲特别区第二农民银行，创办的口号是“节制资本，救济贫困”。向官僚、土豪派捐不足 1000 元作为银行资金。选举肖雨成任经理、柳晋生任副经理、马观连（又名马正坤）任监察员。柴山洲特别区第二农民银行也发行了壹圆的白竹布币。

第一农民银行银元兑换券与第二农民银行银元兑换券等值流通。

1927 年 5 月，国民党反动派许克祥在长沙发动“马日事变”，柴山洲农会被迫解散，银行随之停办。彭克南置安危于不顾，通知贺尔康转移，自己遭清乡队暗算；第一农民银行经理、共产党员文海南被迫辗转他乡，儿子文青云被抓；副经理、共产党员夏兆梅为清理银行账目，决心不走，被清乡队抓进衡山县监狱，反动派在得不到任何口供后，将夏兆梅杀害在湘江边上；贺尔康第二年被湖南省财政厅长刘岳峙（柴山洲人）在长沙街头发现，遭枪杀。

第二节　浏阳根据地货币

一、浏东平民银行临时兑换券一览表

面额	年度		票幅	主景		主色		备注
	正面	背面	（长×宽）mm	正面	背面	正面	背面	
壹角								土纸石印
贰角								土纸石印
叁角								土纸石印
伍角	民国十六年	中华民国十六年一月	146×81	高尖楼	章程	红	青	土纸石印
壹圆								土纸石印

二、浏东平民银行信用券一览表

面额	年度		票幅	主景		主色		备注
	正面	背面	（长×宽）mm	正面	背面	正面	背面	
壹角								土纸石印
贰角	中华民国十六年三月	1927年	130×73	“常洋贰角”（中）、村舍拉锯（左）、农耕（右）、“拥护农工政策　打倒资本主义”（两侧）	章程	褐	棕	十纸石印
叁角								土纸石印
伍角								土纸石印
壹圆								土纸石印

三、浏阳金刚公有财产保管处常洋券一览表

面额	年度		票幅	主景		主色		备注
	正面	背面	（长×宽）mm	正面	背面	正面	背面	
壹角	十六年六月底		134×75	塔楼	布告	棕	蓝	土纸石印，另有十六年八月底绿版券
贰角	十六年六月底		135×73	塔楼	布告	绿	蓝	土纸石印
壹圆	丁卯六月		108×45	无	布告			土纸石印，竖式，另有丁卯柒月券和捌月券

四、浏阳文市生产合作社常洋券一览表

面额	年度		票幅	主景		主色		备注
	正面	背面	（长×宽）mm	正面	背面	正面	背面	
壹角			132×78	乡村	花符	红褐	浅绿	土纸印刷
贰角								土纸印刷
伍角								土纸印刷
壹圆								土纸印刷

1926年7月，北伐军进入湖南浏阳，8月成立了中共浏阳县委员会。中国共产党浏阳地方党组织领导的浏阳县农民协会于8月成立，1927年1月，湖南省浏阳县东乡6个区的农民协会，联合组成浏东平民银行。在辖内6个分理处发行纸币壹角、贰角、叁角、伍角、壹圆5种面额的“浏东平民银行临时兑换券”，每个分理处发行2万元，共计12万元。石印技术。银行集股金6万元，还以狮山、东教学所、公产东安会、共产东路会等不动产15万元作为信用保证金。保证随时兑换，信誉很好。兑换券发行后，浏阳县农民协会根据全省第一次农民代表大会《关于金融问题决议案》中“禁止城乡商店或个人发行银票”的规定，宣布禁止使用市票和银元。

1927年3月，浏东平民银行改发壹角、贰角、叁角、伍角、壹圆5种面额的信用券12万元，全部收回兑换券，流通范围和办法照旧。

目前收集到贰角和伍角的实物。贰角券正面印有农耕和锯木两图和“拥护农工政策”、“打倒资本主义”字样，具有鲜明的阶级性。背后印有银行章程、股金和不动产信用保证。此券发行后，农会宣布原地主豪绅所办的公钱局以及商人集资办的商钱局所发行的市票、期票一律停止使用；市场买卖，不准使用光洋，凡持光洋去农村收购土特产如土纸、茶、茶油的商人，事先要到银行兑换纸币。

浏阳县城南金刚区是南乡比较繁荣的一个集镇，以生产爆竹为主。1927年1月成立了农民协会。由于鞭炮商都携款逃往长沙、武汉，店号关闭，农民生产的鞭炮无人收购，经济停滞，现金短缺，贫苦农民的生产和生活受到影响。1927年2月，区农民协会委员长、中共党员何文渊组织召开公法团体联席会议，决定成立“金刚公有财产保管处”，负责接受管理全区的学校、祠堂、寺庙、桥会、路会等公有动产和不动产，以公有财产作保证，发行“浏阳金刚公有财产保管处常洋券”，用于收购鞭炮等交易，定期交换，在金刚、大瑶一带流通，受到群众欢迎。目前搜集到壹角、贰角、壹圆3种常洋券。

1927年1月，湖南浏阳县南部地区文市区农民协会组建了生产合作社，具有生产、消费、信用三种职能，并于3月发行了“浏南文市生产合作社常洋券”，有壹角、贰角、伍角、壹圆4种。以黄麻丝棉纸作币材，与银元等值行使，在当地流通。目前收集到的有横式贰角券，由江西省袁州（宜春）富绮石印局印制。

第三节　黄冈县农民协会信用合作社流通券

黄冈县农民协会信用合作社流通券一览表

面额	年度		票幅	主景		主色		备注
	正面	背面	（长×宽）mm	正面	背面	正面	背面	
壹串	民国十六年		147×73	树、亭（左），“黄冈县”（两侧）	地球与雄鹰（中）	浅红	红	雕版印刷，另有蓝版

1926 年 10 月，北伐军进入武汉。湖北的黄冈、河南的信阳、安徽的六安等县地建立了 20 余个农民协会。1927 年 3 月，黄冈县全县成立了 16 个区农民协会，260 多个乡村成立了分会。为了免除贫苦农民遭受高利贷的剥削，便利农民借贷，黄冈县农民协会在团风镇成立了黄冈县农民协会信用合作社，以没收土豪劣绅的财产银元 6 万元作基金，发行面额“壹串”的流通券 5 万串，限在本区流通。由武汉大夹街道新印书馆制版代印，正面四套色，花球、花边、风景线条都较精细，背面有鹰球，图上下方镂空处刻有外文字母。每 3 串文流通券兑换银元 1 块，每 1 串文换制钱 1000 元、换铜币 100 枚。

第四节　鄂城商民协会信用券

鄂城商民协会信用券一览表

面额	年度		票幅	主景		主色		备注
	正面	背面	（长×宽）mm	正面	背面	正面	背面	
壹角								

与黄冈隔江相望的鄂城商民协会，1927 年发行了信用券。壹角信用券可兑换铜元 30 枚，10 张可兑换银元 1 块。现见华容镇壹角信用券 1 张。

第五节　醴陵地方银行光洋兑换券和醴陵工农银行银元兑换券

一、醴陵地方银行光洋兑换券一览表

面额	年度		票幅	主景		主色		备注
	正面	背面	（长×宽）mm	正面	背面	正面	背面	
壹角								土纸石印
贰角								土纸石印
叁角								土纸石印
壹圆								土纸石印

二、醴陵工农银行银元兑换券一览表

面额	年度		票幅	主景		主色		备注
	正面	背面	（长×宽）mm	正面	背面	正面	背面	
壹角								毛边纸印刷
贰角								毛边纸印刷
伍角								毛边纸印刷

1927 年 1 月，中共醴陵地委着手，由县财政局、教育局、育婴堂三机关各出资 3 万元组建了地方银行，发行了壹角、贰角、叁角、壹圆 4 种纸币光洋兑换券，由县城协华石印局代印，票面正面印有孙中山头像，背面印有《总理遗嘱》。在县城及附近乡村流通，可随时兑现，信誉很好。

1927 年年初，毛泽东到醴陵考察农民运动，农历正月初七他在城隍庙中的一次集会上指出：醴陵要成立筹产委员会，成立地方银行，没收地主的金银财宝，存入地方银行。3 月 8 日，醴陵县第二次工农代表大会决议成立醴陵工农银行，筹备处设在农民协会会址先农坛内，银行成立基金主要是没收地主的金银财宝，共 6 万元银元。4 月 11 日《湖南民报》报道了筹备成立醴陵工农银行的消息。银行成立后发行了印有孙中山头像的壹角、贰角、伍角 3 种面额的银元兑换券，是用株萍铁路局印火车票的石印机印制的，毛边纸，质量不好，用久了字迹模糊。主要在县城及郊区流通。发的票子可以兑换银元。六七月间，中共醴陵县委书记罗学瓒、县农民协会会长孙小山率领农民自卫军去株洲阻击国民党反动派的部队时，曾用此兑换券沿途支付伙食费用。

1927 年 5 月 21 日，许克祥部在长沙发动反动的“马日事变”，控制了柴山洲，柴山洲第一农民银行经理文海南被迫转移他乡，副经理夏兆梅被捕入狱后被害，农民协会和第一农民银行被取缔，银元兑换券停止发行；浏东平民银行关闭，信用券停止流通；浏南文市生产合作社的常洋券停止流通。1927 年 6 月，国民党反动派进入浏阳县金刚区，公有财产被查封，保管处的有期常洋券停止流通；8 月，醴陵县农民协会和地方银行遭到破坏，兑换券停止流通；8 月，许克祥部进驻醴陵县，农民协会遭到破坏，工农银行发行的兑换券停止流通。1927 年 7 月 15 日汪精卫与蒋介石合流反共后，黄冈县农民协会及其创办的信用合作社遭到破坏，所发行的流通券停止流通。

第二章　土地革命战争时期

以蒋介石为代表的国民党反动派于1927年4月叛变中国革命后，各地国民党反动派相继大肆逮捕、屠杀中国共产党人。哪里有压迫，哪里就有反抗，中国共产党被迫发动了多次武装起义，在国民党的重重包围和军事“围剿”中领导人民武装，先后建立了两个苏区和15个革命根据地，建立工农政权，成立近90个货币发行机构，发行6种币材150余种名称的货币。为了工农的利益，在与国民党反动派进行政治斗争、军事战争的同时，进行着经济上的抗争。

第一节　海陆丰根据地货币

海陆丰劳动银行银票一览表

面额	年度		票幅	主景		主色		备注
	正面	背面	（长×宽）mm	正面	背面	正面	背面	
壹圆								纸质
伍圆								纸质
拾圆								纸质

位于广东省东江和韩江之间的海丰和陆丰两县是中国共产党人彭湃等人最早开展农民运动的地方。1927年5月至10月，彭湃领导人民群众先后发动三次武装起义。陆丰县和海丰县武装起义胜利后，分别于1927年11月13日和18日召开了全县工农兵代表大会，选举产生了我国第一个县一级苏维埃政权。1928年2月18日，海丰县召开第二次工农兵代表大会，苏维埃人民委员会发出布告，决议建立经济委员会，以陈子岐为主席领导财经工作。彭湃1917年曾留学日本早稻田大学，他提出倡议“可办农民借贷机关”。1928年2月20日，海丰县苏维埃人民委员会发布命令，宣布决定成立劳动银行（以陈子岐为行长），发行银票。以没收军阀陈炯明的南丰织造厂附设劳动银行。将南丰织造厂在香港印制的2万元银票加盖劳动银行印章发出行使，面额有壹圆、伍圆、拾圆3种。1928年2月底，国民党武装进攻县城，苏维埃政权撤退。该币虽然前后存在不到10天时间，因为它是土地革命时期发行最早的4种货币之一，因而具有较高的收藏价值。劳动银行已经印制完成的10万元钞票（壹角、贰角、伍角、壹圆、伍圆5种），没有来得及发行。

第二节　湖南根据地货币

一、耒阳工农兵苏维埃政府劳动券一览表

面额	年度		票幅	主景		主色		备注
	正面	背面	（长×宽）mm	正面	背面	正面	背面	
壹圆	中华苏维埃元年		140×96	马克思像（右）、列宁像（左）	篆书“耒阳工农兵苏维埃政府之印”	黄	白	纸质

二、耒阳第十三区工农兵苏维埃政府劳动券一览表

面额	年度		票幅	主景		主色		备注
	正面	背面	（长×宽）mm	正面	背面	正面	背面	
壹角	中华苏维埃元年		131×94	“耒阳第十三区工农兵苏维埃政府劳动券”、“光洋壹角”	区政府公章	白	白	纸质、手写
贰角	中华苏维埃元年		135×96	“耒阳第十三区工农兵苏维埃政府劳动券”、“光洋贰角”	区政府公章	白		纸质、手写

三、中华苏维埃金币一览表

面额	年度		主景		主色		备注
	正面	背面	正面	背面	正面	背面	
拾圆							湖南郴县良田乡苏维埃政府发行
贰拾圆							湖南郴县良田乡苏维埃政府发行

1928年1月下旬，朱德、陈毅率领南昌起义部队组织了宜章、郴州、永兴等处的年关起义。2月19日在耒阳县城的杜陵书院成立了耒阳工农兵苏维埃政府。2月下旬，发行了“耒阳工农兵苏维埃政府劳动券”。壹圆券正面有马克思和列宁的头像，下方有“中华苏维埃元年印”8个字。

耒阳县第十三区工农兵苏维埃政府在推行耒阳工农兵苏维埃劳动券的同时，于1928年3月发行了“耒阳第十三区工农兵苏维埃政府劳动券”。目前搜集到的有壹角、贰角两种。票面正面有“耒阳第十三区工农兵苏维埃政府”和“中华苏维埃元年印”等字样，背面有耒

阳第十三区工农兵苏维埃政府的圆形大印。1928 年 4 月，朱德、陈毅率主力部队转移到井冈山，与毛泽东同志领导的秋收起义军会师后，耒阳成为游击区，两种券别均停止流通。

湖南郴县良田乡苏维埃政府发行“中华苏维埃政府”拾圆、贰拾圆金币两种。

第三节　井冈山根据地货币

井冈山“工”字银元一览表

面额	年度		票幅	主景		主色		备注
	正面	背面	（长×宽）mm	正面	背面	正面	背面	
壹圆			直径 38	鹰	光芒、“工”	银白	银白	重 7 钱 2 分

1927 年 10 月 27 日，毛泽东同志领导的秋收起义军胜利到达井冈山的茨坪，创建了中国共产党人领导的第一个农村革命根据地。1928 年 5 月在宁冈县茅坪成立了湘赣边界工农兵苏维埃政府。中共湘赣边界特委书记毛泽东接受宁冈、遂川、泰河、永新 4 县防务及经济委员会主任王佐的建议，利用谢荣珍、谢荣光兄弟制造假银元的“谢氏对花厂”的设备，于 1928 年 5 月在井冈山上井村筹建造币厂，称“井冈山造币厂”，又称“上井造币厂”和“红军花边厂”。用打土豪的收入和战争中缴获的银饰、银品铸造墨西哥鹰洋 1895 年、1908 年两种花边样式，分别为直式锯齿形和单麦穗形，样式比较简单，并加凿“工”字（在银元上敲一个字，主要功能是用于防假，增加信任度）。毛泽东多次到造币厂视察，要求：花边不要掺假，一定要纯银的，重量也不能少于七钱二分。造币厂选用成色很好的白银做原料，不断改进技术。“工”字银元深受群众欢迎，一枚“工”字银元可以买 5 斤猪肉。主要在根据地内部使用，少量在白区流通。邻近各县商民，冲破敌人封锁，将大批食盐、火柴、布匹、西药等源源不断地运往井冈山。1929 年 1 月红军撤离井冈山后，“工”字银元停止铸造，但是仍在湘赣边界流通。造币厂存在 6 个月，用约千斤原料，发行上万元。国民党反动派占领井冈山后，将造币厂焚毁。

第四节　中央苏区根据地货币

一、东固消费合作社铜元票一览表

面额	年度		票幅	主景		主色		备注
	正面	背面	（长×宽）mm	正面	背面	正面	背面	
拾枚			135×70	山				每枚值 10 文

1927 年 10 月至 1928 年 3 月，赖经邦、李文林等共产党员在赣南的东固地区领导了多次武装起义，建立了江西红军独立第二团和第四团。1928 年春天，中共吉安县东固区委在东固镇建立了东固消费合作社，发行了“东固消费合作社铜元票”。币材为牛皮纸，采用

油印技术印刷，在当地流通。

二、东古平民银行铜元票一览表

<table>
<tr><th rowspan="2">面额</th><th colspan="2">年度</th><th>票幅</th><th colspan="2">主景</th><th colspan="2">主色</th><th rowspan="2">备注</th></tr>
<tr><th>正面</th><th>背面</th><th>（长×宽）mm</th><th>正面</th><th>背面</th><th>正面</th><th>背面</th></tr>
<tr><td>拾枚</td><td></td><td></td><td>150×70</td><td>太阳、双“拾枚”</td><td>“共同生产、共同消费”</td><td>蓝</td><td>红</td><td>油印</td></tr>
<tr><td>贰拾枚</td><td></td><td></td><td></td><td></td><td></td><td></td><td></td><td></td></tr>
<tr><td>伍拾枚</td><td></td><td></td><td></td><td></td><td></td><td></td><td></td><td></td></tr>
<tr><td>壹佰枚</td><td></td><td></td><td></td><td></td><td></td><td></td><td></td><td></td></tr>
</table>

毛泽东、朱德率领红四军离开井冈山后，于1929年2月20日到达东固地区螺坑，与赖经邦率领的部队会师，东固革命形势得到发展。中共东固区委建立了东固贫民借贷所，帮助贫民解决生产生活困难。1929年7月，东固革命委员会成立。以红军二、四团捐助的4000元、平民银行委员会筹集3000元，共7000元银元做基金，于8月在东固贫民借贷所的基础上建立了东古平民银行，发行铜元票（东固消费合作社铜元票停止发行）。东古平民银行铜元票面额有拾枚、贰拾枚、伍拾枚、壹佰枚4种，蜡纸制版，油印机印制，可随时兑换铜元和银元。目前收集到“当拾铜元”拾枚一种，正面中间有一太阳升起图，背面中间有“共同生产、共同消费”字样。

三、东古银行铜元票一览表

<table>
<tr><th rowspan="2">面额</th><th colspan="2">年度</th><th>票幅</th><th colspan="2">主景</th><th colspan="2">主色</th><th rowspan="2">备注</th></tr>
<tr><th>正面</th><th>背面</th><th>（长×宽）mm</th><th>正面</th><th>背面</th><th>正面</th><th>背面</th></tr>
<tr><td>拾枚</td><td>公元一九三十年</td><td></td><td>122×72</td><td>亭</td><td>树房</td><td></td><td></td><td></td></tr>
<tr><td>贰拾枚</td><td></td><td></td><td></td><td></td><td></td><td></td><td></td><td></td></tr>
<tr><td>伍拾枚</td><td></td><td></td><td></td><td></td><td></td><td></td><td></td><td></td></tr>
<tr><td>壹佰枚</td><td></td><td></td><td></td><td></td><td></td><td></td><td></td><td></td></tr>
</table>

1930年2月上旬，红四军前委与赣西、赣南两特委及红五军、红六军军委在江西省吉安的陂头举行联席会议（“二七会议”），决定将赣西、赣南两特委合并为赣西南特委。3月，在吉安富田成立赣西南苏维埃政府。苏维埃政府成立后，改组东古平民银行为东古银行（“东古平民银行铜元票”停止发行），为赣西南苏维埃政府银行，在兴国、永新设分行。政府给银行拨了两台石印机，配备了一些石印工人，建立了东固印刷所，印制的拾枚、贰拾枚、伍拾枚、壹佰枚4种当拾铜元票，印刷质量很好，在兴国、永新、永丰、泰和、吉安等县根据地流通。目前发现面额拾枚的一种，票正面右侧有“赤色区域”字样。至1930年10月，发行额有20余万元。

四、江西工农银行暂借发行券一览表

<table>
<tr><th rowspan="2">面额</th><th colspan="2">年度</th><th>票幅</th><th colspan="2">主景</th><th colspan="2">主色</th><th rowspan="2">备注</th></tr>
<tr><th>正面</th><th>背面</th><th>（长×宽）mm</th><th>正面</th><th>背面</th><th>正面</th><th>背面</th></tr>
<tr><td>壹角</td><td></td><td></td><td></td><td>房</td><td></td><td>棕</td><td></td><td></td></tr>
</table>

1930 年 6 月，红四军与赣西南、闽西地区的红军合编为第一军团，在此基础上组建第一方面军，毛泽东任政治委员和前委书记，朱德任总指挥。8 月，成立中共江西省委。10 月 4 日红军打下吉安城，10 月 7 日江西省苏维埃政府在吉安成立，曾山为主席，形成了赣南根据地。11 月 17 日，江西工农银行成立。“东古银行铜元票”停止发行。此时，蒋介石调集军队向红一方面军和赣西南革命根据地发动了第一次反革命围剿，由于货币印制材料缺乏，江西工农银行纸币尚未印好，为应付战时急需，1930 年 11 月 27 日，江西省苏维埃政府于富田颁布了用缴获的“吉安临时辅币纸币券”敌钞加盖江西工农银行和江西省苏维埃政府财政部图章行使的命令，并说明待江西工农银行钞票印妥后即将该钞票收回。这一钞票以银元为单位，只有壹角券一种。票面印有“中华民国十六年”字样，加印“江西工农银行暂借发行券”、五角星（中央为镰刀和锤子）和“赤色区通用”图印，后面盖“江西省苏维埃政府财政部”方印，在赣南永丰、万安、兴国等县的苏区流通。

五、江西工农银行（银元券）一览表

<table>
<tr><th rowspan="2">面额</th><th colspan="2">年度</th><th>票幅</th><th colspan="2">主景</th><th colspan="2">主色</th><th rowspan="2">备注</th></tr>
<tr><th>正面</th><th>背面</th><th>（长×宽）mm</th><th>正面</th><th>背面</th><th>正面</th><th>背面</th></tr>
<tr><td>壹圆</td><td></td><td></td><td>137×80</td><td>马克思像（右）、列宁像（左）、“增加工农生产　发展社会经济”（两侧）</td><td></td><td></td><td></td><td></td></tr>
</table>

六、江西工农银行（铜元券）一览表

<table>
<tr><th rowspan="2">面额</th><th colspan="2">年度</th><th>票幅</th><th colspan="2">主景</th><th colspan="2">主色</th><th rowspan="2">备注</th></tr>
<tr><th>正面</th><th>背面</th><th>（长×宽）mm</th><th>正面</th><th>背面</th><th>正面</th><th>背面</th></tr>
<tr><td>拾枚</td><td></td><td></td><td>105×67</td><td>塔楼、山峦（中），“赤色区域　一律通用”（两侧）</td><td>山村</td><td>绿</td><td>红</td><td></td></tr>
<tr><td>伍佰文</td><td></td><td></td><td>110×72</td><td>塔（右）、山庙（左）、“赤色区域　一律通用”（两侧）</td><td>花心、山村、山峦</td><td>棕</td><td>红</td><td></td></tr>
<tr><td>壹仟文</td><td></td><td></td><td>136×84</td><td>楼阁（右）、山与廊（左）、“赤色区域　一律通用”（两侧）</td><td>印章</td><td>红</td><td>绿</td><td></td></tr>
</table>

1931 年 7 月，江西工农银行银行券印妥后开始发行，流通于赣南根据地。苏维埃政府加拨大洋 5 万元作为发行基金。“暂借发行券”用新币予以收回。该券有铜元券拾枚、伍佰文、壹仟文 3 种，银元券壹圆一种，采用石印技术。铜元券正面有“赤色区域、一律通用”字样；银元券壹圆券，正面有马克思像和列宁像，以及“增加工农生产、发展社会经济”等字样。

1932 年中华苏维埃共和国国家银行币发行后，江西印刷厂合并于中央印刷厂，江西工农银行币停止发行，并陆续收回。

七、蛟洋农民银行流通券一览表

面额	年度		票幅	主景		主色		备注
	正面	背面	（长×宽）mm	正面	背面	正面	背面	
壹角			130×60			红		
壹圆			150×80			红		

1927 年 9 月，周恩来、贺龙、叶挺、朱德、刘伯承等人率领南昌起义的部队到达福建省的上杭县。1927 年 10 月，中共蛟洋乡党支部成立，壮大了农民协会，发动农民“二五减租”、退租、平粜、抗捐，组建了农民自卫军。该年冬，农民协会办起了蛟洋农民银行，从卖杉木款中抽出 2000 元作为银行基金。发行壹角、壹圆两种流通券，共 4000 元左右。由上杭县一名叫雷源的刻工木板刻印，印刷纸张是白色光面纸，银行并发放无息贷款。1928 年 3 月，中共上杭县北四区区委成立，蛟洋农民银行又称为此红色政权的金融机构。1928 年 6 月 25 日，敌人进攻，中共上杭北四区区委、蛟洋乡党支部及当地农民自卫军转移，此银行停止营业。撤离前将所发流通券以银元、银毫、铜元兑回后，予以销毁。至今没见实物。

八、坑口墟消费合作社银毫票一览表

面额	年度		票幅	主景		主色		备注
	正面	背面	（长×宽）mm	正面	背面	正面	背面	
毫半			130×75	马克思像（右）、列宁像（左）	双“毫半”（中）、“凭票兑付净洋壹毫五厘”	红	蓝	

1930 年 5 月，上杭县苏维埃政府根据闽西第一次工农兵代表大会发展合作社的决议和颁布的《合作社条例》，由群众集资创办了坑口墟消费合作社。1931 年 1 月，（上）杭武（平）县第三区苏维埃政府决定，由坑口墟消费合作社发行银毫票，在第二乡流通。银毫票只有“毫半”一种，木刻双色套印。票正面印有马克思、列宁头像。发行面额 1000 余张，折合银元 100 多元。“毫半”银毫面额的设计具有科学性和适用性，便于商品交易时计价和找零。1931 年 5 月，发生镇压反抗“肃清社会民主党”事件，第三区苏维埃政府被解散，坑口墟消费合作社被迫停办，银毫票停止发行。

九、永定县第一区信用合作社银毫票

面额	年度		票幅	主景		主色		备注
	正面	背面	（长×宽）mm	正面	背面	正面	背面	
壹毫						草绿	土红	
贰毫						蓝	土红	
伍毫						紫	土红	

十、永定县第一区信用合作社股票

面额	年度		票幅	主景		主色		备注
	正面	背面	（长×宽）mm	正面	背面	正面	背面	
				“湖雷进化社印”				竖式、单面石印，经手人赖祖烈

十一、永定县第三区信用合作社银毫票

面额	年度		票幅	主景		主色		备注
	正面	背面	（长×宽）mm	正面	背面	正面	背面	
壹毫		1930. 2. 15	107×65	五角星（内有镰刀和斧头）	天坛（中）	草绿	土红	纸质、石印
贰毫								纸质
伍毫								纸质

十二、永定县太平区信用合作社银毫票

面额	年度		票幅	主景		主色		备注
	正面	背面	（长×宽）mm	正面	背面	正面	背面	
壹圆								纸质

十三、上杭县北四区信用合作社银毫票

面额	年度		票幅	主景		主色		备注
	正面	背面	（长×宽）mm	正面	背面	正面	背面	
贰角								纸质
伍角								纸质

经苏维埃政府批准，闽西革命根据地有永定县第一区、第三区、太平区和上杭县北四区4个信用合作社发行了银毫票纸币。

永定县第一区合作社发行壹毫、贰毫和伍毫3种面额的流通券，正中为北京天坛图案，共发行5000元。闽西工农银行发行纸币后，由于该社发行的纸币信用良好，准其继续流通，直到1931年3月才停止发行。

永定县第三区是县中心，商品经济比较发达。1929年11月永定县苏维埃政府建立第三区信用合作社，并批准该社于1930年2月15日开始发行壹毫、贰毫、伍毫3种纸币。现收集到3张半壹毫纸币实物一种，由湖雷“进化印社”石印，正面中间为大五角星和斧头镰刀，有“苏维埃政府特许发行”字样；背面为北京天坛图案。1931年3月25日国民党军占领湖雷地区以后停用。

永定县太平区信用合作社发行壹圆面额的一种，计1万元。

上杭县北四区信用合作社曾发行贰角和伍角两种流通券。币材是当地生产的白色玉扣纸，木刻印刷。

十四、闽西工农银行暂用钞票一览表

面额	年度		票幅	主景		主色		备注
	正面	背面	（长×宽）mm	正面	背面	正面	背面	
壹圆	1930		145×80	马克思像（右）、列宁像（左），4角标“壹”、“凭票兑付通用银圆”（下）	党徽（中）、“全世界无产阶级联合起来”（大字）	绿	蓝	另有黑色版
壹圆			150×90	马克思像（右）、列宁像（左）、党徽（4个）、4角标“壹”和“圆”、“凭票兑付通用银圆”（下）	五角星（中）、人物、植物、“全世界无产阶级联合起来”（小字）	红	红	

十五、闽西工农银行辅币券一览表

面额	年度		票幅	主景		主色		备注
	正面	背面	（长×宽）mm	正面	背面	正面	背面	
壹角		1931	88×55	“大洋一角”、“凭票十张兑付大洋一元”	五星照耀下的人物	土红	蓝	另有黑色版

续表

面额	年度		票幅	主景		主色		备注
	正面	背面	（长×宽）mm	正面	背面	正面	背面	
贰角		1931	88×55	太阳、红旗、“大洋贰角”、“凭票五张兑付大洋一元”		蓝	绿	另有两面蓝版
伍角	公历一九三一年			红旗（上）、五星中的“伍角”（中）				

1930年3月18日至24日，闽西第一次工农兵代表大会在龙岩召开，成立了闽西苏维埃政府。新政府3月25日发表宣言：统筹闽西社会经济的发展，调节粮食、金融，解决根据地内群众的生活问题。新政府同时在《经济政策决议案》中提出普遍发展信用合作社组织，限制纸币发行等。又制定了《取缔纸币条例》：各地不得自由发行货币；信用合作社要有5000元以上的现金，请得闽西政府批准后，才准发行纸币，但不得超过现金的半数；纸币面额限壹角、贰角、伍角3种，不得发到拾角以上；各地所发纸币不合以上条例者，要限期收回。同年6月，红四军前委与中共闽西特委在长汀南阳（今属上杭）召开联席会议，提出“成立闽西银行，发行钞票”问题。同年9月，在龙岩召开闽西第二次工农兵代表大会，通过了《修正财政问题决议案》和《闽西工农银行章程》，决定筹备闽西苏维埃政府银行——闽西工农银行，定银行资本20万元。要求各级政府、工会、部队成立募股委员会，向工农群众、合作社、粮食调剂局及政府工作人员募股集资。

1930年11月7日，闽西工农银行在龙岩县城铜钵巷成立。

1930年11月25日，闽西苏维埃政府发布第五号布告，宣布：发行闽西工农银行暂用钞票壹圆券，总额3万元，与光洋同价，即日通行。1931年再版印制。

1931年四五月间，闽西工农银行在永定县虎岗发行了壹角、贰角两种银元辅币券。发行量壹角券约2300元、贰角券约3000元。

1931年9月至11月，红一方面军举行第三次反“围剿”，与闽西地方红军一道先后攻占长汀、连城等地。9月，闽西工农银行进驻长汀营业，派一位同志到上海设计制造伍角铜钞版，几经周折，铜钞版寄回，但派去的人下落不明，为了安全，伍角铜钞版就不能正式启用了。11月，中华苏维埃共和国临时中央政府成立，宣布统一中央革命根据地的货币制度。1932年中华苏维埃共和国国家银行币发行后，闽西工农银行票停止发行，并陆续收回。

十六、中华苏维埃共和国国家银行银币券一览表

面额	年度		票幅	主景		主色		备注
	正面	背面	（长×宽）mm	正面	背面	正面	背面	
伍分		公历一九三二年	82×50	革命队伍（中）、“凭票廿张兑换银币壹圆”	“0.05”（中）含有党徽的两个五星（左右）	绿	棕	另有背面黑版
壹角		公历一九三二年	90×55	花心、“凭票十张兑换银币壹圆”	花心	红	红	
贰角		1932	97×70	列宁像（中）、“凭票伍张兑换银币壹圆”	红星下的麦穗、地球、党徽	蓝	棕	
贰角		1934	97×70	列宁像（中）、“凭票伍张兑换银币壹圆”	红星下的麦穗、地球、党徽	蓝	棕	
伍角		一九三三年	105×67	花心、“凭票贰张兑换银币壹圆”	花心	紫	红	另有正面棕版、绿版和蓝版
伍角			108×72	花心	花心	蓝	红	另有背面棕版
壹圆		1932	120×70	列宁像（中）、“凭票即付银币壹圆”（下）	花心	蓝	红	另有背面绿版
壹圆		1933	118×67	列宁像（中）、“凭票即付银币壹圆”（下）	花心	棕	红	另有背面绿版
壹圆		1934	122×67	列宁像（中）、“凭票即付银币壹圆”（下）	花心	棕	浅蓝	另有背面绿版

1932年（版）发行伍分、壹角、贰角、壹圆4种，1933年（版）发行伍角、壹圆两种，1934年（版）发行贰角、壹圆面额。均由黄亚光设计，有毛泽民和邓子恢（财政委员会委员）的签字，都印有凭票兑付银币字样。1932年发行65万元，兴国县的每石谷价8角；1933年发行额扩大到200万元，兴国的每石谷价5元；1934年红军长征前发行额扩大到800万元，南丰县每斤盐涨到2元4角。

1934年10月，中央红军主力开始长征后，以上4种货币均停止制造和印制。但在长征路上仍发行部分“工人”银圆；1935年1月，红军主力到达贵州遵义后，在当地发行

了部分银币券，群众用此币可以购买廉价的食盐、布匹，红军撤离时，以银元和食盐予以换回，赢得群众称赞。后来红军实行轻装，把所携票款基本上都焚烧了。

十七、中华苏维埃共和国银币一览表

面额	年度		票幅	主景		主色		备注
	正面	背面	（长×宽）mm	正面	背面	正面	背面	
贰角	公历一九三二年			五星（两侧，小）	“每五枚当壹圆”（上）、五星下的中共党徽、麦穗、地球	银	银	重5.75克
贰角	公历一九三三年				“每五枚当壹圆”（上）、五星下的中共党徽、麦穗、地球			
壹圆	一九三一年		39	列宁像	镰刀、斧头	银	银	
壹圆	一九三三年			五星（两侧，小）	中共党徽、麦穗、地球	银	银	重5.75克

1931年9月，红一方面军第三次反“围剿”胜利后，赣南、闽西两块根据地连成一片，形成了由21个县组成的中央革命根据地。1931年11月7日至20日在江西瑞金召开了第一次全国工农兵代表大会，成立了中华苏维埃共和国临时中央政府，毛泽东任政府主席。根据第一次全国工农兵代表大会通过的《中华苏维埃共和国经济政策》，1932年2月1日在瑞金叶坪设立中华苏维埃共和国国家银行，3月正式营业，4月迁沙洲坝，任命从上海刚调入中央苏区的毛泽民为行长。在发行银币、铜币的同时，自1932年7月开始发行可兑换银币的银币券。

1931年11月中华苏维埃共和国临时政府成立后，在江西瑞金县洋溪村以江西省苏维埃造币厂为基础建立了中央造币厂，制造中华苏维埃共和国银币，并于1932年开始发行。目前搜集到两种，分别为1932年、1933年造，设计大致相同，正面有“中华苏维埃共和国”字样，背面有镰刀、铁锤、五角星、麦穗、地球图案。枚重均为5.75克，成色60%。

十八、“工人”银元一览表

面额	年度		票幅	主景		主色		备注
	正面	背面	（长×宽）mm	正面	背面	正面	背面	
壹圆				孙中山像	麦穗			有“工人”两字
壹圆				袁世凯像	稻穗			有“工人”两字
				鹰	光芒			有“工人”两字

为适应与国民党统治区进行贸易的需要，中央苏区中央造币厂制造了能在国民党统治区行使的加印“工人”两字的银元，正面分别印有孙中山、袁世凯像或墨西哥鹰图样。开始时土法制造，1932 年 3 月 27 日红军在上杭与国民党军钟少奎部作战时缴获了一套铸币机和钢模，每天可以生产 4000 ~ 5000 块机制银元。

十九、中华苏维埃共和国铜币一览表

面额	年度		票幅	主景		主色		备注
	正面	背面	（长 × 宽）mm	正面	背面	正面	背面	
壹分			直径 17	“1”	五角星（上）、麦穗	黄	黄	
伍分			直径 26	中共党徽（中）、“每贰拾枚当国币壹圆”	五角星（上）、麦穗	黄	黄	

现收集到面值壹分、伍分两种，正面印有五角星和麦穗，背面印有镰刀、斧头、党徽等图案。

二十、闽西南军政委员会借钱票

面额	年度		票幅	主景		主色		备注
	正面	背面	（长 × 宽）mm	正面	背面	正面	背面	
壹圆								木版或手写
伍圆								木版或手写
拾圆								木版或手写

第五节　湘鄂西根据地货币

在湖南、湖北两省交界的西部地区，由洪湖、湘鄂边、鄂西北等小块根据地所组成。1928 年至 1931 年，贺龙、周逸群领导湘鄂西武装起义，建立了红二军团。1930 年 4 月在石首建立鄂西联县政府，1931 年在此基础上建立湘鄂西省苏维埃政府，辖洪湖、湘鄂边、襄枣宜、鄂西北和巴兴 5 个根据地。这个地区曾于 1930 年初、1931 年 6 月、1931 年 11 月，先后发行“监利县苏维埃信用券”、“沔阳县苏维埃政府信用券”、“石首农业银行银元兑换券”、“鄂西农民银行币”、“鄂北农民银行币”、“鹤峰苏维埃银行铜币券”。中华苏维埃共和国国家银行成立之后，发行了“中华苏维埃共和国国家银行湘鄂西特区分行银币券”和“湘鄂西省苏维埃政府铜币”。

1932 年 10 月红军撤离这一地区时，停止发行。

一、监利县苏维埃信用券一览表

面额	年度		票幅	主景		主色	
	正面	背面	（长×宽）mm	正面	背面	正面	背面
壹角							
贰角			96×58	五角星中的中共党徽、“合成一元随时兑现”			
壹圆							

二、沔阳县苏维埃政府信用券一览表

面额	年度		票幅	主景		主色	
	正面	背面	（长×宽）mm	正面	背面	正面	背面
壹角							
贰角							
伍角	一九三〇年月日		123×80	五角星（中）、“凭券发兑”（下）	条例		

三、石首农业银行银元兑换券一览表

面额	年度		票幅	主景		主色	
	正面	背面	（长×宽）mm	正面	背面	正面	背面
壹圆	一九三〇年月日票		134×82	楼阁（中）、“扩大赤色区域　实行武装暴动”（下）、“夺”、“取”、“政”、“权”（四角）	实行土地革命十大要求，“农”、“业”、“银”、“行”（四角）	浅蓝	土红

1929 年监利县、沔阳县、石首县均成立苏维埃政府，1930 年三县分别发行了各县的苏维埃信用券、兑换券，在当地流通。有面额壹角、贰角、壹圆 3 种的监利县苏维埃政府信用券，面额伍角的沔阳县苏维埃政府信用券一种，面额壹角、壹圆的石首农业银行信用券，正面有“扩大赤色区域、实行武装暴动、夺取政权”等口号，背面有“中国革命十大要求”和石首县苏维埃政府大印。鄂西农业银行成立，统一发行鄂西农民银行纸币，上述三县的信用券和兑换券停止发行。

四、鄂西农民银行信用券一览表

面额	年度		票幅	主景		主色	
	正面	背面	（长×宽）mm	正面	背面	正面	背面
壹角		一九三一年造	86×48	五角星中的中共党徽（中），“合成一元随时兑换”	“活动赤区金融　完成地方暴动”（上）	白、红	白、深蓝
贰角	一九卅一年造		97×57	阁楼（中）	“活动赤区金融　完成地方暴动”（上）、“合成一元随时兑换”（下）	白、红	白、深蓝
伍角			112×74	塔楼		红	蓝
壹圆			131×80	花心		棕	浅绿
壹圆			147×83			红	蓝
壹圆	一九三〇年月票		135×77	天坛（中）、“此券一律通用随时照兑”	鄂西农民银行信用券条例	红	深蓝
壹圆	一九三一年造		155×81	天坛、“一律通用随时兑现”（右）	风景（中）、“全世界无产阶级联合起来”（上）	红、绿	白、深绿
伍圆			163×78	天坛		黑	

五、鄂西农民银行信用条一览表

面额	年度		票幅	主景		主色		备注
	正面	背面	（长×宽）mm	正面	背面	正面	背面	
贰角	一九三一年造		56×97	“信用条贰角”、“合成一元兑换钞洋”		深蓝		竖式

1930年10月，鄂西联县政府根据湘鄂西第二次工农兵贫民代表大会《经济政策决议案》规定，在湖北省石首县境内设立鄂西农民银行，各县区设立分行、支行及汇兑所，发行鄂西农民银行信用券与信用条。已收集到鄂西农民银行信用券壹角、贰角、伍角、壹圆、伍圆5种面额，8种版式。鄂西农民银行1931年同时还发行了信用条，现收集到贰角券一种，票面设计简单。1931年6月，鄂西联县政府改组为湘鄂西苏维埃政府后，鄂西农民银行改组为湘鄂西农民银行。1931年11月印发中华苏维埃共和国国家银行湘鄂西特区银币券，鄂西农民银行币、信用条停止发行。

六、鄂北农民银行长方形银币一览表

面额	年度		票幅	主景		主色		备注
	正面	背面	（长×宽）mm	正面	背面	正面	背面	
	一九三一		长方形	有“维持”二字		银	银	重七钱二分

七、中国苏维埃共和国国币（银币）

面额	年度		票幅	主景		主色	
	正面	背面	（长×宽）mm	正面	背面	正面	背面
壹圆			直径39 mm、厚25 mm、含银量80%左右，重约28克	马克思头像	镰刀、斧头		
壹圆	一九三一年		同上	列宁头像	同上		

八、鄂北农民银行信用券一览表

面额	年度		票幅	主景		主色	
	正面	背面	（长×宽）mm	正面	背面	正面	背面
伍角	一九三一年票		142×88	列宁像（中）、“永远通用”（右侧）、“随时照兑”（下）	“信用券”条例（9条）	红	
壹圆	一九三一年月票		160×89	列宁像（中）、“此券一律通用随时照兑”（中下）	“信用券”条例（9条）	黑	紫红

九、鄂北农民银行兑换条一览表

面额	年度		票幅	主景		主色		备注
	正面	背面	（长×宽）mm	正面	背面	正面	背面	
壹串文			100×43	“凑成壹元兑换现洋”				竖式

1931年6月中旬，贺龙率红二军解放湖北省房县，建立了鄂西北根据地。7月中旬，设立鄂北农民银行，发行银币、纸币和兑换条。银币有两种：一是铸有“维持”两字，为临时流通之银币；二是铸有“中国苏维埃共和国”（正面有马克思像或列宁像）字样。纸币以银元为本位，已见伍角、壹圆两种，正面都有列宁像，背面有“九项条例”和革命口

号，石印技术。“九项条例”内容是：“鄂北农民银行信用券条例（一）本行为冲破敌人的经济封锁，活动赤区金融，发展工农商业，特发行信用券（二）本券分伍角、壹元两种（三）本券以政府税收、富农特捐及累进税为担保品（四）本券以苏维埃政府所收之公益费为担保品（五）本行办理汇兑事业（六）本行办理低利借贷（七）本券可完纳公益费（八）本行在各县设有分行，各区设有兑换所，持有本券者可随时随地前往兑现（九）白色区域如愿意使用本券，尤所欢迎来赤区兑现，各级政府当负护送的责任”。革命口号，一边是“武装保卫苏联　打倒帝国主义”，另一边是“扫除封建势力　消灭军阀混战”。兑换条以铜元为本位，已见壹串文一种，背面空白。1931 年 9 月，红军撤离房山，鄂北农民银行所发货币停止流通。

十、鹤峰苏维埃银行铜币券一览表

面额	年度		票幅	主景		主色	
	正面	背面	（长×宽）mm	正面	背面	正面	背面
壹串文							
壹佰文							
贰佰文							
伍佰文	三一年 票		143×81	古人（左右两帧）			

1929 年 2 月，红军二次解放鹤峰县城，建立了鹤峰县苏维埃政府。1931 年建立鹤峰苏维埃银行，发行铜币券，在湘鄂边根据地流通。现收集到伍佰文券一种，木刻，主景是两个古装人物。1932 年红军撤离鹤峰，苏维埃银行铜币券停止发行。

十一、中华苏维埃共和国国家银行湘鄂西特区分行银币券一览表

面额	年度		票幅	主景		主色		备注
	正面	背面	（长×宽）mm	正面	背面	正面	背面	
壹角	一九三一年造		87×48	塔（中）	景亭（中）	绿	蓝	另有草绿版和紫色版
贰角		一九三一年造	95×59	塔（中）	五星中的中共党徽（中）、“冲破敌人经济封锁　实现苏维埃的政纲”（两侧）	蓝灰	绿	另有蓝版券
贰角	一九三一年造		95×57	塔（中）	庭院（中）、“冲破敌人经济封锁　实现苏维埃的政纲”（两侧）	蓝	棕	另有黑紫色版

续表

面额	年度		票幅	主景		主色		备注
	正面	背面	（长×宽）mm	正面	背面	正面	背面	
伍角	一九三一年造		110×65	天坛（中）、“冲破敌人经济封锁实现苏维埃的政纲”（两侧）	花心、4个角“伍角”	红	蓝	
壹圆	一九三一年造		155×78	花心	带台阶的亭院（中）、“冲破敌人经济封锁实行苏维埃的政纲”（两侧），一律通用随时兑现（下）	墨绿	红	另有面黑灰背红、面蓝背黑和两面黑灰版

现收集到壹角、贰角、伍角、壹圆4种面额，12种版别。1932年10月，红军撤离湘鄂西根据地，中华苏维埃共和国国家银行湘鄂西特区分行银币券停止发行。

十二、湘鄂西省苏维埃政府铜币一览表

面额	年度		票幅	主景		主色		备注
	正面	背面	（长×宽）mm	正面	背面	正面	背面	
壹分			31	五角星	谷穗			赤色铜币

湘鄂西苏维埃政府成立后，1931年铸造了湘鄂西省苏维埃政府银币，袁世凯头像花纹，加戳“苏维埃”3字；另外还铸造了列宁头像的苏维埃银币；还发行了以银元为本位的铜币，现收集到的有壹分一种。1932年10月，红军撤离后停止流通。

第六节　湘鄂赣根据地货币

1931年湘鄂赣省苏维埃政府成立。这一根据地由湘鄂赣边区和鄂东南两块根据地所组成。在1927年毛泽东领导的秋收起义和1928年彭德怀、滕代远、黄公略领导的平江起义后的不断斗争中建立的。自1929年起，各县区苏维埃政府相继成立了“农民银行”、“工农兵银行”、“工农银行”，分别发行了各自的银洋兑换券和铜元兑换券，有的县苏维埃政府还发行了银元。自1930年10月起，各小块根据地逐渐连成了一片，湘鄂赣地区的金融统一于“湘鄂赣省工农银行币”，鄂东南地区统一于“鄂东工农银行币”和“鄂东南工农银行币”。

一、湖南省苏维埃政府银元一览表

面额	年度		主景		主色		备注
	正面	背面	正面	背面	正面	背面	
壹圆	一九三一制		五角星（内有中共党徽）	嘉禾	银	银	重27.17克，成色92%

二、平江县工农银行光洋券一览表

面额	年度		票幅（长×宽）mm	主景		主色	
	正面	背面		正面	背面	正面	背面
壹角	公历一九三一年印行		120×74	鹤（左右两只）、“合成壹元　兑换光洋”	平江县工农兵苏维埃政府布告	蓝	蓝
贰角	公历一九三一年印行		120×75	树、房（左右），“合成壹元　兑换光洋”	平江县工农兵苏维埃政府布告	蓝	蓝
伍角	公历一九三一年印行		125×76	人像（左）、风景（右）、“合成壹元　兑换光洋”	平江县工农兵苏维埃政府布告	黑	黑
壹圆	公历一九三一年印行		129×83	人像（左）、风景（右）、“合成壹元　兑换光洋”	平江县工农兵苏维埃政府布告	蓝	蓝

三、平江县工农银行银洋券一览表

面额	年度		票幅（长×宽）mm	主景		主色	
	正面	背面		正面	背面	正面	背面
壹圆	公历一九三一印行	公历一千九百三十年　月　日	129×83	老人像、“发展工农资本　流通社会金融”	平江县工农兵苏维埃政府布告	蓝	蓝

四、平江县嘉义区苏维埃政府财政部铜元钱票一览表

面额	年度		票幅（长×宽）mm	主景		主色		备注
	正面	背面		正面	背面	正面	背面	
壹串文			5寸×2.5寸					未见实物

1930年7月，红三军团攻克长沙后，成立了湖南省苏维埃政府，后撤出长沙，7月5日转移到平江。建立了平江县工农革命政府（12月15日改称平江县工农兵苏维埃政府），11月设立平江县工农银行，发行“平江县工农银行光洋券”，已见壹角、贰角、伍角3种；

发行“平江县工农银行银洋券”，已见壹圆一种，均在当地流通。钞票背后印有平江县工农兵苏维埃政府布告。1930 年 11 月，平江县嘉义区苏维埃政府财政部发行面值壹串文的铜元钱票，采用石印技术印刷。

五、平江县苏维埃政府银元一览表

面额	年度		规格	主景		主色		备注
	正面	背面		正面	背面	正面	背面	
壹圆	一九三一制		重 27. 17 克	五角星（中，内含中共党徽）	嘉禾	银	银	成色 92%

六、修水县苏维埃政府银元一览表

面额	年度		主景		主色	
	正面	背面	正面	背面	正面	背面
壹圆	一九三一		五角星	嘉禾	银	银

七、万载县苏维埃政府银元一览表

面额	年度		主景		主色	
	正面	背面	正面	背面	正面	背面
壹圆	一九三一		五角星	嘉禾	银	银

八、浏阳县苏维埃政府银元一览表

面额	年度		主景		主色	
	正面	背面	正面	背面	正面	背面
壹圆	一九三一		五角星	嘉禾	银	银

九、铜鼓县苏维埃政府银元一览表

面额	年度		主景		主色	
	正面	背面	正面	背面	正面	背面
壹圆	一九三一		五角星	嘉禾	银	银

1931 年初，平江县工农兵苏维埃政府设立造币厂，利用攻占长沙时缴获的白银和银元，采用土法铸造和锻打了壹圆银元。由于技术落后，重量成色不一，但是都超过了清政府《币

制则例》和北洋军阀《国币条例》所规定的重量和成色。1931 年敌人进攻后停止发行。

1931 年初、春天、6 月、8 月，修水县、万载县、浏阳县、铜鼓县苏维埃政府均仿照平江县工农兵苏维埃政府样式，制造了分别印有修水县、万载县、浏阳县、铜鼓县“苏维埃政府”、“一九三一年造”字样和五角星图案的银元。后均合并于湘鄂赣省苏维埃政府造币厂。

十、修水县立总合作社铜元钱票一览表

面额	年度		票幅	主景		主色	
	正面	背面	（长×宽）mm	正面	背面	正面	背面
壹佰文			125×67	城楼（左）	“本社奉县苏维埃指示发行铜元纸币以便流通金融杜绝奸商操纵自发行之后在赤色区内应一律通用不得阻滞为要　修水县立赤色消费合作总社启”	蓝	蓝
叁佰文			125×65	城楼（左）	“本社奉县苏维埃指示发行铜元纸币以便流通金融杜绝奸商操纵自发行之后在赤色区内应一律通用不得阻滞为要　修水县立赤色消费合作总社启”	黑	黑

十一、修水县立赤色消费合作总社铜元券一览表

面额	年度		票幅	主景		主色	
	正面	背面	（长×宽）mm	正面	背面	正面	背面
壹佰文			119×68	梅花，“拾枚”	“本社奉县苏维埃指示发行铜元纸币以便流通金融杜绝奸商操纵自发行之后在赤色区内应一律通用不得阻滞为要　修水县立赤色消费合作总社启”	红	蓝
叁佰文				庭院	“本社奉县苏维埃指示发行铜元纸币以便流通金融杜绝奸商操纵自发行之后在赤色区内应一律通用不得阻滞为要　修水县立赤色消费合作总社启”	蓝	红
伍佰文			129×72	庭院（左右两幅）	“本社奉县苏维埃指示发行铜元纸币以便流通金融杜绝奸商操纵自发行之后在赤色区内应一律通用不得阻滞为要　修水县立赤色消费合作总社启”	蓝	绿

1928 年 8 月 6 日，红五军在修水县工农武装配合下攻克修水县城，建立了县工农兵苏维埃政府。1930 年 8 月，创办县立赤色消费合作总社，印发了壹佰文、叁佰文、伍佰文 3 种铜元券，

木板印刷技术。修水县立总合作社发行了壹佰文、叁佰文两种铜元钱票，共计3万元。

湘鄂赣省工农银行成立后，浏阳、铜鼓、万载、宜春、平江等地苏维埃政府银行及修水县立赤色消费合作总社、修水县立总合作社均停止货币发行。

十二、湘鄂赣省工农银行银洋券一览表

<table>
<tr><th rowspan="2">面额</th><th colspan="2">年度</th><th>票幅</th><th colspan="2">主景</th><th colspan="2">主色</th><th rowspan="2">备注</th></tr>
<tr><th>正面</th><th>背面</th><th>（长×宽）mm</th><th>正面</th><th>背面</th><th>正面</th><th>背面</th></tr>
<tr><td>壹角</td><td>公历一九三一年 票</td><td></td><td>123×79</td><td>古装人物（左右两幅）</td><td>花边、合成拾角光洋兑换（中）</td><td>酱</td><td>酱</td><td></td></tr>
<tr><td>贰角</td><td>一九三二年</td><td></td><td>138×77</td><td>西方塔楼（左）</td><td>苏维埃经济十大政策</td><td>黑</td><td>黑</td><td></td></tr>
<tr><td>贰角</td><td>一九三二年</td><td>公历一九三一年十一月日</td><td></td><td></td><td>湘鄂赣省工农兵苏维埃政府布告（第 号）——宣布湘鄂赣省工农银行成立</td><td></td><td></td><td></td></tr>
<tr><td>贰角</td><td>一九三三年</td><td></td><td>122×71</td><td>中国塔（左右两幅）</td><td>工厂（中）、“拥护苏维埃经济政策　冲破敌人的经济封锁”（两侧）</td><td>蓝</td><td>红</td><td></td></tr>
<tr><td>叁角</td><td>一九三二年</td><td></td><td>125×73</td><td>老人像（左）、古塔（右）</td><td>工厂（中）、“合成拾角兑换壹圆”</td><td>黑</td><td>棕</td><td></td></tr>
<tr><td>伍角</td><td>公历一九三一年</td><td></td><td>121×76</td><td>古装人物（左右两幅）</td><td>五角星（中）</td><td>蓝</td><td>蓝</td><td>另有绿版</td></tr>
<tr><td>壹圆</td><td>公历一九三一年印行</td><td>公历一九三一年十一月日</td><td>130×80</td><td>古塔（左）、街景（右）</td><td>湘鄂赣省工农兵苏维埃政府布告（第 号）——宣布湘鄂赣省工农银行成立</td><td>蓝</td><td>黑</td><td></td></tr>
<tr><td>贰串文</td><td></td><td></td><td></td><td></td><td></td><td></td><td></td><td></td></tr>
</table>

十三、湘鄂赣省工农银行铜元（钱）券一览表

<table>
<tr><th rowspan="2">面额</th><th colspan="2">年度</th><th>票幅</th><th colspan="2">主景</th><th colspan="2">主色</th><th rowspan="2">备注</th></tr>
<tr><th>正面</th><th>背面</th><th>（长×宽）mm</th><th>正面</th><th>背面</th><th>正面</th><th>背面</th></tr>
<tr><td>壹佰文</td><td></td><td></td><td>120×73</td><td>古装人物</td><td></td><td></td><td></td><td></td></tr>
<tr><td>贰佰文</td><td></td><td></td><td>95×57</td><td>古塔</td><td>花边、实行革命经济组织　冲破反动统治经济封锁（中）</td><td>蓝</td><td>红</td><td>另有酱色版</td></tr>
<tr><td>贰佰文</td><td></td><td></td><td>112×65</td><td>城楼</td><td>花边、实行革命经济组织　冲破敌人经济封锁（中，菱形）</td><td>紫</td><td>紫</td><td></td></tr>
<tr><td>伍佰文</td><td></td><td></td><td>134×76</td><td>火车（左）</td><td>农作图（中）</td><td>蓝</td><td>深蓝</td><td></td></tr>
<tr><td>壹串文</td><td></td><td></td><td>129×80</td><td>火车（右）、轮船（左）</td><td>农作图（中）</td><td>紫</td><td>紫</td><td></td></tr>
</table>

1931年9月23日至10月4日，湘鄂赣省在湖南省平江县召开第一次工农兵苏维埃代表大会，决定撤销湖南省苏维埃政府，成立湘鄂赣省工农兵苏维埃政府。会后由政府财政部负责在平江县黄金洞筹建省工农银行。11月，该行成立后，发行壹角、贰角、叁角、伍角、壹圆、贰串文面额的“湘鄂赣省工农银行银洋券”和“湘鄂赣省工农银行铜元券”（壹佰文、贰佰文、伍佰文、壹串文等）。发行初可以按票面规定价值兑换银元，信誉很高。1932年3月开始执行王明“左”倾政策，财政入不敷出，军费开支依靠向银行透支，发行量逐渐扩大，币值降为五折。1934年六七月间，红十六师第五次反“围剿”失败，8月主力转移，根据地变为游击区，银洋券停止发行。

十四、宜春工农兵银行银洋券一览表

面额	年度		票幅	主景		主色	
	正面	背面	（长×宽）mm	正面	背面	正面	背面
壹角					宜春县苏维埃政府布告		
贰角				塔楼（两边各一幅）、“合成壹元　驳兑现洋”（中）	宜春县苏维埃政府布告	黑	黑
叁角	公历一九三一年发行	公历一九三一年八月日		塔楼（两边各一幅）、“合成壹元　驳兑现洋”（中）	宜春县苏维埃政府布告	蓝	蓝

1930年5月暴动胜利后，6月成立了中共宜春县委，8月建立工农兵苏维埃政府，1931年8月设立宜春县工农兵银行，发行了壹角、贰角、叁角银洋券。

十五、阳新县苏维埃政府农民银行铜元券一览表

面额	年度		票幅	主景		主色	
	正面	背面	（长×宽）mm	正面	背面	正面	背面
贰串				工农兵		黑	

十六、阳新县福丰区农民银行铜元券一览表

面额	年度		票幅	主景		主色		备注
	正面	背面	（长×宽）mm	正面	背面	正面	背面	
伍佰文					“十”字	红	红	竖式

十七、阳新县大凤区农民银行铜元券一览表

面额	年度		票幅（长×宽）mm	主景		主色	
	正面	背面		正面	背面	正面	背面
贰串文	一九三〇券					白	白

十八、阳新县龙燕区农民银行铜元券一览表

面额	年度		票幅（长×宽）mm	主景		主色		备注
	正面	背面		正面	背面	正面	背面	
壹仟文						白	白	竖式

十九、阳新县沿河区农民银行铜元券一览表

面额	年度		票幅（长×宽）mm	主景		主色	
	正面	背面		正面	背面	正面	背面
壹串文						红	

1929 年秋，红五军第五纵队攻克阳新县城，该县成立了苏维埃政府，辖内的金龙、福丰、大凤、龙燕、湖市、沿河等区也建立了苏维埃政府。1930 年 5 月，阳新县设立了苏维埃政府农民银行；金龙、福丰、大凤、龙燕、湖市、沿河等区也相继设立了农民银行。县苏维埃政府农民银行发行了已见贰串油印铜元券，背无图文；金龙区 1930 年使用油印技术印发了铜元券；福丰区发行用毛笔书写的铜元券，已见伍佰文券；大凤区 1930 年发行用毛笔书写的铜元券，已见贰串文；龙燕区发行用毛笔书写的铜元券，已见壹仟文；沿河区 1931 年发行了壹串文油印铜元券；湖市区也发行了铜元券。上述货币均在 1932 年 4 月统一于鄂东工农银行币。

二十、大冶第五区农民银行铜元券票一览表

面额	年度		票幅（长×宽）mm	主景		主色		备注
	正面	背面		正面	背面	正面	背面	
贰串文	公历一九三〇年月日条					白	白	竖式

1929 年秋天，红五军第五纵队进入大冶，建立了大冶县第五区苏维埃政府及县苏维埃政府，1930 年设立大冶第五区农民银行，发行了已见贰串文的油印铜元钱票。1930 年 10 月通山县工农革命政权设立通山县工农兵银行，1931 年大冶县苏维埃政府设立大冶县工农

兵银行，1931 年 7 月通城县苏维埃政府设立通城县工农兵银行，1931 年冬武宁县苏维埃政府将升仁区苏维埃银行改建为武宁县工农兵银行，这些县工农兵银行均发行了铜元券。1932 年 4 月均统一于鄂东工农银行。

二十一、浏阳工农兵银行银洋券一览表

面额	年度		票幅	主景		主色		备注
	正面	背面	（长×宽）mm	正面	背面	正面	背面	
壹角	公历一九三一年票		117×75	绣画人物（左右两边各一幅）	“合成壹元驳兑现洋”（中）	黑	蓝	票面有“湘鄂赣省工农银行兑换”字样
贰角	公历一九三一年发行	公历一九三一年一月日	133×81	山村风景（左右两边各一幅）、“合成壹元驳兑现洋”（中）	浏阳县苏维埃政府布告及图章	蓝	红	
叁角	公历一九三一年发行	公历一九三一年一月 日	131×74	山村风景（左右两边各一幅）、“合成壹元驳兑现洋”（中）	浏阳县苏维埃政府布告及图章	红	红	

毛泽东率部队向井冈山进军后，王首道、黄公略、潘心源等在浏阳领导了数次武装起义。1930 年 4 月 12 日建立浏阳县苏维埃政府，11 月决定成立浏阳工农兵银行，发行银洋券。1931 年 1 月银行正式成立，发行由石印局印制的壹角、贰角、叁角 3 种银洋券，面额上印有“融”、“事”、“辰”、“最”、“滕”等字样。

二十二、铜鼓县生产合作社银洋票一览表

面额	年度		票幅	主景		主色		备注
	正面	背面	（长×宽）mm	正面	背面	正面	背面	
壹角				“发银洋壹角整”（隶书，中）			红	竖式
贰角	一九三一年			五角星（两边各一个）	“合成壹圆驳兑现洋“（中）		红	

1931 年 1 月，铜鼓县苏维埃政府委托生产合作社发行了壹角、贰角两种银洋票，使用油印技术印刷。

二十三、万载县工农兵银行银洋券一览表

面额	年度		票幅	主景		主色		备注
	正面	背面	（长×宽）mm	正面	背面	正面	背面	
壹角	公历一九三一年发行		123×73	老人像（左）、塔（右）	城市街景（中）、“合成拾角兑换壹圆”（中）	蓝	棕	另有酱色版
贰角			124×77	老人像（左）、塔（右）	城市街景（中）、“合成拾角兑换壹圆”（中）	蓝	棕	另有灰色版
壹圆	公历一九卅一年发行		136×80	楼阁（左）、台阶（右）	狮子（中）、“流通市面兑换现金”（两侧）	红	酱	票面有“此票湘鄂赣省工农银行兑换”字样

1930 年 5 月下旬，中共万载县临时县委领导 10 余万工农群众配合黄公略率领的红六军攻克万载县城，建立了中共万载县委。7 月成立了万载县苏维埃政府，1931 年设立了万载县工农兵银行，发行了壹角、贰角、壹圆 3 种银洋券。截至当年 7 月，共计印发 6000 元，由于保证兑现，购买力与银元没有差别，壹圆纸币可以购买 1 石稻谷或 10 斤肉，信誉很高。

二十四、鄂东农民银行铜元券一览表

面额	年度		票幅	主景		主色	
	正面	背面	（长×宽）mm	正面	背面	正面	背面
壹串	公历一九三〇年月日		113×70	红旗	十月革命歌	黑	黑
贰串	公历一九三〇年月日	公历一九三〇年月日	142×88	“总行”	中国共产党十大政纲		

1930 年鄂东阳新等 10 县代表召开第一次工农兵代表大会，选举产生鄂东工农革命委员会，会后撤销阳新县苏维埃政府农民银行，设立鄂东农民银行。同时发行了 1930 年版的“贰串”铜元券，背后印有“中国共产党十大政纲”（①推翻帝国主义的统治；②没收外国资本的企业和银行；③统一中国，承认民族自决权；④推翻军阀国民党政府；⑤建立工农兵代表会议（苏维埃政府）；⑥实行八小时工作制，失业救济与社会保险等；⑦没收一切地主阶级的土地，将土地归农民；⑧改变士兵生活，发给士兵土地和提供工作机会；⑨取消一切政府军阀地方税，实行统一的累进税；⑩联合世界无产阶级和苏联）。不久又发行了 1931 年版的“壹串”铜元票，背后印有“十月革命歌　苏俄同志，艰苦奋斗，革命数十

年。劳农专政，劳农政府，于今已实现。十月革命，所得教训，大家牢牢记。中华革命，十月之路，我们来开辟。”

鄂东农民银行改组为鄂东南工农兵银行后，停止发行。

二十五、鄂东南工农兵银行铜币一览表

面额	年度		票幅	主景		主色		备注
	正面	背面	（长×宽）mm	正面	背面	正面	背面	
壹串文	一九三一年		140×93	城、楼（两边），“壹串文”	苏维埃十大经济政策	酱	酱	
贰串文	一九三一年		130×90	“工农兵银行”（左）、城楼上飘扬着标有五星和中共党徽的旗帜（右）	苏维埃十大经济政策	酱	酱	
伍　串	一九三二年		132×90	楼阁与树（中）	苏维埃十大经济政策	酱	绿	
伍佰文	一九三一年		116×85	五角星（中有中共党徽）及双“伍佰文”		蓝		另有黑版券

1931 年 10 月，鄂东工农革命委员会改组为湘鄂赣省苏维埃政府鄂东南办事处，11 月将鄂东农民银行改建为鄂东南工农兵银行，下辖阳新等 11 个县区农民银行，统一货币。因形势变化，统一发行并未完全实现。发行壹串文、贰串文（两种样式）、伍串、伍佰文（两种样式）4 种面额的货币。前三种面额的货币背面都印有《苏维埃经济政策》。该券群众信誉很高，每串可买稻谷 1 斗多，6 串可兑一块银元。1932 年鄂东南工农兵银行改组为鄂东工农银行。由于环境恶化，该券于 1932 年 10 月停止流通，1933 年 3 月 26 日决定收回，但是难以进行。1933 年退出流通。

二十六、鄂东工农银行铜币券一览表

面额	年度		票幅	主景		主色		备注
	正面	背面	（长×宽）mm	正面	背面	正面	背面	
壹串	公历一九三二年		118～123×76～78	山景（左右）、一串（中）	革命口号	棕	棕	另有黑版
贰串文	一九三一年		131～132×89～91	“工农银行”（左）、城楼上飘扬着标有五星和中共党徽的旗	苏维埃经济政策	棕	棕	另有黑版
伍串文	一九三二年			楼阁与树（中）	苏维埃经济政策			
拾串文	一九三二年		137×140	飘舞革命旗帜的城墙（左）、大楼（右）	告“劳苦群众们”书	棕	棕	另有黑版

1932 年 2 月，湘鄂赣省苏维埃政府鄂东南办事处改组为鄂东办事处，鄂东南工农兵银

行改名为鄂东工农银行，见有拾串文铜元券，并限4月15日之前收回各县区农民银行发行的铜元券，以统一鄂东南地区的货币。

二十七、鄂东南工农银行铜币券一览表

面额	年度		票幅	主景		主色		备注
	正面	背面	（长×宽）mm	正面	背面	正面	背面	
伍串	一九三二年		130～133×89～93	楼阁与树（中）	苏维埃十大经济政策	蓝	绿	另有黑版
贰佰	一九三二年印行		107～112×62～63	乡村上飘扬革命旗帜（中）、“五张兑钱一串文”（右侧）	告“劳苦群众们”	棕	红	
伍佰文	一九三二年		110～112×60～63	“伍佰文”（隶书、中）	告“劳苦群众们”	蓝	棕	

1932年6月，湘鄂赣省苏维埃政府鄂东南办事处改组为鄂东南苏维埃政府，将鄂东工农银行改组为鄂东南工农银行。停发“鄂东工农银行铜币券”，改发“鄂东南工农银行铜元券”。见有伍串文、贰佰、伍佰文3种面额。背后印有《告劳苦群众书》、《苏维埃经济政策》。1932年10月4日，银行所在地阳新县龙港失陷，该行撤退。1933年上半年苏区缩小，物资不足，物价上涨，币值暴跌，信誉受损。自1933年3月26日决定限期收回已发货币，4月停止印发货币。1933年冬天，形势进一步恶化，未收回部分也难以流通。

二十八、鄂东总行铜元券一览表

面额	年度		票幅	主景		主色	
	正面	背面	（长×宽）mm	正面	背面	正面	背面
贰串文	一九三一年 月 日		129×86	马克思像（右）、总行（左）	革命口号		

第七节　湘赣根据地货币

1931年10月，井冈山、赣西南、湘东南三块根据地合并为湘赣革命根据地。它位于湖南、江西交界处的罗霄山脉，辖永新等20余县，是中央革命根据地的一块重要战略侧翼。这一根据地，打破敌人封锁，在艰苦的战争环境下进行经济建设，在大力发展农业、工业、商业、交通邮电和商业的同时，大力发展金融事业，先后设立了中华苏维埃共和国湘赣省工农银行和中华苏维埃共和国国家银行湘赣省分行，发行了银元券和铜元券，保障了革命战争和根据地经济建设对货币的需要。

一、中华苏维埃共和国湘赣省工农银行银元票一览表

面额	年度		票幅	主景		主色	
	正面	背面	（长×宽）mm	正面	背面	正面	背面
壹角	一九三二年		89×63			绿	绿
壹角	公历一九三二年票		122×83		湘赣省工农银行五大任务	棕	棕
壹圆	公历一九三二年票		129×76	马克思像（右）、五角星（中）、列宁像（左）	湘赣省工农银行五大任务	红	绿

1931年10月，中华苏维埃共和国湘赣省苏维埃政府成立，根据中共湘赣省第一次代表大会的决议，筹建中华苏维埃共和国湘赣省工农银行；1932年1月15日，中华苏维埃共和国湘赣省工农银行在江西省永新县开业，发行了以银元为本位的纸币，称银元票。见有壹角、壹圆两种，票面设计大体相同。正面有马克思、列宁头像，五角星和镰刀斧头图案，背面有“工农银行五大任务”。两种纸币都有“欧”、“亚”、“美”、“澳”、“非”等冠字。石印技术，质量较好。发行采用政府拨银洋4万元和动员群众入股2万元银洋的方式，筹资6万元，纸币发行额只有3万元，保证兑现，信誉很高。中华苏维埃共和国湘赣省工农银行改组为中华苏维埃共和国国家银行湘赣省分行后，停止发行，陆续收回。

二、中华苏维埃共和国国家银行湘赣省分行银元票一览表

面额	年度		票幅	主景		主色		备注
	正面	背面	（长×宽）mm	正面	背面	正面	背面	
伍分		公历一九三四年	80×47	苏区风光图（两侧）	苏区风光图（中）	红	蓝	
壹角			104×52		根据地风光（有叶纹花边）	枣红	黑	另，背面茶绿；无根据地示意图
壹角		公历一九三四年		带中共党徽的地球（中）	根据地风光（中），有叶纹花边	赭石	茶绿	
贰角（大字）		公历一九三三年	77×53	地球上的工农联盟图（中）	根据地风光（中）	棕	浅棕	另有小字版，背面土红
壹圆		公历一九三三年	110×62	列宁像（中）	根据地风光（中）	红棕	蓝	另，正面赭石
壹圆		公历一九三四年		列宁像（中）、“凭票即付银币壹圆”（中、底）	塔、根据地风光（中）	红棕	蓝	另，正面赭石

三、中华苏维埃共和国国家银行湘赣省分行铜元票一览表

面额	年度		票幅	主景		主色		备注
	正面	背面	（长×宽）mm	正面	背面	正面	背面	
拾枚		公历一九三四年	90×53	红军人物（中，上有中共党徽，下有带五角星的地球）	苏区风光图（中）	黑	黑	

四、中华苏维埃共和国湘赣省革命战争公债券改作银币券一览表

面额	年度		票幅	主景		主色	
	正面	背面	（长×宽）mm	正面	背面	正面	背面
伍角							
壹圆	公历一九三二年十二月十五		126×83	工农（中），红印、“财政部长谭余保”		蓝	
壹圆	公历一九三三年七月			红印、“财政部长谭余保”	公债条例（主席谭余保、副主席李瑞娥、陈珠珠）	蓝	黑、蓝
贰圆							
伍圆							

1933 年 1 月 15 日，根据中共苏区中央局 1932 年 1 月 30 日指示，中华苏维埃共和国湘赣省工农银行在退还私人股金及红利（每股发给一角三四分红利）后，将中华苏维埃共和国湘赣省工农银行改组为中华苏维埃共和国国家银行湘赣省分行，银行仍设在永新。省分行有货币发行权和独立开展业务的权力。在肃反扩大化中，行长胡湘被错杀，贺珍接任行长。该行发行了银元票和铜元票。银元票已见 1933 年版壹角、贰角、壹圆 3 种，1934 年伍分、壹角、壹圆 3 种。设计与印刷同“中华苏维埃共和国湘赣省工农银行币”。1934 年在发行银元票的同时，还发行了铜元票，见有拾枚券一种，正面是红军高举镰刀斧头党徽红旗图，背面有风景和公历“一九三四”字样。发行期间，由于王明路线的干扰与破坏，根据地政治、军事和经济遭受到很大损失，流通范围到 1933 年底由 25 县减少到 13 县。

1932 年 12 月、1933 年 7 月、1933 年 11 月，湘赣省发行了两期“中华苏维埃共和国湘赣省革命战争公债券”，到期收回后，盖上“本息还清，转为国币通用”的印章，作为苏维埃货币流通。1934 年 8 月，红六军团撤出湘赣根据地。1935 年 1 月第五次反“围剿”失败后，该行的票、券停止发行与流通。

第八节　闽浙赣根据地货币

1933 年 3 月，方志敏领导创建的赣东北根据地与陈耿领导创建的闽北根据地合并为闽浙赣根据地，成立闽浙赣省苏维埃政府，方志敏当选为主席。省政府设立赣东北特区贫民银行、赣东北省苏维埃银行及闽北分行，后在此基础上设立了闽浙赣省苏维埃银行和闽北分行，发行了银币、铜元票与银元票。

一、赣东北特区贫民银行银元票一览表

面额	年度		票幅	主景		主色	
	正面	背面	（长×宽）mm	正面	背面	正面	背面
贰角		公历一九三一年五月	131×76	五角星内中共党徽（中）	文字（隶书）		
伍角		公历一九三一年五月	131×76	五角星内中共党徽（中）	文字（隶书）	蓝	蓝

1930 年 3 月，赣东北革命委员会改组为赣东北特区苏维埃政府，同年 10 月 16 日在驻地弋阳县界设立赣东北特区贫民银行。1931 年 5 月，发行以银元为本位的银元票，与银元等值使用。筹建期间，核定银行基金 20 万元，其中现洋 16 万元由财委保管，准许银行印发银元券 4 万元。已见贰角、伍角两种。石印技术。背面部分文字有："凭票即兑　本行钞票　现银一律　准备基金　十分充足　工农士兵　携带轻便　县苏区苏　都可兑现　买卖完税　毋许折扣　倘被查出　定必彻究　发行纸币　信用攸关　如有伪造　从严惩办"。银行基金雄厚，可兑换性强，4 元银元票可以买 10 斤油或 8 斤肉，六七元银元票可以买 1 钱黄金。苏维埃政府允许白区商人到苏区做生意，但规定他们从商品销售中取得的银元票只能在苏区购买物资，不准兑换银元。既活跃了内外贸易，充实了苏区物资供应，又减少了银元外流。

1931 年 7 月，闽北苏区划归赣东北特区，闽北根据地与赣东北根据地合并，11 月 14 日，赣东北特区苏维埃政府改名为赣东北省苏维埃政府。赣东北特区贫民银行随之改为赣东北省苏维埃银行，发行了"赣东北省苏维埃银行银元票"，"赣东北特区贫民银行银元票"与"赣东北省苏维埃银行银元票"并行流通。

二、赣苏北省苏维埃银行银元票一览表

面额	年度		票幅	主景		主色		备注
	正面	背面	（长×宽）mm	正面	背面	正面	背面	
壹角		公历一九三二年六月	94×59	五角星内的中共党徽（中）、"每拾角换洋壹圆"（下）	文字、印章	红蓝	黑	

续表

面额	年度		票幅	主景		主色		备注
	正面	背面	（长×宽）mm	正面	背面	正面	背面	
壹角			94×59	地球、红旗	文字、印章	红	黑	
伍角		一九三二年六月	106×72	五角星中内含中共党徽（中）	文字、印章	红蓝	黑	另有绿版
壹圆	一九三二		122×82	中共党旗（中）	文字、印章	红	黑	

赣东北省苏维埃银行成立初期，沿用“赣东北特区贫民银行银元票”。1932 年 6 月始发“赣东北省苏维埃银行银元票”。以银元为本位。初发壹角、伍角、壹圆 3 种，续发壹角、壹圆两种，共计 5 种。

三、赣东北省苏维埃银行闽北分行银元票一览表

面额	年度		票幅	主景		主色		备注
	正面	背面	（长×宽）mm	正面	背面	正面	背面	
壹角		公历一九三二年一月	98×67	五角星中共党徽（党徽向上）	文字说明、行长林汉卿（章）	蓝	绿	
壹角		公历一九三二年一月	107×60	五角星中共党徽	文字说明、行长林汉卿（章）	蓝	绿	
贰角		公历一九三二年一月	118×73	五角星中共党徽（党徽向上）	文字说明、行长林汉卿（章）	蓝	绿	
伍角		公历一九三二年一月	124×78	五角星中共党徽（党徽向左）	文字说明、行长林汉卿（章）	蓝	绿	另有棕色版
壹圆		公历一九三二年一月	132×90	五角星中共党徽（党徽向左）	文字	蓝	绿	另有棕红版和黑版

1931 年年底，设立赣东北省苏维埃银行闽北分行。该行成立后，与省苏维埃银行保持业务指导关系，享有独立开展业务权。经报请赣东北省苏维埃政府批准，闽北分行于 1932 年 1 月开始发行壹角、贰角、伍角、壹圆 4 种银元券，石印技术，与“赣东北特区贫民银行银元票”、“赣东北省苏维埃银行银元票”等值混合流通。

四、闽浙赣省苏维埃银行银元票一览表

面额	年度		票幅	主景		主色		备注
	正面	背面	（长×宽）mm	正面	背面	正面	背面	
壹角			94×59	地球上有红旗（红旗上有中共党徽）	文字、印章	黄灰	黑	另有蓝版
壹圆	一九三三年		122×82	地球上有红旗（红旗上有中共党徽）	文字、印章	浅黄	蓝	另有蓝版和红版

五、闽浙赣省苏维埃银行铜元票一览表

面额	年度		票幅	主景		主色		备注
	正面	背面	（长×宽）mm	正面	背面	正面	背面	
拾枚			92×48	3个五角星（一大两小）		黑		

六、闽浙赣省苏维埃银行闽北分行银元票一览表

面额	年度		票幅	主景		主色		备注
	正面	背面	（长×宽）mm	正面	背面	正面	背面	
壹角		公历一九三四年十一月	90×67	五角星内中共党徽	文字（隶书）	红蓝	绿	另有墨绿版
壹圆		公历一九三四年十一月	136×88	五角星内中共党徽	文字（隶书）	红蓝	绿	另有墨绿版

1932年12月11日，赣东北省苏维埃政府改组为闽浙赣苏维埃政府，闽浙赣省苏区扩大到四省20多县，人口100余万。之后，赣东北省苏维埃银行随之改为闽浙赣省苏维埃银行。1933年上半年开始发行“闽浙赣省苏维埃银行银元票”。已见壹角、壹圆两种，采用石印技术。

1933年下半年，为方便交易，闽浙赣省苏维埃银行在发行银元票的同时，发行了面额拾枚的铜元票。木刻技术，印刷方式采用了圆盘机。36张铜元票兑1枚银元。

赣东北省苏维埃银行闽北分行随之改为闽浙赣省苏维埃银行闽北分行，1934年发行了壹角、壹圆两种面额的银元票。

这些银元票、铜元票与“赣东北特区贫民银行银元票”、赣东北省苏维埃银行及其闽北分行银元票等值混合流通。

闽浙赣省苏维埃银行采取有多少财力发多少纸币的原则，严格控制货币发行量。战争期间，军需浩大，苏维埃政府以发行公债来收进现金，稳定币值。苏区一个时期，1元银元票可以买2.8升米或8斤油或8斤肉。又力争贸易出超，如1933年对外贸易出超7万元。

七、闽浙赣省苏维埃政府银币

（粉碎敌人五次围攻决战临时军用币）一览表

面额	年度		票幅	主景		主色		备注
	正面	背面	（长×宽）mm	正面	背面	正面	背面	
壹圆		一九三四年	38.8	列宁像	“闽浙赣省苏维埃政府”、壹圆、小五角星（左、右）	银	银	重26.8克
壹圆		一九三四年	38.7	地球上的中共党徽	“粉碎敌人五次围攻决战临时军用币”	银	银	重26.6克

1933年1月，闽浙赣省苏维埃政府正式铸造银元。1934年为兑换纸币的需要，闽浙赣省苏维埃开始发行银币。目前收集到两种，正面有列宁侧面像和镰刀、斧头、地球图

案，一种是标有“中国苏维埃造”，另一种是标有“粉碎敌人五次围攻决战临时军用币”，两种银币背面都标有“闽浙赣苏维埃政府”、“壹圆”、“一九三四年”等字样，成色94%，发行不足2000枚。铸造银元的原料大部分是战争缴获和打土豪没收，少部分是向群众收购的银制品。

1934年11月，第五次反“围剿”失利，红十军转入外线。1935年1月，闽北分区党政机关转移。“赣东北特区贫民银行银元票”、“赣东北省苏维埃银行及其闽北分行的银元票”、“闽浙赣省苏维埃银行银元票”、铜元票与“闽北分行银元票”、“闽浙赣省苏维埃政府银币”均停止发行，退出流通。

第九节　鄂豫皖根据地货币

鄂豫皖革命根据地包括鄂东北、豫东南、皖西三块革命根据地，在湖北、河南、安徽三省交界的大别山区。1930年4月，三块根据地连成一片，在湖北黄安七里坪成立了中共鄂豫皖临时特委和鄂豫皖特区苏维埃政府。1931年5月9日，在皖西北金家寨成立皖西北特区苏维埃政府，12月改为皖西北道区苏维埃政府。1931年7月，鄂豫皖省苏维埃政府成立，建立中国工农红军第一军。1931年，红一军扩编为第四方面军，徐向前任总指挥。

一、鄂豫皖特区苏维埃银行银币券一览表

面额	年度		票幅	主景		主色	
	正面	背面	（长×宽）mm	正面	背面	正面	背面
壹圆	一九三一年			克里姆林宫（中）、“鄂豫皖区苏维埃银行各分行及经济公社兑换”（下）、“全国通用”（右侧）			

二、鄂豫皖区苏维埃银行银币券一览表

面额	年度		票幅	主景		主色	
	正面	背面	（长×宽）mm	正面	背面	正面	背面
伍角	一千九百三十一年		130×80	风景（中）、“鄂豫皖区苏维埃银行各分行及经济公社兑换”（下）	工农兵	蓝	红
壹圆	一千九百三十一年		148×80	克里姆林宫、“凭票即付银币壹圆”（中）、“鄂豫皖区苏维埃银行各分行及经济公社兑换”（下）、“全国通用”（右侧）	房屋（中）	绿	绿

1930年10月，在黄安（今红安）七里坪开始筹备设立鄂豫皖特区苏维埃银行。1931年5月开始发行银币券壹圆券两种。现收集到壹圆券一种，石印技术印刷。1931年5月24日，中共鄂豫皖中央分局书记兼军委主席张国焘向中央报告说："特区银行已于本月15日开幕，信用非常之好，农民都是用银行纸币，不要非苏区的票子。只七里坪一处，几天工夫已用4000元，现在来不及印刷大批纸币来供应市面。"1931年10月9日，中共鄂豫皖中央分局将成立银行、发行纸币的情况向中共中央报告。1931年鄂豫皖特区苏维埃银行还以"鄂豫皖区苏维埃银行"的名义发行了伍角、壹圆两种银币券，票面背后印有"全世界无产阶级联合起来"，石印技术。1932年1月，鄂豫皖特区银行改组为鄂豫皖省苏维埃银行后，该两种银币券停止发行。

三、皖西北特区苏维埃银行银币券一览表

面额	年度		票幅（长×宽）mm	主景		主色	
	正面	背面		正面	背面	正面	背面
贰角			148×85	马克思头像			
壹圆	一九三一年五月	1931. 5. 30	160×90	克里姆林宫（中）、"凭票兑现"（下）	太阳、地球，"凭票兑现"（两侧）		
壹圆		1931. 9. 1	147×78	克里姆林宫（中）、"凭票兑现　全国通用"（下）	"争取中国苏维埃胜利"（上）、太阳（内含中共党徽）与地球（中）、"凭票兑现　全国通用"（两侧）、"保证自由贸易　统一货币制度　巩固苏维埃基础　实行低利借贷　流通金融调节市场"（右）、"帮助贫民生产　促进工业发展　帮助合作社的发展　实行统一累进税　禁止县进出口"（左）		
壹圆		1932. 1. 21	138×76	克里姆林宫（中）、"凭票兑现　全国通用"（下）	马克思头像（左）	墨绿	墨绿
伍圆		1931. 9. 7	142×76	克里姆林宫（中）、"凭票兑现　全国通用"（下）	"争取全国苏维埃胜利"（上）、马克思头像（中）、"保证自由贸易　统一货币制度　巩固苏维埃基础　实行低利借贷　流通金融调节市场"（右）、"帮助贫民生产　促进工业发展　帮助合作社的发展　实行统一累进税　禁止县进出口"（左）		

1931 年 5 月设立皖西北特区苏维埃银行，发行了银行券。现收集到贰角券一种、壹圆券 3 种、伍圆券一种。鄂豫皖省苏维埃银行成立后，皖西北特区苏维埃银行成为分行。

四、皖西北苏维埃政府铜币一览表

面额	年度		直径（mm）	主景		主色	
	正面	背面		正面	背面	正面	背面
贰拾文			22	五星（中）	中共党徽		
贰拾文							
伍拾文			38.4	五角星（中）	地球、镰刀、锤子		
伍拾文			38.4	五角星（中）	地球、镰刀、锤子		
伍拾文			38.4	五角星（中）	地球、镰刀、锤子		

五、皖西北道区苏维埃政府铜币一览表

面额	年度		直径（mm）	主景		主色	
	正面	背面		正面	背面	正面	背面
伍拾文			38	大五角星（中）	地球、镰刀、锤子，“全世界无产阶级联合起来呵”（字稍大一些，环周）		
伍拾文	1932 年		38	“伍拾”（中）、小五角星（两边）	地球、镰刀、锤子，“全世界无产阶级联合起来呵”（环周）		

1931 年 10 月，皖西北特区苏维埃政府铸造发行了铜币。现收集到贰拾文、伍拾文两种，背后有镰刀、斧头、地球图案和“全世界无产阶级联合起来呵”12 字；皖西北特区苏维埃政府改组为皖西北道区苏维埃政府后，于 1932 年 4 月停铸“皖西北特区苏维埃政府铜币”，改铸“皖西北道区苏维埃政府铜币”，现收集到伍拾文两种。1932 年 10 月，红军主力撤离皖西北后，两种铜币均退出流通。

六、鄂豫皖省苏维埃银行银币券一览表

面额	年度		票幅（长×宽）mm	主景		主色	
	正面	背面		正面	背面	正面	背面
伍角	一千九百三十二年	1932 年		苏维埃政府机关（上方飘扬着中共党旗）、“鄂豫皖省苏维埃银行各分行及经济公社兑换”（下）	地球、工农兵3人（中）	蓝	红
壹圆				克里姆林宫（中）、“凭票兑现全国通用”（两处）	山村	酱	绿
壹圆	一千九百三十一年	1932.1.21	153×87	克里姆林宫（中）、“凭票兑现全国通用”（两侧）、“鄂豫皖省苏维埃银行各分行及经济公社兑换”（下）	山村（中）、“全世界无产阶级联合起来”（上）	绿	绿

七、鄂豫皖省苏维埃工农银行银币券一览表

面额	年度		规格（长×宽）mm	主景		主色		备注
	正面	背面		正面	背面	正面	背面	
贰角			118×66	马克思头像（中）、“凭票兑现　全国通用”（下）	红旗、地球，“争取全国苏维埃胜利”、“皖西北印刷局印”	黑	绿	另有面绿背红版
伍角	一千九百三十二年	1932 年	125×75	塔、楼、“皖西北印刷局印”	工农兵 3 人（中）、“全世界无产阶级联合起来呵”	绿	红	

1931 年 4 月间，鄂豫皖特区苏维埃政府和银行迁往河南光山县新集（今新县县城）。1931 年 7 月银行改组为鄂豫皖省苏维埃银行，也称“总银行”，并以新机构名义发放银行券。现收集到伍角券一种、壹圆券两种。1932 年鄂豫皖省苏维埃银行还以“鄂豫皖省苏维埃工农银行”的名义发放银行券，现收集到的有贰角、伍角两种，由鄂豫皖省皖西北道区苏维埃政府印刷局印制。1932 年 10 月，红军主力撤离鄂豫皖根据地后，两种银行券均停止发行。

八、鄂豫皖苏维埃政府工农银行银币一览表

面额	年度		规格	主景		主色	
	正面	背面		正面	背面	正面	背面
壹圆	一九三二年造		直径 39.6 mm，重量 27.18 克，成色 88%	“壹圆”（中）	地球、中共党徽、“全世界无产阶级联合起来呵”		

九、鄂豫皖省苏维埃政府工农银行铜币一览表

面额	年度		主景		主色	
	正面	背面	正面	背面	正面	背面
贰角			麦穗、五角星			

1932 年，鄂豫皖省苏维埃政府委托皖西北道区苏维埃政府造币厂铸造了少量“鄂豫皖省苏维埃政府工农银行一九三二年造”的壹圆银币，在根据地发行，成色 88%。背面有镰刀、斧头、地球图案和“全世界无产阶级联合起来呵”12 字；另外还有 3 种银币用俄语表示铸造机构。皖西北造币厂每满 10 天还浇铸净重 5 两的银锭，专用于白区购盐。

鄂豫皖省苏维埃政府工农银行铸造的铜币有 8 种版式，其中贰拾文的 3 种、伍拾文的 5 种。面值均铸于正面大五星之中，背面为地球及镰刀斧头图案，已见一种，仍由皖西北道区苏维埃政府造币厂铸造。铜币原料主要利用废子弹壳熔铸，多系黄铜，质地较硬，冲

压出来的花纹模糊不清。

1932 年 2 月，由于皖西北道区苏维埃银行停止发行货币，鄂豫皖省苏维埃银行发行的货币又因交通运输难以供应，为解决市场流通对货币的迫切需要，皖西北的赤城（商城）成立县级银行，曾铸造发行鄂豫皖省苏维埃政府工农银行壹圆银币和伍拾文、壹佰文铜辅币。银币由城关银匠及南门口几家银户铸造，条件差，铸工粗糙，只能按普通银元七五折使用。1932 年 9 月 14 日敌人再占商城时停止发行。

银元与铜元没有固定比价。银币和铜币的发行对物价和币值的稳定具有重要的作用。1932 年 10 月，红军主力撤离鄂豫皖根据地后，银币和铜币均停止发行。

十、鄂豫皖苏维埃经济公社铜元券一览表

面额	年度		票幅	主景		主色	
	正面	背面	（长×宽）mm	正面	背面	正面	背面
贰串文	一千九百三十二年		125×76	克里姆林宫（左）、庙门（右）	“全世界无产阶级联合起来呵“（上）、扛旗的骑兵（中，旗上“完成土地革命”）、“各苏区经济公社兑换”（下）	紫	蓝
贰串文	一千九百三十二年		123×76	列宁像（左）、克里姆林宫（右）、“凭票发铜元两串文”（中竖）	“全世界无产阶级联合起来呵”（上）、扛旗的骑兵（中，旗上“完成土地革命”）、“各苏区经济公社兑换”（下）	紫	蓝

十一、经济公社流通券一览表

面额	年度		票幅	主景		主色		备注
	正面	背面	（长×宽）mm	正面	背面	正面	背面	
壹串文	一九三三年		70×145			红	红	竖式
贰串文	一九三三年		80×160	列宁像投影（左）、楼房（右）	一战士扛枪骑马（中）	红	红	竖式
伍串文	一九三三年		85×160			红	红	竖式
伍佰文	一九三三年		70×130			红	红	竖式

鄂豫皖特区苏维埃政府成立后，于1931年5月在河南省光山县新集设立鄂豫皖苏维埃经济公社总社，各县区设分社。该社在经营贸易和货币兑换的同时，于1932年印发了壹串文和贰串文两种面额的铜币券，流通于鄂豫皖根据地。现收集到贰串券两种，一种有列宁像，一种无列宁像。1932年红军主力撤离鄂豫皖根据地后，这种铜元券停止发行。

红军主力撤离根据地后，中共鄂豫皖省委组建了红二十五军，坚持游击战争。为了革命斗争的需要，1933年4月，鄂豫皖省苏维埃经济公社发行了经济公社流通券。由于敌人经济封锁严厉，斗争环境恶劣，游击区纸张缺乏，就用白布印刷，木刻印版。将战争中缴获的布匹，剪裁成票券要求大小，在木刻版上一张张印刷，印刷好以后，再刷上桐油，吊在绳子上晾干后发行流通。有壹串文油布券、贰串文油布券、叁串文油布券、伍串文油布券、贰拾文油布券、壹佰文、伍佰文油布券各一种。现收集到壹串文、贰串文、伍串文、伍佰文券4种，正面有文无图，背面无文无图。1935年红二十五军撤离鄂豫皖根据地北上抗日后，经济公社流通券停止发行。

十二、赤城县苏维埃银行银币一览表

面额	年度		票幅	主景		主色		备注
	正面	背面	（长×宽）mm	正面	背面	正面	背面	
壹圆								银

十三、赤城县苏维埃银行铜币一览表

面额	年度		票幅	主景		主色		备注
	正面	背面	（长×宽）mm	正面	背面	正面	背面	
伍拾文								铜
壹佰文								铜

第十节　川陕根据地货币

1932年10月，红四方面军主力退出鄂豫皖根据地，经过两个月征战，12月9日到达陕南汉中地区小河口，进入陕南、川北地区，在中共川陕边党组织的领导和川陕游击队的配合下，利用四川军阀间的矛盾，先后建立了40多个县苏维埃政权。1933年2月，成立了川陕省苏维埃政府，辖区约四万两千平方公里，人口600万，成为土地革命战争时期第二大区域的根据地，1933年10月，部队主力发展到5个军8万人。

为统一币制，促进金融流通，1933年2月开始筹建川陕省苏维埃政府工农银行。1933

年12月4日，川陕省苏维埃政府工农银行在通江县城正式成立，又称中华苏维埃共和国川陕省工农银行，在通江等地设立分行。先后发行了中华苏维埃共和国川陕省造币厂银币和铜币，川陕省政府工农银行银币券、铜币券，中华苏维埃共和国川陕省工农银行银币券、铜币券（布币）。在发行的6种货币中，银币50万元以上，钞票200万元以上，铜币30万元以上，以布币为多。1935年4月，红四方面军撤离川陕根据地，货币停止发行。

一、中华苏维埃共和国川陕省造币厂银币一览表

面额	年度		直径（mm）	主景		主色		备注
	正面	背面		正面	背面	正面	背面	
壹圆		一九三三年	39.2（厚度2.5，成色88%）	空心五角星（两侧各一）	地球上的中共党徽	银		重26.1～26.7克，有大星、长星3类16种
壹圆		一九三四年	同上	实心五角星（两侧各一）	地球上的中共党徽	银		
壹圆		一九三四年	同上	套心五角星	地球上的中共党徽	银		重26.1～26.7克，有大、小套星2种

二、川陕省苏维埃铜币一览表

面额	年度		直径（mm）	主景		主色		备注
	正面	背面		正面	背面	正面	背面	
贰佰文	一九三三年		35～36，厚度2	橄榄枝	五角星（3个）、中共党徽、“全世界无产阶级联合起来”	红铜		有镰刀把柄在左、在右，刀刃朝上、朝左和斧刃在左、在右等多种
贰佰文	一九三四年	1934	同上	同上	同上	红铜		
二百文		1934	28～29	“川陕省苏维埃铜币”、“二百文”	五角星、中共党徽，“赤化全川”（隶书）	红铜		
五百文		一九三四年	直径32～36，厚度2	“川陕省苏维埃造”，五角星，“500”（中）、“五百文”	“全世界无产阶级联合起来”、麦穗、五角星	红铜		

1933年10月20日，红四方面军攻克达县，缴获了敌人造币厂的设备。11月18日川陕省造币厂成立。川陕造币厂铸造的银币有两种，一是正面有“壹圆”、“中华苏维埃共

和国”、“川陕省造币厂造”字样；二是仿造袁世凯头像和孙中山头像和川版“汉”字银币。前者在根据地内部使用，后者到敌占区购买医药、道林纸等根据地无力生产的物资。到敌区用的银币日产约400枚，经红四方面军总供给部主任、川陕省苏维埃政府财经委员会主任兼银行行长郑义斋和国民党军孙蔚如谈判，建立通江—两河口—大河—碑坎—陕南的南郑这条交通线，沿线设点转运银元，接进从敌区转购过来的物资。中华苏维埃共和国银币只有1934年造一种，成色75%～88%。1934年12月，川陕根据地开始收缩。红军撤离时，为了对人民负责，在中坝专门设了一家分行，方便群众用手中的纸币、布币兑换银元，前后40天收回了大部分纸币和布币，兑出的银元有五六十匹骡子驮，在群众中留下了深远的影响。1935年4月，造币厂随军长征，在长征路上仍然发行了一部分银币。

川陕省苏维埃铜币，现收集到1933年铸造贰佰文和1934年铸造贰佰文、伍佰文3种，以红铜为原料。

金属货币共发行了19种版别。

三、川陕省苏维埃政府工农银行纸币铜币券一览表

面额	年度		票幅	主景		主色		备注
	正面	背面	（长×宽）mm	正面	背面	正面	背面	
壹串	“中华苏维埃共和国三年”		110×70	列宁像（中）	凌厉拳头下的地球、工农奋起群像	蓝	黑	另有背绿版

四、川陕省苏维埃政府工农银行布币铜币券一览表

面额	年度		票幅	主景		主色		备注
	正面	背面	（长×宽）mm	正面	背面	正面	背面	
贰串	一九三三年		77×150	镰刀、斧头、五星、拳头、“全世界无产阶级联合起来”	齿轮，“发展社会经济”（左）、“增加工农生产”（右）	黑字	黑字	竖式，有红、白、蓝布3种
叁串	一九三三年		77×150	镰刀、斧头、五星、拳头（中）、“全世界无产阶级联合起来”（上）	“3”与齿轮（中）	黑字	黑字	竖式，有白细布、白粗布、红布、绿布、蓝布5种币材，两种白布有盖章、不盖章两种

续表

面额	年度		票幅	主景		主色		备注
	正面	背面	（长×宽）mm	正面	背面	正面	背面	
伍串	一九三三年		92×155	镰刀、斧头、五星、拳头（中）、“全世界无产阶级联合起来”、“发展社会经济”（左）、“增加工农生产”（右）	“5”与齿轮（中）、“发展社会经济”（左）、“增加工农生产”（右）	黑字	黑字	竖式，白布
拾串			85×168	镰刀、斧头、五星、拳头	10、齿轮	黑字	黑字	竖式，白布

五、川陕省苏维埃政府工农银行纸币银币券一览表

面额	年度		票幅	主景		主色		备注
	正面	背面	（长×宽）mm	正面	背面	正面	背面	
壹圆	1933		173×80	马克思像（右）、列宁像（左）	拖拉机组图（中）、“全世界无产阶级联合起来”（上）、一边一个五角星，五角星下各有3个中共党徽，“全国通用　凭票兑现”（两侧下），一边一个五角星，五角星下各有3个镰刀斧头图	黑色		

六、川陕省苏维埃政府工农银行布币银币券一览表

面额	年度		票幅	主景		主色	
	正面	背面	（长×宽）mm	正面	背面	正面	背面
壹圆	1933		190×90	马克思、列宁像	拖拉机	红	蓝

有铜币券和银币券，且均有纸币券和布币券。铜币券纸币已见壹串文一种，正面中央有列宁像，有“川陕省苏维埃政府”、“工农银行”字样，下有“THE BANK OF SOVIET”和“中华苏维埃共和国三年”10字，左有“发展社会经济”、右有“增加工农利益”字样，四角各有一个“壹”字。背面中央有一个拳头，拳上有“苏联”、“经济建设”，下方

有几个狼狈的反动人物，右下角图章中有篆字“川陕省工农银行印”。币值起初壹串纸币铜元券可兑换银元 1 元，扩大发行和市场银币大量外流后，逐步贬值到 30 串铜元券纸币兑换 1 元银元。

布币铜币券，由川陕省政府石印局采用石印技术与黑色油墨印制，币材有漂白细布、阴丹士林蓝布、白粗布、红布、绿布 5 种颜色，白色较多；已见贰串文、叁串文、伍串文、拾串文 4 种。币值起初壹串布币铜元券可兑换银元 1 元，后来 30 串文布币铜元券兑换银元 1 元。

纸币银币券，已见壹圆券一种，正面有马克思、列宁头像，背面印有工厂、拖拉机图景和五角星、镰刀、斧头，五角星中印有“全世界无产阶级联合起来!”石印技术，白色道林纸作币材。起初与银币等值兑换，后来贬值到 30 元纸币兑换 1 块银元。

布币银行券，石印技术，币材为漂白细布，已见壹圆一种，票版与纸币大体相同。

七、中华苏维埃共和国川陕省工农银行纸币铜币券一览表

面额	年度		票幅	主景		主色		备注
	正面	背面	（长×宽）mm	正面	背面	正面	背面	
三串	19—34		75×155	三个战士骑马、“土地归农民 政权归苏维埃 八小时工作”	列宁像（中）、“全世界无产阶级联合起来”（上）、“坚决保卫赤区”（下）背景图是中共党徽及五角星图	红	红	竖式

八、中华苏维埃共和国川陕省工农银行纸币银币券一览表

面额	年度		票幅	主景		主色		备注
	正面	背面	（长×宽）mm	正面	背面	正面	背面	
壹圆	一九三三年十二月	1933	173×80	斯大林像（中）、中共党徽（两个）、人物	两名持枪工农人物及五角星（中）、“土地归农民 政权归苏维埃”（两侧下）	浅红	浅棕	

川陕省苏维埃政府工农银行成立后，在发行“川陕省苏维埃政府工农银行券”的同时，还发行了“中华苏维埃共和国川陕省工农银行银行券”，两种行名券等值并行流通。中华苏维埃共和国川陕省工农银行银行券目前发现纸币铜元券、布币银币券、纸币银币券各一种。其中纸币有铜元券，正面有“土地归农民 政权归苏维埃 八小时工作”、“三串”、英语工农银行字样，背面有列宁像、镰刀锤头、“全世界无产阶级联合起来”、“坚决包围赤区”等。纸币银币券有壹圆币，正面中有斯大林像，有两组人物、两个镰刀锤头

和“一九三三年十二月”；背面有两个士兵、“全世界无产阶级联合起来”、“政权归苏维埃　土地归农民”等。

九、川陕省苏维埃锡币一览表

面额	年度		主景		主色		备注
	正面	背面	正面	背面	正面	背面	
当伍拾文						锡材	
当壹佰文						锡材	
当贰佰文						锡材	

第十一节　琼崖根据地货币

1927 年 4 月，蒋介石叛变革命后，中共琼崖特委于同年 7 月建立了琼崖讨逆革命军，9 月发动全琼武装起义。1928 年 8 月 12 日，建立了琼崖苏维埃政府，下辖 7 个县苏维埃政府和两个县苏维埃筹备委员会。为了适应财政经济的需要，1930 年冬，根据琼崖苏维埃政府第二次工农代表大会的决议，发行了“琼崖苏维埃政府银元代用券”，有壹角、壹圆两种，与银元等值行使，在琼东县第四区等地流通。

琼崖苏维埃政府代用券一览表

面额	年度		票幅（长×宽）mm	主景		主色	
	正面	背面		正面	背面	正面	背面
壹角							
壹圆							

第十二节　左右江根据地货币

左右江货币发行一览表

面额	年度		主景		主色		备注
	正面	背面	正面	背面	正面	背面	
银锭							北上途中由红七军前敌委员会发行，每锭重 3 两左右

第十三节　闽东根据地货币

一、闽东苏维埃政府纸币一览表（安福县境内流通）

面额	年度		票幅	主景		主色	
	正面	背面	（长×宽）mm	正面	背面	正面	背面
壹分							
贰分							
伍分							

二、福寿县苏维埃政府纸币一览表

面额	年度		票幅	主景		主色		备注
	正面	背面	（长×宽）mm	正面	背面	正面	背面	
半角								
壹角								

三、安德县苏维埃政府纸币一览表

面额	年度		票幅	主景		主色	
	正面	背面	（长×宽）mm	正面	背面	正面	背面
贰分							
伍分							
壹角							
贰角							
伍角							

四、福霞县苏维埃政府纸币一览表

面额	年度		票幅	主景		主色		备注
	正面	背面	（长×宽）mm	正面	背面	正面	背面	
壹角								
伍角								

五、安福县苏维埃政府纸币一览表

面额	年度		票幅	主景		主色	
	正面	背面	（长×宽）mm	正面	背面	正面	背面
壹角							
贰角							
叁角							
伍角							

六、安福县中区苏维埃政府代用券一览表

面额	年度		票幅	主景		主色	
	正面	背面	（长×宽）mm	正面	背面	正面	背面
壹角							
贰角							

七、福寿县上北区苏维埃政府代用票一览表

面额	年度		票幅	主景		主色	
	正面	背面	（长×宽）mm	正面	背面	正面	背面
贰角							
叁角							

第十四节　陕甘宁苏区货币

一、陕甘宁革命委员会财政委员会货币一览表

面额	年度		票幅	主景		主色		备注
	正面	背面	（长×宽）mm	正面	背面	正面	背面	
壹角								油布币
贰角								油布币
伍角								油布币
壹圆								油布币

在南昌起义、秋收起义和中共“八七”会议精神指引下，中共陕甘省委决定在陕西发动工农武装起义。1927 年 10 月 12 日，在唐澍、李象九、谢子长等领导下发动清涧起义。1928 年 5 月 1 日，中共陕东特委和唐澍、刘志丹、刘继曾在中共陕西省委领导下发动了渭华起义。旬邑、礼泉、淳化和澄城等地也发动了农民起义。

1934 年 11 月，中共陕甘边特委和边区革命委员会在甘肃省华池县境内召开陕甘边第一次工农兵代表大会，选举产生了陕甘边苏维埃政府和陕甘边革命委员会，习仲勋为苏维埃政府主席，刘志丹为军委会主席。由于人民群众吃够了国民党政府钞票不断贬值的苦头，不愿接受国民党政府的货币，而银元和实物不便携带，又缺少小额辅币找零。为了发展经济，畅通金融，革命委员会决定禁止国民党政府货币的流通，以“陕甘边区革命委员会财政委员会”名义发行货币，厂址设在甘肃省华池县境内。采用打土豪、斗地主没收的白银做准备。用粗老白布代替纸张，造币靠手工木刻雕版，手工印制，印后再用桐油处理。该币分壹角、贰角、伍角、壹圆 4 种面额。正面印有“全世界无产阶级及被压迫民族联合起来”17 个字，左右栏印有“随时兑换现金”、“提高工农生活”字样。货币背面正中印有陕甘边区银行字样，实际上未设立银行机构，只设立了 4 家货币兑换所。规定每 10 角“油布币”兑换大洋一元，“油布币”发行流通约有半年时间，现存极少，仅中国革命博物馆收藏面值壹角一张。

二、陕甘边区农民合作银行兑换券一览表

面额	年度		票幅	主景		主色		备注
	正面	背面	（长×宽）mm	正面	背面	正面	背面	
壹角								
贰角	中华苏维埃共和国 5 年制			中间标有“贰角”，有“十角兑换大洋壹圆”、“苏区一律通用”字样				布币、竖版
伍角								
壹圆								

1935 年初，陕甘边区设立了陕甘边区农民合作银行（发行货币的准备金为农民合作银行筹集）。1935 年发行布质“陕甘边区农民合作银行兑换券”，简称“农民券”，同时停止“油布币”的发行。仍由陕甘边区革命委员会财政委员会下属的货币厂印制。面额有壹角、贰角、伍角、壹圆 4 种，正面印有“苏区一律通用”、“中华苏维埃共和国五年制”字样。“陕甘边区革命委员会财政委员会货币”和“陕甘边区农民合作银行兑换券”均在甘肃、陕西交界一带流通。为了保持流通的便利，银行设立了苏币兑换处。每逢集日，用银元、布匹等与群众兑换，每拾角苏币兑换银币 1 元，或卖给当时非常稀缺的白、蓝细布。流通时间至 1935 年 4 月。

三、陕甘省苏维埃银行银币券一览表

面额	年度		票幅	主景		主色		备注
	正面	背面	（长×宽）mm	正面	背面	正面	背面	
贰拾枚								银币券
壹角								银币券
伍角			120×80					银币券
壹圆			125×80					银币券

1935 年 4 月，国民党政府调集陕、甘、宁、晋四省军阀的 5 万多兵力向陕甘边区和陕北根据地发动“围剿”。中共西北特委决定集中红军主力到陕北作战，陕甘边区苏维埃政府也迁至陕西甘泉洛河川一带。同年 11 月，陕甘边苏维埃政府改称陕甘省苏维埃政府，陕甘边农民合作银行改称陕甘省苏维埃银行，发行银币券，分壹角、伍角、壹圆 3 种面额；发行“陕甘省苏维埃银行铜币券”，面额为贰拾枚一种；布质的壹圆两种版式。此币流通到 1935 年中央红军 11 月到达陕北。

四、神府特区抗日人民革命委员会银行流通纸卷一览表

面额	年度		票幅	主景		主色	
	正面	背面	（长×宽）mm	正面	背面	正面	背面
伍分	公历一九三六年		108×67				
壹角	公历一九三六年		125×75	花卉	立体五星		
贰角	公历一九三六年			花卉（中间形意为镰刀、红缨枪尖、锤头）		粉	粉
伍角	公历一九三六年		125×75	花卉	五星、麦穗、“全世界无产阶级及被压迫民族联合起来”	浅红	浅红
壹圆			110×63		五星	浅红	浅红

1933 年陕北游击队第三支队根据陕北特委第四次全委会会议决定，在神木和府谷开展游击战斗，开辟了神府革命根据地。1934 年 3 月，选举产生了中共神木县委。中央红军长征到达陕北后，成立了神府特区，并决定将神府特区直属中央领导。1936 年 4 月中旬，举行神府特区第一次工农兵代表大会，选举成立神府特区抗日人民革命委员会。成立神府特区抗日人民革命委员会银行，发行“神府特区抗日人民革命委员会银行流通纸卷”纸币，

面额为伍分、壹角、贰角、伍角、壹圆5种纸币，还有布质的壹角、贰角、伍角3种（印成为“流通纸卷”）。在票面上印有抗日字样，是早期抗日纸币中的珍品。1937年1月下旬，召开第二次工农兵代表大会，改称神府特区苏维埃政府。神府特区抗日人民革命委员会银行改称神府特区苏维埃政府银行。1937年4月，神府特区苏维埃政府由陕甘宁特区统一领导后，神府特区苏维埃银行即停止发行货币。神府特区抗日人民革命委员会银行和神府特区苏维埃银行发行的货币逐渐被收回。

五、中华苏维埃共和国国家银行西北分行布币一览表

面额	年度		票幅	主景		主色		备注
	正面	背面	（长×宽）mm	正面	背面	正面	背面	
壹分								
伍分	公历一九三五年		85×55	战士				
壹角			55×125	双锤		蓝	蓝	布质、竖版
壹角								
贰角			140×60	闪光五星、马头	中共党徽、人物	浅黄	浅黄	布质
贰角		一九三五年		中共党徽				
伍角			120×67	战士群像				
壹圆			150×70	列宁像（中）、“全世界无产阶级和被压迫民族联合起来”（下）	人物及中共党徽（中）、“全世界无产阶级和被压迫民族联合起来”（上）			布质
贰圆								
伍圆								

1935年10月19日，中共中央率领中国工农红军第一方面军陕甘支队到达陕北吴起镇，11月3日，中央红军和西北红军胜利会师。在中央苏区创建的中华苏维埃共和国国家银行跟随中央红军经过长征到达陕北瓦窑堡，大部分材料和文件档案都已经焚毁，只剩下两担金子。国家银行参加长征的14个人，在路上牺牲了6人，到陕北的有毛泽民、郭金瑞、钱希均、曹根全、任远志、黄亚光、曹菊如（另外，莫钧涛一年后到达陕北）。11月下旬，中华苏维埃共和国国家银行奉命改为中华苏维埃共和国国家银行西北分行，陕甘晋省苏维埃银行并入西北分行。中央财政部长林伯渠兼任行长，曹菊如任副行长兼会计科长，贺子珍任发行科长兼印刷所所长，黄亚光负责图案设计。不久即发行券别8种、版式11种的中华苏维埃共和国国家银行西北分行币，现收集到的面额为壹分、伍分、壹角、贰角、壹圆纸币5种，布币的有壹角、贰角、壹圆3种。壹圆布币正面印有列宁像。1936

年春，毛泽东同志曾到印刷所驻地看望职工们说，你们的工作很重要，对于苏区的经济发展，货币的作用很大，你们支持了苏维埃政府，支持了苏区，支持了红军。

六、中华苏维埃人民共和国国家银行西北分行纸币一览表

面额	年度		票幅	主景		主色		备注
	正面	背面	（长×宽）mm	正面	背面	正面	背面	
伍分	公历一九三五年			红旗指引下的工农武装				带有拉丁化新文字
贰角				民众奋起图				同上
伍角				民众武装起来				同上
壹圆	1936		135×75	列宁像（中）		黑		
壹圆			117×64	五星、众人		黑、红		
壹圆	公历一九三六年		125×70	旗帜上的“抗日”，战士	民众图（全景）	黑		
贰圆			130×70	开大会场面		红、黑		带有拉丁化新文字

1936年6月底，中华苏维埃共和国国家银行西北分行更名为“中华苏维埃人民共和国国家银行西北分行”，并随党政领导机关西迁到保安县（今志丹县）。由于各机关、部队云集保安，市场供应很困难，亟须货币发行。这时红军东征缴获了石印机和道林纸，并从上海买到了一台石印机，印钞质量得到了提高，于是发行“中华苏维埃人民共和国国家银行西北分行币”，共计有壹圆券3种（3种版色）、贰圆券一种。其中，贰圆券和一种壹圆券印有拉丁化新文字。以“中华苏维埃共和国国家银行西北分行”名义印制的贰角、伍角各一种，也印有拉丁化新文字，这是研究我国新文字改革的重要史料。在贰圆券上印有“停止内战，一致抗日”的拉丁文新文字字样。1936年12月12日，“西安事变”爆发，东北军让出肤施（延安）、甘泉、合水、庆阳4县。1937年1月3日，中华苏维埃人民共和国国家银行西北分行随中共中央机关迁至延安。

七、中华苏维埃共和国五年印制银币一览表

面额	年度		票幅	主景		主色	
	正面	背面	（长×宽）mm	正面	背面	正面	背面
壹角							
伍角							
壹圆				“中华苏维埃共和国五年制”、“壹圆”、麦穗	“全世界无产阶级及被压迫民族联合起来”、中共党徽（中）	银	银

八、中华苏维埃共和国五年印制铜币券一览表

面额	年度		票幅	主景		主色	
	正面	背面	（长×宽）mm	正面	背面	正面	背面
贰拾枚							

1935 年 1 月，陕北苏区第一次工农兵代表大会在安定县（子长县）召开，选举产生成立了陕北省工农民主政府，同年 7 月，陕北省工农民主政府财政部（银行与财政未分设）在延川县以“陕北省苏维埃银行”的名义发行纸质和布质两种货币，面额为壹分、贰分、伍分、壹角、贰角、伍角等数种。

同年，陕北省苏维埃政府财政部铸有“中华苏维埃共和国五年制”的银币发行，现存有壹角、伍角、壹圆 3 种版样，发行时间为 1935 年夏、秋，发行数量 2000 块。该银币成色很好，很受欢迎，再加工可以成为妇女结婚的纪念品。

同时，陕北根据地还曾铸造过贰分面额标有“中华苏维埃共和国五年制”的铜元。1935 年 11 月后，因统一使用苏维埃纸票，陕北省苏维埃银行币和中华苏维埃共和国五年制银币即停止发行，并全部收回。

九、陕甘晋省苏维埃银行纸币一览表

面额	年度		票幅	主景		主色	
	正面	背面	（长×宽）mm	正面	背面	正面	背面
壹分							
贰分							
伍分							
壹角							
贰角							
伍角							

1935 年 9 月下旬，陕北省苏维埃银行改称陕甘晋苏维埃银行，将原来的印刷所扩充，开始印制陕甘晋苏维埃银行纸币，面额为壹分、贰分、伍分、壹角、贰角、伍角等。没有了纸张就用漂白布印，再后来用土布印。流通时间从 1935 年 9 月至 11 月。同时继续砸制了印有“中华苏维埃共和国五年制”字样的银币和铜币。目前延安革命纪念馆保存有 2 枚银币和 1 枚铜币。

一名叫折永年的老红军 1935 年在陕北省苏维埃政府粮食部工作，他当时用 3 元苏维埃纸币在银行兑换了 3 块银元，留下一块托其在农村的父亲保管，1990 年折永年将这块保管了 55 年的银元捐给了陕甘宁边区银行纪念馆。

第三章　抗日战争时期

（个别银行货币发行年份延续到解放战争时期）

1931年9月18日，日本帝国主义悍然侵占我国东北，激起了全国人民的反抗，从而掀起了抗日高潮。中国共产党人利用在东北的地下组织，发动民众进行不屈不挠的抗日斗争，包括建立金融机构，发行货币。

1937年7月7日，日本帝国主义挑起“卢沟桥事变”，全面发动侵略中国的罪恶战争。在中华民族处于生死危亡的时刻，中国国民党和中国共产党均以民族大义为重，在共同抗战的旗帜下，开始了第二次国共合作，共同抗日。中国共产党领导的部队被改编为八路军和新四军，深入敌后，发动武装，积极抗日，创建了一系列革命根据地。为了根据地经济发展和军事斗争的需要，各根据地相继成立了银行，发行货币，进行货币斗争和对根据地农业和工业发放贷款，做了大量有成效的工作，为取得抗日战争的胜利作出了重要的贡献。

第一节　东北抗战货币

一、东北民众自卫军通用钞票

面额	年度		票幅	主景		主色		备注
	正面	背面	（长×宽）mm	正面	背面	正面	背面	
壹角						蓝、紫、黄		横式单面印刷
贰角	中华民国二十一年印		110×63	一名持锄农民和一名持枪士兵		蓝、紫、黄		横式单面印刷
伍角						蓝、紫、黄		横式单面印刷
壹圆	中华民国二十一年印		125×73	一名持锄农民和一名持枪士兵		蓝、紫、黄		横式单面印刷
贰圆	中华民国二十一年印		141×84	一名持锄农民和一名持枪士兵		蓝、紫、黄		横式单面印刷
伍圆						蓝、紫、黄		横式单面印刷
拾圆						蓝、紫、黄		横式单面印刷

1931年9月18日，日本关东军突袭奉天（今沈阳）东北军北大营，打响了蓄谋已久

的侵华战争第一枪。9 月 19 日，中共满洲省委在奉天小西边门附近的省委机关召开常委紧急会议，分析局势，讨论应对措施，散发了《为日本帝国主义武装占据满洲宣言》。20 日，中共中央发表了《为日本帝国主义强暴占领东三省事件宣言》。中共中央政治局常委、中央军委书记周恩来在《红旗》周刊上发表了《日本帝国主义强占满洲与我们党的当前任务》，指出：要领导工农及一切被压迫自卫武装的救国义勇军。1931 年 10 月，东北军警官（公安局长）邓铁梅受辽宁省警务处处长黄显声将军的影响，从锦州潜回辽宁凤城县组织抗日，成立了“东北民众自卫军”，他们攻打凤城警察局，威震辽东，百姓纷纷参军抗日，队伍迅速增至3000 余人，后来兵力发展到 3 万余人，编制的增加使部队给养产生了困难。1932 年夏天，邓铁梅组织商人从安东（丹东）购进了一些纸张油墨等材料，用一台旧式石印机，请来一名技术人员，印刷了“东北民众自卫军通用钞票”，计有壹角、贰角、伍角、壹圆、贰圆、伍圆、拾圆等 7 种（已发现壹角、贰角、壹圆、贰圆 4 种）。此币的发行基金，以自卫军控制的辽宁东部的盐滩、渔业等收入为基础，钞票信誉很高，币值稳定。解决了抗日军需和抗区内外的物资交流，方便了民众，稳定了物价。1934 年 5 月，邓铁梅被叛徒出卖，9 月 28 日遇难后，此抗币停止发行。“东北民众自卫军通用钞票”是“九・一八”事变以后我国较早发行的抗币。

二、辽宁民众救国会军用流通债券一览表

面额	年度		票幅	主景		主色	
	正面	背面	（长×宽）mm	正面	背面	正面	背面
壹角							
贰角							
伍角							
壹圆			130×69		文字说明		
伍圆							
拾圆	中华民国二十一年印		169×87	古楼	文字说明		

1932 年 4 月 21 日，中共地下党员唐聚五（公开身份是辽宁省桓仁县省防军第一团团长）在辽宁省桓仁县的师范学校举行抗日誓师大会，在民众的推举下任抗日自卫军总司令。此后，抗日自卫军冻结了该地区内的原银行存款，发行“辽宁民众救国会军用流通债券（桓仁版）”30 万元，分壹圆、伍圆、拾圆 3 个券别。印刷规格仿照东三省官银号兑换券样式。6 月中旬，司令部由桓仁迁往通化，在通化辽宁省财政厅印制局印制“辽宁民众救国会军用流通债券（通化版）”，面额开始有壹角、贰角、壹圆、伍圆 4 种，后增发伍角、拾圆两种，先后发行600 万元。10 元军用票可以换 1 两黄金，1 元 2 角军用票可以兑现洋 1 元，1 角军用票可以购买 10 个烧饼或 14 个鸡蛋或 1 斤猪肉，1 分钱可以买 1 个包子。此币对辖区内的物资交流，维护抗日地区的利益，赈济抗日地区内的民众起了很大作

用。1932 年 10 月，日伪军对自卫军进行“围剿”，自卫军分别转到吉林省抚松县和热河地区，军用票停止发行、流通。

三、辽阳县第五区粮食救急券一览表

面额	年度		票 幅	主景		主色		备注
	正面	背面	（长×宽）mm	正面	背面	正面	背面	
伍圆	中华民国廿十一年印		120×68	火车			白底、深绿色	目前只见此一种
壹圆								
贰圆								

1932 年 6 月，在东北民众抗日救国会的支持下，驻辽宁省海城县的原东北军军官李纯华联合辽宁省台安县的张海天等十几路武装，整编为第二军区，总兵力达 4 万余人。在东北义勇军大发展的形势下，第二军区为加强部队纪律，提高战斗力，劝告各村保藏粮食，不许卖给敌人。第二军区的第七路司令阎华山活动于战斗前沿的辽阳五区阳隆昌地带，他们把地方征集的公粮除用于军需以外，拿出一部分作为物资准备，发行“辽阳县第五区粮食救急券”。同时成立粮食救急会，掌握发放给贫困农民。粮食救急券是一项藏粮于民，禁止抗区粮食外流的有效措施。粮食救急券也可做现金支用，券种有伍角、壹圆、贰圆 3 种，地方石印局印制，发行 1 万元。1932 年末，日伪军大举进攻，抗日粮秣损失很大，粮食救急券停发。

四、依兰金融救济券一览表

面额	年度		票幅	主景		主色	
	正面	背面	（长×宽）mm	正面	背面	正面	背面
壹圆	中华民国二十年印		155×80	火车	大印	黄底套红花边	红土色花边
伍圆							
拾圆							

“九·一八”事变后，日寇侵占沈阳，在蒋介石不抵抗政策下，吉林省城又被日军占领。以吉林依兰（现属黑龙江省）镇守使、陆军中将李杜为首的爱国军人，向所辖 8 县发出通电，痛斥汉奸行径，呼吁军民团结起来，一致对敌。李杜通令下属封锁松花江下游各县的永衡官银号、边业银行及财税机关，拒绝向省城缴纳税款，积蓄起来以充军备。1932 年 1 月 31 日，抗日派军政要员在哈尔滨召开联席会议，决定成立吉林自卫军总司令部，公推李杜任总司令。1932 年 2 月，哈尔滨保卫战失利，李杜率部退回依兰。为坚持长期抗战，筹集粮饷等军备物资，李杜带人毁家纾难，捐献个人家产，并倡导成立金融机构——依兰金融救济会。发行救济券壹圆、伍圆、拾圆 3 种，共发行流通 67 万元。以“依兰金

融救济券”1元等于吉林永衡官银号官帖300吊行使。1932年5月12日，正当自卫军准备反攻哈尔滨之际，日军突袭依兰，驻依兰自卫军被迫撤出县城。为防止发生意外，金融救济会把已经印好尚未发行的救济券20万元成品和43.4万元半成品全额焚毁。

五、黑龙江官银号券（“马大洋”）一览表

面额	年度		票幅	主景		主色	
	正面	背面	（长×宽）mm	正面	背面	正面	背面
壹圆							
伍圆							
拾圆	中华民国廿壹年印		157×90	楼阁两幅	房屋	绿底深蓝	蓝

“九·一八”事变后，日本侵略军先侵占辽宁、吉林两省，同时策划侵占黑龙江地区。当日军到达黑龙江省会齐齐哈尔的门户嫩江大桥时，黑龙江省驻军在代理省主席马占山的指挥下，不顾蒋介石的不抵抗政策，自动抗击日寇的侵略，打响了震惊中外的“江桥抗战”。历时16天，歼敌1500余人，狠狠打击了日本侵略军的嚣张气焰。毛泽东同志曾在《论反对日本帝国主义策略》一文中指出：马占山在东北三省的抗日行为也是统治者营垒中的一个分裂。张学良曾电令哈尔滨中国银行拨款50万元接济马占山。1931年11月19日，日寇占领齐齐哈尔后，马占山率部先到海伦，后到黑河，成立黑龙江省政府。同时成立了黑龙江官银号，于1932年5月1日正式开业。马占山部以黑龙江官银号的名义印制、发行170万元银元票，称为“马大洋”，俗称“马票”，流通于黑河、嫩江及沿江各县。纸币是由黑河鼎新书局印制，券别有壹圆、伍圆、拾圆3种，统计发行额为200万元，流通额为160万元。对解决马占山所控制的抗日地区的军政开支、发展生产和经济建设起了很大的支持作用。1933年1月25日，马占山率部分官兵撤退到苏联境内，“马大洋”停止发行。

六、虎饶抚流通救济券一览表

面额	年度		票幅	主景		主色	
	正面	背面	（长×宽）mm	正面	背面	正面	背面
壹角							
贰角							
伍角							
壹圆			130×69		文字说明		
叁圆							
伍圆							
拾圆	中华民国二十年印		169×87	古楼	文字说明		

李杜将军所属部队高玉山部发行。1933年初，高玉山在虎林成立国民救国军，自任司

令，在虎林、饶河、抚远一带进行抗日斗争。为了筹措抗日经费，高玉山与饶河商会协商，以饶河商会为主体，用土地抵押发行“虎饶抚流通救济券”，在三县流通。共有壹角、贰角、伍角、壹圆、叁圆、伍圆、拾圆7种面额。1934年因处境困难，高玉山率部移去新疆，该券停止发行和流通。

七、辽南抗日救国流通券

面额	年度		票幅	主景		主色	
	正面	背面	（长×宽）mm	正面	背面	正面	背面
伍角							
壹圆							
伍圆							

1932年5月初，东北民众抗日救国会委任张海天（“老北风”）为第二区辽南三路军司令，部队计1.2万余人。此部队对日作战勇敢，攻占了台安县城，破坏南满铁路，炸毁桥梁，袭击列车，缴获了大量财物，成为辽南抗日的主力。为坚持长期抗日，张海天曾多次派人去北平东北抗日民众救国会求助，因路上关卡甚多，靠运款很难支撑，只好于1932年8月在司令部所在地以公粮税收为基金发行了“辽南抗日救国流通券”，计30万元，以解决军饷和供给。由东北大学经济系毕业的东北抗日救国会的联络员高鹏设计票面图案。票面正面是一个武装抗日战士和一个农民，还有一匹马，象征着辽河军民齐心协力共同抗日。从海城牛庄和沈阳找来5名印刷技术工人，为了抗日他们都不要工资。此券共印刷了20天，票面有伍角、壹圆、伍圆3种，长方形。印出的货币虽不太精美，但是即刻能兑到银元，信誉很有保证。因而群众乐于使用。1933年5月，在日军的围攻下，张海天转移到热河后加入冯玉祥、吉鸿昌在张北组织的察哈尔抗日同盟军，此钞票随之停发。

八、岫岩地方流通券

1932年三四月，原伪“岫岩县长兼警务局长”刘景文发动起义，成立抗日队伍，发展到近万人。1932年4月，刘景文部队为解决经济困难的局面，建议发行“岫岩地方流通券”。此券以县里的地捐、蚕捐作为发行准备金，共发行了17万元，面额为壹角、贰角、伍角、壹圆、贰圆、伍圆、拾圆7种。1933年11月后由于战斗失利，部队转入游击活动，钞票停发。

九、地方抚民现洋票和东北民众抗日救国会第五军区抗日救国流通券

1932年5月，以高文彬为专员的“辽北、蒙边宣抚专员公署”整编为“东北民众抗日救国会第五军区”。军区为解决军需给养和抗区经济的发展，专员行署经请示东北民众抗日救国会，以地方税为基金，由康平农商借款印制，共发行了两种抗日货币，一种是“地方抚民现洋票”，1932年5月在开鲁发行10万元，流通于辽北、蒙边地区，面额有壹

圆、伍圆、拾圆3种；另一种是“抗日救国流通券”，1932年10月发行10万余元，流通于辽东、蒙边抗区，因发行极少，仅发现壹圆券一种，比较罕珍。

十、辽宁民众银行发行兑换军用券

1932年5月，唐聚五的辽宁民众自卫军攻占通化，随后司令部由桓仁县迁到通化市。张学良为推动东北抗日运动的深入发展，于1932年8月15日决定在通化成立新的“辽宁省政府”，任命唐聚五为省政府主席兼辽宁自卫军总司令。20日，辽宁省政府正式成立，下设民政、财政、实业和辽宁民众银行四个厅，由桓仁县县长刘铮达任民众银行行长。银行以农商贷款为基金，发行“辽宁民众银行发行兑换军用券”。券分壹角、贰角、伍角3种。壹角券正面印有“辽宁民众银行”字样，贰角券是用现成的临江八道江镇流通债券加盖红色的“辽宁民众银行发行兑换军用券”而成，伍角券是用现成的抚松县农会会费存据加盖红色的“辽宁民众银行发行兑换军用券”而成。此券是一种兼有政府借贷性的责任货币。唐聚五曾一次拨给八区人民赈济款9600元，使全区每个成年人可购粮2斗，小孩可购粮1斗，基本稳定了抗区民众的生活。在日军集中优势兵力的“围剿”下，唐聚五的部队于1932年10月15日退入吉林省抚松县，此券停止发行。

十一、第十九路军军用流通券

这是唐聚五第三军区所属第十九路军王凤阁部所发行的货币。由于抗日开支浩大，虽经各县税收机关接济，仍感财力不足。因此，第十九路军于1932年6月，发行了军用流通券，面额有伍角、壹圆、贰圆、伍圆、拾圆5种，发行金额100万元，在本部队驻地流通。

十二、第三十七路军军需处军大洋票

这是唐聚五第三军区所属第三十七路军所发行的军用货币。效仿辽宁民众银行的做法，自筹军饷，周转流通，以军用大洋5000元为基金发行。现发现有壹角和伍角两种面额，发行时间只有1个月。

十三、密山县地方金融流通券

1932年4月，日军趁自卫军后防空虚之机偷袭自卫军大本营依兰，李杜率军退至密山。为救军政急需发行了密山县地方财务处金融流通券，在平阳镇裕文石印局印制了壹圆券，在哈尔滨印制了伍圆券。两种面额共发行了55万元，正面印有“密山县地方金融流通券”。

十四、密山县地方金融救济券

这是李杜的部队在密山县发行的另外一张金融券，没有发现实物，据记载有壹角、贰角、伍圆3种面额，均在哈尔滨印制，发行30万元。背面声明为：专为接济警学团费，以收入捐款作为兑换基金。

十五、榆树县财务处吉钱条

张作舟部队发行的军用票。张作舟原来是驻吉林省城东北军第二十五旅旅长，“九·一八”事变后，东北边防军吉林副司令长官熙洽公然投降日本，宣布成立伪吉林省长公署，发表《独立宣言》，并命令第二十五旅撤出省城向日寇投降。遭到以张作舟为首的多数官兵的强烈反对，他们断然行动，于1931年9月25日开往榆树县境内，奋起抗日。此举受到以榆树县县长厉维城为首的官员和人民的热烈欢迎和支持，许多青壮年参加了抗日队伍，并且成立了榆树县临时驻军给养供应会，在各地成立分会。在县长主持下，决定印制发行榆树县财务处吉钱条，石版印制，前后印制发行两期，第一期于1931年12月20日至1932年1月10日发行，发行20万张，每张面值100吊，计2000万吊，第二期发行1000万吊。张作舟撤离榆树县后，此军用票于1933年6月停止发行和流通。

十六、铅币

1933年6月，东北民众自卫军司令部驻地岫岩县大营子被日军占领，通用钞票印制设备被搜走，制版、印刷人员被抓。部队在尖山窑发行了邓司令部监制的铅币，面额有上片四元、中片二元、下片一元3种。

第二节　陕甘宁边区银行货币

1937年9月6日，中华苏维埃人民共和国中央政府西北办事处根据国共两党的协议规定，宣布更名为陕甘宁边区政府，辖23个县。10月1日，中华苏维埃人民共和国国家银行西北分行更名改组为陕甘宁边区银行，总行设在边区首府延安，曹菊如任行长。边区银行成立初期的主要任务是充当边区政府货币金银的出纳管理机关，维护法币流通，发行少量辅币，便利交易往来。

一、延安光华商店代价券一览表

面额	年度		票幅	主景		主色		备注
	正面	背面	（长×宽）mm	正面	背面	正面	背面	
贰分	中华民国二十七年		73×41	“贰分”	三条文字说明	蓝	黑	
伍分	中华民国二十七年		73×41	“伍分”				
壹角	中华民国二十七年		45×93	“光华”繁体篆字（中上）	三条文字说明	浅红	浅红	竖版

续表

面额	年度		票 幅	主景		主色		备注
	正面	背面	（长×宽）mm	正面	背面	正面	背面	
贰角	中华民国二十七年		55×98	山与楼群（中上）	三条文字说明	褐红	褐红	竖版
伍角	中华民国二十七年		125×65	亭子（右）	三条文字说明	绿	绿	
伍角	中华民国廿九年	1940		纺线（左）、羊群（右）、“凭券兑付国币”（中下）	“50”、“CENTS”（中）	浅红	蓝	
柒角伍分	中华民国廿九年	1940	125×55	宝塔、桥、人（左）、“凭券兑付国币”（左）	“75”、“CENTS”（中）	棕	青铜	

抗日战争爆发后，八路军的军饷由国民党政府发给。陕甘宁边区以国民党法币为本位币，但是市面上流通的法币多属伍圆、拾圆的大额票币，辅币严重缺乏，影响了边区市场商品的正常流通，妨碍了边区经济的发展。1938 年 4 月 1 日，陕甘宁贸易局与光华书店合并，成立延安光华商店，办理内外贸易，解决边区的军需民用，光华商店归陕甘宁边区银行领导。6 月，边区政府授权边区银行以光华商店的名义发行代价券，开始发行贰分、伍分两种面额，接着发行壹角、贰角、伍角 3 种面额。年底，发行额不到 10 万元。1940 年 11 月 3 日，中共陕甘宁边区政府发布发行代价券的训令，指出现在通行的辅币，不能满足市面上的需要，为便利国家法币的流通，拟发行伍角、柒角伍分两种代价券，发行额 400 余万元，以前发行的 5 种代价券仍照常流通。

二、陕甘宁边区银行币一览表

面额	年度		票 幅	主景		主色		备注
	正面	背面	（长×宽）mm	正面	背面	正面	背面	
壹角	民国三十年	1941	77×39	宝塔、三孔桥、人	10CENTS	棕	黑绿	
贰角	中华民国三十年	1941	90×45	牧羊	厂房	蓝	浅棕	
伍圆	中华民国三十年		135×70	城门与 4 人（中）	“伍圆”及 5 个“5”	蓝	棕	
伍圆	中华民国三十年	1941	130×64	树木、村落（全景）	厂房	绿、棕	蓝	
拾圆	中华民国三十年	1941	133×77	树（中）	“10”图案	浅绿	蓝	
拾圆	中华民国三十年	1941	170×75	升旗、两层大楼	图案	棕、浅绿	蓝	
拾圆	中华民国三十四年			长城（中）				
伍拾圆	中华民国卅一年	1942	180×85	升旗、两层大楼	“50”图案			

续表

面额	年度		票幅（长×宽）mm	主景		主色		备注
	正面	背面		正面	背面	正面	背面	
伍拾圆	中华民国三十二年	1943	120×60	平房（左后是梯田及房落）	升旗、两层大楼	灰	浅绿	
壹佰圆	中华民国卅一年	1942	165×76	一层大厦（全景）	宝塔山（中）	棕	浅绿	
壹佰圆	中华民国三十二年	1943	125×57	3头骆驼、田野	升旗、两层大楼	棕	棕	
壹佰圆	1942			票面注“陕甘宁边区银行三边分行，只限三边使用”				布币
贰佰圆	中华民国三十二年	1943	125×61	远处塔，近处羊群	升旗、两层大楼	蓝	棕	
伍佰圆	中华民国三十二年	1943	132×65	升旗、5门大厦	升旗、两层大楼	红	红	
壹仟圆	中华民国三十二年	1943	165×72	升旗、5门大厦	“1000”图案	蓝	蓝	
伍仟圆	中华民国三十二年	1943	165×76	升旗、两层大楼	“5000”图案	红	红	

三、陕甘宁边区银行币（本票）一览表

面额	年度		票幅（长×宽）mm	主景		主色	
	正面	背面		正面	背面	正面	背面
伍佰圆				陕甘宁边区本票伍佰圆，行长朱理治、副行长黄亚光			
壹万圆	中华民国三十五年	1946		图案、“凭票即兑换券币壹万元”、黄亚光 冯治国	骆驼		
伍万圆	中华民国三十五年			图案、“凭票即兑换券币壹万元”、黄亚光 冯治国			

1940年9月，国民党停止拨付八路军军饷。此时，边区收入锐减，财政透支增加，为渡过难关，边区政府决定停发各单位经费5个月，停发县级以下干部当年的冬衣，由各单位自给解决。同月，中央组织部长兼财经部长李富春召集中央财政经济部和边区政府有关

领导在边区银行窑洞会议室里主持汇报会。李富春指出，为了打破敌人的封锁，争取经济斗争的胜利，边区拟建立独立自主的财政经济体系，决定由边区银行发行钞票，同时组织印刷钞票工厂。1940 年 11 月 19 日，国民党政府宣布停发八路军军饷。1941 年 1 月 6 日，国民党制造“皖南事变”，不准国内外一切援助款项汇入中共边区政府，边区的财政困难到了极点。1941 年 1 月 18 日，边区政府责令边区银行发行“陕甘宁边区银行币”，同时收回光华代价券，使陕甘宁边区银行币成为边区单一的货币。2 月 18 日开始发行，从 1941 年至 1945 年，陕甘宁边区银行先后发行了壹角、贰角、伍圆（两种版面）、拾圆（3 种版面）、伍拾圆（两种版面）、壹佰圆（两种版面）、贰佰圆、伍佰圆、壹仟圆、伍仟圆等 11 种面额、15 种版面的边币。陕甘宁边区银行还发行了伍佰圆、壹万圆、伍万圆 3 种面额的本票。陕甘宁边区银行三边分行 1942 年发行了“只限三边使用”的壹佰圆的布币 1 种。自 1941 年 2 月至 1944 年 6 月底，陕甘宁边区银行共计发行货币约有 34 亿元，陕甘宁边区货币始终由光华印刷厂印制。

四、陕甘宁边区贸易公司商业流通券一览表

面额	年度		票幅	主景		主色		备注
	正面	背面	（长×宽）mm	正面	背面	正面	背面	
伍圆	民国三十四年		40×82	中间“伍圆”，叶季壮、范子文签字	三条文字说明	绿	绿	竖版
伍圆	民国三十四年			“伍圆”		绿		竖版
拾圆	中华民国三十四年		45×90	中间“拾圆”，叶季壮、范子文签字	三条文字说明	浅红		竖版
贰拾圆	中华民国三十三年	1944	57×113	中间“贰拾圆”	四条文字说明	灰黑		竖版
贰拾圆	中华民国三十四年		49×94	中间“贰拾圆”，叶季壮、范子文签字		绿	绿	竖版
伍拾圆	中华民国三十三年	1944	60×135	中间“伍拾圆”，叶季壮、范子文签字	四条文字说明	灰绿	灰绿	竖版
壹佰圆	中华民国三十三年	1944	70×150	中间“壹佰圆”，叶季壮、范子文签字	四条文字说明	棕	绿	竖版

续表

面额	年度		票幅	主景		主色		备注
	正面	背面	（长×宽）mm	正面	背面	正面	背面	
贰佰圆	中华民国三十三年	1944	73×160	塔、“贰佰圆”	四条文字说明	蓝	绿	竖版
贰佰伍拾圆	中华民国三十四年	1945	56×115	中间“贰佰伍拾圆”，叶季壮、范子文签字	四条文字说明	棕	棕	竖版
伍佰圆	中华民国三十二年	1943		升旗、五门大厦	升旗、两层楼	红	红	
伍佰圆	中华民国三十四年	1945	67×145	长城，叶季壮、范子文签字	四条文字说明	橘红	橘红	竖版
壹仟圆	中华民国三十五年		68×140	田园、建筑物、中间“壹仟圆”，叶季壮、范子文签字	四条文字说明	绿	绿	竖版
壹仟圆	中华民国三十五年	1946	70×165	收割，叶季壮、范子文签字	四条文字说明	蓝	蓝	竖版
贰仟圆	中华民国三十六年	1947	65×147	塔，叶季壮、范子文签字	四条文字说明			竖版
伍仟圆	中华民国三十六年	1947	60×130	大门，叶季壮、范子文签字	升旗、五门建筑	浅红	蓝	竖版、两种颜色

陕甘宁边区银行币发行之后，由于各方面的原因，发行量增长过快，币值不断下降。1944 年 5 月 23 日，中共中央西北财经办事处决定由陕甘宁边区银行以边区贸易公司的名义发行“陕甘宁边区贸易公司商业流通券”，与边币共同流通。1945 年 5 月 1 日，西北财经办事处发出通知，自 1945 年 6 月 1 日起实行以“陕甘宁边区贸易公司商业流通券”为陕甘宁边区本位币，并责成边区银行尽可能地收回陕甘宁边区银行币。从 1944 年 7 月至 1947 年 12 月，共计发行陕甘宁边区贸易公司商业流通券 10 种面额、13 种版面。计有：伍圆、拾圆、贰拾圆（两种版面）、伍拾圆、壹佰圆、贰佰圆、贰佰伍拾圆、伍佰圆、壹仟圆（两种版面）、伍仟圆。到 1947 年底，共计发行“陕甘宁边区贸易公司商业流通券”219 亿余元，此流通券始终由光华印刷厂承印。

五、陕甘宁边区银行三边分行币一览表

面额	年度		票幅	主景		主色		备注
	正面	背面	（长×宽）mm	正面	背面	正面	背面	
壹百圆（布钞）	1942			“只限三边使用凭票即兑边币”				流通于定边、靖边、安边地区

第三节　晋绥根据地货币

一、兴县农民银行币一览表

面额	年度		票幅	主景		主色	
	正面	背面	（长×宽）mm	正面	背面	正面	背面
伍分							
贰角	民国二十六年					红	
伍角		民国二十七年		花纹	水陆风景（4人乘木船）		
壹圆		民国二十七年	105×51			红	深绿
伍圆							

1937年9月，中共中央与山西的阎锡山建立统一战线，成立民族革命战地总动员委员会（简称“动委会”），为建立晋西北抗日根据地打下了基础。同时，中共地下党员刘少白接受党的任务，回到兴县通过“动委会”筹借白洋3万多元，粮食1500多石，作为银行股份基金，筹建兴县农民银行，刘少白任经理，于1937年12月正式开业。兴县农民银行的主要工作是发行“兴县农民银行币”。1937年10月至1938年先后发行了3次，共计15万元，面额有壹角、贰角、伍角、壹圆4种。兴县农民银行的资金有80%用于军政费用，此外还办理存放款业务。

二、西北农民银行币一览表

面额	年度		票幅	主景		主色		备注
	正面	背面	（长×宽）mm	正面	背面	正面	背面	
伍分	民国廿九年	1940	52×95	亭	图案	棕	蓝	竖版
贰角	民国廿九年	1940	103×59	建筑图案与“每拾角兑换国币壹元”（右）	图案	蓝	浅红	
伍角	中华民国廿九年	1940	115×60	亭子（左）	图案	浅棕	浅蓝	
伍角	民国廿九年	1940	115×60	乘船	图案	灰绿	灰绿	
壹圆	民国二十九年	1940	133×71	“壹元”图案、“凭票即付国币壹圆”	帆船（中）	绿		“晋”字涂去
壹圆	民国二十九年	1040	146×75	马拉犁（左）、“凭票即付国币壹圆”	庭院（中）	绿棕	红、棕	
贰圆	民国廿九年	1940	154×71	圆坛（中）	亭、楼台	绿	棕绿	
贰圆	民国廿九年		159×74	贰圆、图案		墨绿	棕	

续表

面额	年度		票幅	主景		主色		备注
	正面	背面	（长×宽）mm	正面	背面	正面	背面	
伍圆	中华民国三十年	1941	145×72	“伍圆”图案，房子、亭子	亭子（中）	绿、黄	灰	票面两侧均有“西北”两字
拾圆	中华民国三十一年	1942	155×80	亭阁与小树（右）	图案	蓝	蓝	
拾圆	民国三十四年	1945	48×102	建筑图形	“10”	黑蓝	浅绿	竖版
伍拾圆	中华民国三十二年	1943	165×83	楼阁与树（右）	图案	绿、黄	绿	三种颜色
伍拾圆	中华民国三十二年	1943	144×68	纺线（左）、羊群（右）	三个亭坛（中间大、两边小）	蓝	绿	
壹佰圆	中华民国三十二年	1943	147×75	长城（中）	图案	蓝、黄	绿	
壹佰圆	中华民国三十二年	1943	140×67	牧羊群	山峦、城墙（中）	绿	蓝	
壹佰圆	中华民国三十二年	1943	140×67	牧羊群	山峦、城墙	棕红	蓝	
壹佰圆	中华民国三十四年		131×64	纺线、羊群	图案	蓝	蓝	
壹佰圆	中华民国三十四年		128×62	长城（中）	图案			
壹佰圆	中华民国三十五年	1946	128×65	马、牛、羊	三人行（中）	绿灰	紫	
伍佰圆	中华民国三十四年	1945	140×71	大礼堂（全景）	升旗、两层楼房	红、灰	蓝	
伍佰圆	中华民国三十四年		131×64	纺车（左）、绵羊（右）				
伍佰圆	中华民国三十五年	1946	127×66	塔及牌坊（左）	亭台（中）	紫	灰	
壹仟圆	中华民国三十五年		141×68	港湾（左）		蓝	红	
贰仟圆	中华民国三十六年	1947	150×63	耕地	两人锄地（中）			
伍仟圆	中华民国三十六年		145×60	牧羊图		蓝	红	
伍仟圆	中华民国三十七年	1948	140×60	田野、塔（右）	3个“5000”			
伍仟圆	中华民国三十七年		138×60	塔、房屋、树木		绿	红棕	
壹万圆	中华民国三十六年	1947	145×64	长城（全景）	牛（左）、羊（右）	黑	绿	
壹万圆	中华民国三十七年		127×60	原野、汲水		蓝		
壹万圆	中华民国三十七年	1948	127×60	树（左）、塔（右）	天坛（中）	黑	黄棕	
伍万圆	中华民国三十七年		125×58	城楼（右）、骆驼（左）	图案，“伍万圆”（中）	蓝	棕	

1939 年“晋西事变”后，八路军 120 师粉碎阎锡山军队的进攻，并于 1940 年成立晋西北行政公署，因经费异常困难，曾开展了全区性献钱、献粮、献物和扩兵的“四大动员”工作。行政公署以“四大动员”献金的 40% 作基金，以兴县农民银行为基础，于 1940 年 5 月 10 日在兴县成立晋绥西北农民银行，发行“西北农民银行币”，经理仍为刘少白，并在晋西北各区、县设分行和办事处。1940 年发行伍分、贰角、伍角、壹圆、贰圆币，1941 年发行伍圆币。1942 年实行“精兵简政”，晋西北农民银行和晋西北贸易局合并办公，由晋西北行政公署财政处统一领导，成为财政、银行、贸易三位一体的经济组织。1942 年发行拾圆券，1943 年发行伍拾圆、壹佰圆券，1945 年发行拾圆、壹佰圆、伍佰圆券。该行纸币信用很好，随着抗日形势的发展，银行分支机构不断扩展。

三、文水地方金融流通券一览表

面额	年度		票幅	主景		主色	
	正面	背面	（长×宽）mm	正面	背面	正面	背面
壹角							
贰角							
壹圆							

四、兴县财政局流通券一览表

面额	年度		票幅	主景		主色	
	正面	背面	（长×宽）mm	正面	背面	正面	背面
壹角							
壹圆							

第四节　晋察冀边区货币

一、晋察冀边区银行币一览表

面额	年度		票 幅	主景		主色		备注
	正面	背面	（长×宽）mm	正面	背面	正面	背面	
贰拾枚	中华民国廿八年	1939	53×93	铜牛图		绿	棕黄	竖版，背面有经理关学文、副经理胡作宾的中文签名

续表

面额	年度		票幅	主景		主色		备注
	正面	背面	（长×宽）mm	正面	背面	正面	背面	
壹角	中华民国二十七年	1938	56×101	亭楼、“积成拾角兑付国币壹圆”		棕	绿	竖版，背面有经理关学文、副经理胡作宾的中文签名
贰角	中华民国廿七年	1938	58×102	铜牛、十七孔桥、“积成拾角兑付国币壹圆”		红	蓝	竖版，背面有经理关学文、副经理胡作宾的中文签名
贰角	中华民国廿九年	1940	60×105	街景图、“积成拾角兑付国币壹圆”		棕红	粉红	竖版，背面有经理关学文、副经理胡作宾的中文签名
伍角	中华民国廿七年		63×120	七层塔、“积成拾角兑付国币壹圆”		棕黑	棕黑	竖版，背面有经理关学文、副经理胡作宾的中文签名
壹圆	中华民国二十七年	1938	144×75	人扶马拉犁、“公私款项 一律通用”		红黑	红棕	背面有经、副理英文签名
壹圆	中华民国二十八年	1939	164×78	牌楼（右）、“公私款项 一律通用”	亭与铜牛和十七孔桥（中）	绿	棕红	背面有经、副理英文签名
贰圆	中华民国二十八年	1939	136×74		亭（中）	紫、黄	绿	背面有经、副理英文签名
伍圆	中华民国廿七年	1938	150×78	亭桥（中）、“公私款项 一律通用”	3个“5”	棕	棕黑	背面有经、副理英文签名
伍圆	中华民国二十八年	1939	157×78	长城、“凭票即付国币伍圆”	亭、树	红、绿	棕绿	背面有经、副理英文签名
伍圆	中华民国三十四年	1945	119×60	十三层塔（中）	3个“5”	绿	棕	无经、副理英文签名
伍圆	民国三十四年	1945	124×65	水上6个帆船	5个“5”	红	棕	票面“冀热辽”，无经、副理英文签名
拾圆	中华民国廿九年	1940	167×88	天坛（中）、“凭票即付国币拾圆”	长城（中）	棕绿	绿	背面有经、副理英文签名
拾圆	中华民国三十二年	1943	129×68	牧羊（全景）	拾圆英文	红	红	背后有经、副理英文签名
拾圆	中华民国三十四年	1945	133×70	长城与五谷（中）	中间“10”	红	紫	背面有经、副理英文签名

续表

面额	年度		票幅	主景		主色		备注
	正面	背面	（长×宽）mm	正面	背面	正面	背面	
拾圆	中华民国三十四年	1945	58×104	锄地	花符	棕	黄	竖版，背后有英文签名
拾圆	中华民国三十四年	1945	58×104	锄地	花符	棕	黄	竖版，无经、副理英文签名（冀中分行印制）
拾圆	中华民国三十四年	1945	136×72	羊群（左）、“拾圆”（右）	塔（中）	棕	黄	“冀热辽”版，背面有经、副理英文签名
拾圆	中华民国三十四年	1945	136×72	羊群（左）、“拾圆”（右）	塔（中）	棕	黄	“冀热辽”版，编号不同，背面有经、副理英文签名
拾圆	中华民国三十四年	1945	130×65	山谷（牛马对耕）	两层小楼（左）	粉红	棕	“冀热辽”版，无经、副理英文签名
拾圆	中华民国三十四年	1945	130×65	山谷（牛马对耕）	两层小楼（左）	橘黄	棕	同上，颜色不同
拾圆	民国三十五年	1946	112×60	火车（右）、“拾圆”（左）	两“拾”（左右）、一“10”（中）	红	棕	“冀热辽”版，无经、副理英文签名
伍拾圆	中华民国三十年	1941	167×80	汲水灌溉（左）、桥（右）	长城	褐、绿	绿	背面有经、副理英文签名
伍拾圆	中华民国三十二年	1943	151×78	原野，两人水中抬物（左）、耕地（右）	伍拾圆英文	棕	绿	背面有经、副理英文签名
伍拾圆	中华民国三十三年	1944	129×68	田野军民收割（中）	3个“50”、伍拾圆英文	紫红	紫红	背面有经、副理英文签名
伍拾圆	中华民国三十三年	1944	128×67	人扶牛拉犁	羊	深绿、浅红	浅绿	背面有经、副理英文签名
伍拾圆	中华民国三十四年	1945	127×65	宫殿	中间“50”	深棕	深棕	背面有经、副理英文签名
伍拾圆	中华民国三十四年	1945	129×68	农忙图［牛耕（左）、水车（右）］	7个“50”	浅黑	墨绿	背面有经、副理英文签名
伍拾圆	中华民国三十四年	1945	129×68	农忙图［牛耕（左）、水车（右）］	7个“50”	紫、黑	墨绿	无经、副理英文签名（冀中分行印制）

续表

面额	年度		票幅	主景		主色		备注
	正面	背面	（长×宽）mm	正面	背面	正面	背面	
伍拾圆	中华民国三十四年	1945	118×63	风景图（田野、村落、划船）	房屋	墨绿	酱紫	无经、副理英文签字（冀中分行印制）
伍拾圆	民国三十四年	1945	128×68	放牧图	房与树（中）	紫红	绿	“冀热辽”版，无经、副理英文签名
壹佰圆	中华民国三十三年	1944	129×66	插秧	中间“100”、壹佰圆英文	咖啡	绿	背面有经、副理英文签名
壹佰圆	中华民国三十四年	1945	128×67	长城（全景）	宝塔与庙宇（中）	棕红	墨绿	背面有经、副理英文签名
壹佰圆	中华民国三十四年	1945	133×69	“壹百圆”（中）耕地（左）、马车（右）	中间“100”	红、黑	翠绿	背面有经、副理英文签名
壹佰圆	中华民国三十四年	1945	130×68	收割		红	棕	无经、副理英文签名（票面“冀中分行”）
壹佰圆	中华民国三十四年	1945	130×68	收割	5个“100”、“百”（右）、“圆”（左）	红	棕	无经、副理英文签名（票面“冀中分行”）
壹佰圆	中华民国三十四年	1945	130×68	“壹佰圆”（左）、耕地（右）	城楼（中）	咖啡	棕红	无经、副理英文签名（票面“冀中”）
壹佰圆	中华民国三十四年	1945	130×68	“壹佰圆”（左）、耕地（右）	城楼（中）	咖啡	红	无经、副理英文签名（冀中分行印制）
壹佰圆	中华民国三十五年	1946	134×74	山阁（左）、“壹佰圆”（右）	中间“100”	紫红	茶	背面有经、副理英文签名
百圆	中华民国三十五年	1946	134×74	“百圆”（左）、田野（右）	村落（中）、“壹百圆”竖字（两边）	墨绿	棕	“冀热辽”版、无经、副理英文签名
贰佰圆	中华民国三十四年	1945	132×70	原野（右碾场）	1人牧羊（中）	深棕	蓝	无经、副理英文签名（冀中分行印制）
贰佰圆	中华民国三十五年		128×68	摇辘轳浇地（右）、“贰百圆”（左）	“200”（左）两人点种（中）、骆驼（右）	红、黑	耦合红	背面有经、副理英文签名
贰佰圆	民国三十五年	1946	130×67	火车（左）	7个“200”圆	棕	绿	“冀热辽”版，无经、副理英文签名
伍佰圆	中华民国三十三年	1944	128×57	牛耕地（全景）	羊（中）	酱、绿	咖啡	背面有经、副理英文签名

续表

面额	年度		票幅	主景		主色		备注
	正面	背面	（长×宽）mm	正面	背面	正面	背面	
伍佰圆	中华民国三十四年	1945	130×70	塔、城楼、三孔桥（全景）	帆船	红、灰	咖啡	背面有经、副理英文签名
伍佰圆	中华民国三十五年	1946	126×66	农忙	7个“500”	红棕	绿	背面有经、副理英文签名
伍佰圆	中华民国三十五年	1946	128×57	团花、“伍佰圆”（中）	7个“500”	棕黄	红	背面有经、副理英文签名
伍佰圆	中华民国三十五年	1946	128×66	放牧图（全景）	3个“500”	红黑	棕	背面有经、副理英文签名
伍佰圆	中华民国三十五年	1946	132×70	“伍佰圆”（左）、收谷（右）		红棕	深茶	背面有经、副理英文签名
伍佰圆	民国三十五年	1946	127×65	农业图（左、右）	打水（中）	棕黑	棕	“冀热辽”版
壹仟圆	中华民国三十三年	1944	153×78	城楼（右）、“凭券兑换边钞壹仟圆整”	7个“1000”	咖啡	绿	兑换券，背面有经、副理英文签名
壹仟圆	中华民国三十五年	1946	134×67	清河桥	7个“1000”	深棕	茶	背面有经、副理英文签名
壹仟圆	中华民国三十五年	1946	146×77	牧马图（全景）	大境门“大好河山”	蓝	棕黄	背面有经、副理英文签名
壹仟圆	中华民国三十六年	1947	121×48	丘亭（中）	“壹”（右）、“仟”（左）、“1000”（中）	棕	浅褐	背面有经、副理英文签名
壹仟圆	民国三十六年	1947	141×62	“壹仟圆”（左）、马拉水车（右）	6个“1000”、“壹仟圆”竖字（中）	深棕	棕	“冀热辽”版
贰仟圆	民国三十六年	1947	146×64	山峦（左）、“贰仟圆”（右）	水坝（中）	绿、黄	棕绿	“冀热辽”版
伍仟圆	中华民国三十三年	1944	159×82	远处原野、打场（右前）、“凭券兑换边钞壹仟圆整”	一匹马（中）	绿、黄	茶	兑换券，背面有经、副理英文签名
伍仟圆	中华民国三十六年	1947	145×77	山前耕地图（全景）	白塔（中）、6个“5000”	红黑	棕	背面有经、副理英文签名
伍仟圆	中华民国三十六年	1947	122×48	帆船（右）、“伍仟圆”（左）	大小7个“5000”	深棕	棕	背面有经、副理英文签名
伍仟圆	民国三十六年	1947	141×58	拱桥（左）、“伍仟圆”（右）	7个“5000”	深棕、黄	棕红	“冀热辽”版

1937年11月7日，中共中央决定以河北阜平、山西五台为中心的地区成立晋察冀军区。1938年1月，晋察冀边区政府——晋察冀边区行政委员会成立于河北省阜平县。1938年3月20日，晋察冀边区银行在山西省五台县石嘴镇开幕营业，边区政府任命关学文为经理，同时发行了晋察冀边币壹圆券和伍圆券。1938年9月，日本侵略军集中5万余兵力分25路向晋察冀边区政府机关所在地山西省五台县一带发动大规模的进攻，银行和加印部和印刷局向冀中地区转移，途中筹集了大石印机、圆盘机等设备及印刷制版用的水磨石、工具和纸张、油墨等原材料。1939年春天，日寇向冀中进攻，印刷局和加印部均转移到了冀西的平山县。此后，因日寇的不断进攻，一直在河北省的西部和山西省的东北部一带打游击，并发行货币。1945年8月，日本投降，边区印刷局随边区其他机关进入张家口，接收了原蒙疆新闻社印刷厂和星野印刷厂，有了胶印机，在制版上使用了锌皮。在张家口的一年多时间里先后印制了晋察冀边区银行伍圆、拾圆、壹佰圆、伍佰圆、壹仟圆、伍仟圆等面额的钞票。同时，于1945年5月在河北省玉田县成立了冀东行署印刷分局，同年8月在河北省献县成立了冀中印刷分局（对外称“裕民工厂”，发行带“冀中”字样的晋察冀边区货币），10月在河北省平山县成立了冀晋印刷分局，在辽宁省锦州市还成立了辽西印刷分局。

二、冀中区各县农村合作社流通券

1938年4月，中共在冀中建立了冀中政治主任公署，并先后建立了5个行政督察专员公署和34个县级政权。1939年7月，冀中发生特大洪水，侵华日军趁机四处掘堤放水，助长水患，妄图扼杀冀中抗日根据地。1939年9月，冀中政治主任公署召开第三次行政会议，决定普遍建立合作社组织，组织灾民到非灾区购粮，就地发展纺织等副业生产，实行生产救灾，同时还决定在同级政府主持下以财政上缴款作为基金，以县和专区合作社名义发行“农村合作社流通券”。冀中区各专区、县合作社流通券自1939年冬开始发行，1942年春停止发行，先后发行过流通券的有27个县和2个专区，发行总额约为400万元。流通券均为辅币，面值为伍分、壹角、贰角、伍角4种。目前已发现各专区、县不同面值的版别共74种。冀中农村合作社流通券采用石版印制，单面多为一种颜色，少数为双色套印。本券的设计、制版和印制，主要由晋察冀边区银行冀中分行协助，在安平县等地印制。图案设计风格及式样，尺幅与晋察冀边区银行所制的辅币券有许多相似之处。版式多为竖版（个别为横版），在图案设计上以反映农村劳动生活为主，兼以名胜古迹和其他图案。许多流通券上还印有“抗战建国”、“抗战必胜”、“用我们血肉筑成新的长城”等。当时以边币为本位币，流通券是在边币发行量不足的情况下的一种补充，流通券下方标有“积成拾角兑付边币壹圆”或“每拾角兑换国币壹圆”字样。

（一）冀中区深县农村合作社流通券一览表

面额	年度		票幅	主景		主色		备注
	正面	背面	（长×宽）mm	正面	背面	正面	背面	
伍分	中华民国廿八年		51×91	楼塔（中）	篆书“抗战救国”	绿	棕	竖版
壹角	中华民国廿九年	1940	54×96	双人乘船		红	紫	
壹角	中华民国廿八年		54×94	民居		棕	棕绿	
贰角	中华民国廿八年		53×94	民居		蓝	棕	竖版
伍角	中华民国廿八年	1939	62×116	居民房（上）、“积成拾角兑换国币壹圆”（下）		青蓝	黑棕	竖版

（二）冀中区任丘县农村合作社流通券一览表

面额	年度		票幅	主景		主色		备注
	正面	背面	（长×宽）mm	正面	背面	正面	背面	
伍角	中华民国二十八年	1939	61×119	牌坊	50CENTS	绿	红	竖版

（三）冀中区安平县农村合作社兑换券一览表

面额	年度		票幅	主景		主色		备注
	正面	背面	（长×宽）mm	正面	背面	正面	背面	
壹角	中华民国廿八年	1939	57×101	西式楼与树（上）、“每拾角兑换国币壹圆”（下两边）		棕红	绿	竖版
贰角	中华民国廿八年		57×99	民居		蓝	橘红	竖版
伍角	中华民国二十八年	1939	61×121	火车（上）、“每拾角换国币壹圆”（下两边）		紫	绿	竖版

（四）冀中区无极县农村合作社兑换券一览表

面额	年度		票幅	主景		主色		备注
	正面	背面	（长×宽）mm	正面	背面	正面	背面	
壹角	中华民国廿八年	1939	56×97	亭楼（上）、“积成拾角兑换国币壹圆”（下）		蓝	绿	竖版
贰角	中华民国廿八年		55×96	亭楼（上）、“积成拾角兑换国币壹圆”（下）		绿	黄绿	竖版
伍角			62×117	房景（上）、“积成拾角兑换国币壹圆”（下）		红	绿	竖版，背面注“流通券发行所”

（五）冀中区武强县农村合作社兑换券一览表

面额	年度		票幅	主景		主色		备注
	正面	背面	（长×宽）mm	正面	背面	正面	背面	
伍分	1939	中华民国廿八年	52×92	耕地（上）、“积成拾角兑换国币壹圆”（下）	篆书“抗战救国”	深红	绿	竖版

续表

面额	年度		票幅	主景		主色		备注
	正面	背面	（长×宽）mm	正面	背面	正面	背面	
壹角	1939		55×99	轮船		灰黑	黄	竖版
贰角	1939	中华民国廿八年	55×97	火车		深绿	杏黄	竖版
伍角	1939	中华民国廿八年	60×116	农工商学兵像（上）、耕地与“积成拾角兑换国币壹圆”（下）		灰黑	橘黄	竖版

（六）冀中区安新县农村合作社兑换券一览表

面额	年度		票幅	主景		主色		备注
	正面	背面	（长×宽）mm	正面	背面	正面	背面	
壹角			52×97	大小两塔		蓝	棕	竖版
贰角			52×94	古城墙、“两角”不规则		蓝		竖版
伍角		民国廿十八年	58×111	古殿（上）、“积成拾角兑换国币壹圆”（下）	上半部英文	咖啡	绿	竖版，正面注“抗战建国”

（七）冀中区饶阳县农村合作社流通券一览表

面额	年度		票幅	主景		主色		备注
	正面	背面	（长×宽）mm	正面	背面	正面	背面	
壹角				天坛、“积成拾角兑换国币壹圆”（下）		浅棕	绿	竖版
贰角		民国廿十九年	57×102	天坛、“积成拾角兑换国币壹圆”（下）	塔、水	棕红	黄绿	竖版、票面无“冀中区”3字
伍角	民国廿九年		58×113	塔和楼阁（上）、“积成拾角兑换国币壹圆”（下）		蓝	橘黄	竖版、票面无“冀中区”3字

（八）冀中区交河县农村合作社流通券一览表

面额	年度		票幅	主景		主色		备注
	正面	背面	（长×宽）mm	正面	背面	正面	背面	
伍角		民国廿十九年	60×118	民居（中）、“积成拾角兑换国币壹圆”（下）		绿	紫	竖版

（九）冀中区献县农村合作社流通券一览表

面额	年度		票幅	主景		主色		备注
	正面	背面	（长×宽）mm	正面	背面	正面	背面	
伍分	中华民国廿九年		53×95	楼塔		紫	绿	竖版
壹角	中华民国廿九年		53×94	房屋		棕黑	绿	竖版
贰角	中华民国廿九年		55×97	民居、“每拾角兑国币壹元”		蓝	棕	竖版

（十）冀中区定县农村合作社流通券一览表

面额	年度		票幅	主景		主色		备注
	正面	背面	（长×宽）mm	正面	背面	正面	背面	
伍角	中华民国廿九年	1940	61×116	火车（上）、“每拾角兑换国币壹圆”（下）	上部英文	黄绿	棕	竖版

（十一）冀中区深泽县农村合作社流通券一览表

面额	年度		票幅	主景		主色		备注
	正面	背面	（长×宽）mm	正面	背面	正面	背面	
贰角				民居（上）、“积成拾角兑换国币壹圆”（下）		紫	黑	竖版
伍角	中华民国廿八年			亭（上）、“积成拾角兑换国币壹圆”（下）		蓝	黄	竖版

（十二）冀中区肃宁县农村合作社流通券一览表

面额	年度		票幅	主景		主色		备注
	正面	背面	（长×宽）mm	正面	背面	正面	背面	
伍分	中华民国二十九年		50×88	耕地		蓝	蓝	竖版
贰角	中华民国二十九年		52×95	耕地		棕	绿	竖版
伍角	中华民国二十九年		64×125	水车		蓝	黑棕	竖版、票面“流通券”3字不规则

（十三）冀中区大城县农村合作社流通券一览表

面额	年度		票幅	主景		主色		备注
	正面	背面	（长×宽）mm	正面	背面	正面	背面	
壹角	中华民国二十九年		58×100	民居（中）、“拾角兑换国币壹圆”（下两边）		蓝	黄	竖版
伍角	中华民国二十九年		61×113	民居与“拾角兑换国币壹圆”（中）		紫黑	黄	竖版

（十四）冀中区徐水县农村合作社流通券一览表

面额	年度		票幅	主景		主色		备注
	正面	背面	（长×宽）mm	正面	背面	正面	背面	
伍分	民国廿九年		51×90	塔	“抗战救国”	绿	棕黄	竖版
壹角		民国廿九年	54×95	飞机		红	棕紫	竖版
贰角	中华民国二十九年	1940	55×98	长城		蓝	绿	竖版
伍角	民国廿九年		63×120	宫殿		灰绿	黄	竖版
伍角			63×120	塔		紫	蓝	竖版

（十五）冀中区容城县农村合作社流通券一览表

面额	年度		票幅	主景		主色		备注
	正面	背面	（长×宽）mm	正面	背面	正面	背面	
伍角	中华民国廿九年	1940	62×121	颐和园	小亭	棕	绿	竖版

（十六）冀中区文新县农村合作社流通券一览表

面额	年度		票幅	主景		主色		备注
	正面	背面	（长×宽）mm	正面	背面	正面	背面	
壹角	民国廿九年	1940	55×95	亭		绿	紫	竖版
贰角	民国廿九年		52×94	亭	亭	棕	棕	竖版
伍角	民国廿九年	1940	59×117	亭		蓝黑	棕	竖版

（十七）冀中区新安县农村合作社流通券一览表

面额	年度		票幅	主景		主色		备注
	正面	背面	（长×宽）mm	正面	背面	正面	背面	
壹角	中华民国廿九年		53×96	长城		绿	蓝	竖版
贰角	中华民国廿九年		53×96	飞机		紫	绿	竖版
贰角				公路		蓝	蓝	竖版
伍角	中华民国廿九年		60×116	宫殿		蓝	紫	竖版
伍角	中华民国廿九年			塔		橘	浅绿	竖版

（十八）冀中区任河县农村合作社流通券一览表

面额	年度		票幅	主景		主色		备注
	正面	背面	（长×宽）mm	正面	背面	正面	背面	
壹角	中华民国廿九年			大殿		蓝	浅黄	竖版
贰角	民国廿九年	1940	52×93	牌楼		蓝	棕	竖版
伍角	中华民国廿九年	1940	57×108	牌楼		深绿	黄	竖版

（十九）冀中区安国县农村合作社流通券一览表

面额	年度		票幅	主景		主色		备注
	正面	背面	（长×宽）mm	正面	背面	正面	背面	
壹角	中华民国廿九年		53×96	火车		紫	绿	竖版
贰角	中华民国三十年	1941	52×96	马耕		棕	绿	竖版
伍角	中华民国三十年	1941	59×116	房屋、树木、田野	帆船	绿	棕	竖版

（二十）冀中区建国县农村合作社流通券一览表

面额	年度		票幅	主景		主色		备注
	正面	背面	（长×宽）mm	正面	背面	正面	背面	
贰角	1941		55×99	塔楼（上），“积成拾角兑换国币壹元”（下）		深绿	黄	竖版
伍角	1941	中华民国三十年	62×115	塔楼		深蓝	棕	竖版

（二十一）冀中区河间县农村合作社流通券一览表

面额	年度		票幅	主景		主色		备注
	正面	背面	（长×宽）mm	正面	背面	正面	背面	
壹角	民国三十年		54×94	塔、水榭		蓝	黄	竖版
贰角	民国三十年		52×92	楼	天坛	深绿	绿	竖版
伍角	民国三十年			风景		绿	黄	竖版

（二十二）冀中区清苑县农村合作社流通券一览表

面额	年度		票幅	主景		主色		备注
	正面	背面	（长×宽）mm	正面	背面	正面	背面	
伍角				风景		绿	棕	竖版

（二十三）冀中区博野县农村合作社流通券一览表

面额	年度		票幅	主景		主色		备注
	正面	背面	（长×宽）mm	正面	背面	正面	背面	
伍角			58×119	农夫		蓝	绿	竖版

（二十四）冀中区高阳县农村合作社流通券一览表

面额	年度		票幅	主景		主色		备注
	正面	背面	（长×宽）mm	正面	背面	正面	背面	
伍角	民国三十年	1941	117×62	耕地（左）、“伍角”（中）、织布（右）	天坛	绿	浅绿	
伍角	民国三十年	1941	117×62	耕地（左）、“伍角”（中）、织布（右）	天坛	绿	浅棕	
伍角	民国三十年	1941		耕地（左）、“伍角”（中）、织布（右）		紫	橘黄	
伍角	民国三十年	1941	117×62	耕地（左）、“伍角”（中）、织布（右）	天坛	蓝		

（二十五）冀中区献交县农村合作社流通券一览表

面额	年度		票幅	主景		主色		备注
	正面	背面	（长×宽）mm	正面	背面	正面	背面	
贰角	民国三十年		52×93	亭楼、“积成拾角兑换边币壹圆”	帆船	棕	红	竖版
伍角	民国三十年		59×113	山水、“积成拾角兑换边币壹圆”		绿	黄	竖版

（二十六）冀中区蠡县农村合作社流通券一览表

面额	年度		票幅	主景		主色	
	正面	背面	（长×宽）mm	正面	背面	正面	背面
伍角	民国三十年		121×61	水车		绿	蓝

（二十七）冀中区宝坻县农村合作社流通券一览表

面额	年度		票幅	主景		主色	
	正面	背面	（长×宽）mm	正面	背面	正面	背面
伍拾圆	民国三十五年一月			火车	“一、本券与边币等价使用，以后用边币收回　二、本券在宝坻县全境通用”		

三、冀中第五行政区银钱局币一览表

面额	年度		票幅	主景		主色		备注
	正面	背面	（长×宽）mm	正面	背面	正面	背面	
伍分	1939		51×92	工农兵学商（中）	“抗战建国”	蓝棕	绿	竖版
壹角	1939		54×93	工农兵学商（中）		绿	棕	竖版
贰角	1939		57×102	村景（上），“拾角兑换国币壹圆”（下）	“抗战建国”	紫	棕	竖版
伍角	中华民国廿八年		115×63	天坛（右）、亭（左）	50、“抗战建国”	绿	棕	

冀中第五行政区的雄县、固安、新城、永清、霸县、安次、静海 7 县，由于邻近北京、天津及铁路线，没有以县发行流通券，流通券标以冀中第五行政区银钱局的名称，有利于群众接受。宝坻县也发行过流通券。

四、晋察冀边区第七行政区合作社流通券一览表

面额	年度		票幅	主景		主色		备注
	正面	背面	（长×宽）mm	正面	背面	正面	背面	
壹角	中华民国三十年	1941	58×103	民居（上）、“积成拾角兑换国币壹圆”（下）		蓝	棕黑	竖版

续表

面额	年度		票幅	主景		主色		备注
	正面	背面	(长×宽)mm	正面	背面	正面	背面	
壹角	中华民国三十年	1941	58×103	民居(上)、"积成拾角兑换国币壹圆"(下)		红	棕黄	竖版
贰角		1941	113×59	楼(右)、"贰角"(左)		蓝、黄	红	
伍角	中华民国三十年	1941	64×118	长桥与两人划船(上)、"积成拾角兑换国币壹圆"(下)		棕	红	竖版
伍角	中华民国三十一年		62×115	群楼(上)、"拾角兑换国币壹圆"(中)		棕	棕	竖版

五、灵寿县调剂金融兑换券一览表

面额	年度		票幅	主景		主色	
	正面	背面	(长×宽)mm	正面	背面	正面	背面
壹角							
贰角							

晋察冀边区第七行政区是1940年8月1日新设立的区，包括深(县)南、束(鹿)冀(县)、宁晋、赵(县)槁(城)束(鹿)、束(鹿)北、晋县、槁城、槁城(鹿)正(定)获(鹿)8县。这些县由于邻近石家庄和铁路线，集中以晋察冀边区第七行政区名义发放合作社流通券。1938年，灵寿县发行贰角调剂金融流通券一种。

六、唐县合作银行券一览表

面额	年度		票幅	主景		主色	
	正面	背面	(长×宽)mm	正面	背面	正面	背面
贰角							

七、定襄县人民商店兑换券一览表

面额	年度		票幅	主景		主色	
	正面	背面	(长×宽)mm	正面	背面	正面	背面
伍分							
贰角							
伍角							

第五节　山东省境内根据地货币

一、北海银行币一览表

面额	年度		票幅	主景		主色		备注
	正面	背面	（长×宽）mm	正面	背面	正面	背面	
伍分		1942	78×38	大桥		红	黄	山东版
伍分	中华民国三十一年		86×46	大桥、山峰（中）		水红	橘黄	山东版
壹角			115×59	火神庙、“每拾角兑换国币壹圆”（右）	花符	蓝	红	胶东版，另有掖县版（绿）和无地名版
壹角	民国廿九年		98×56	锄地（右）	花符	绿	橘黄	清河版（另有面蓝背紫棕版），还有鲁南黑背棕版和无地名版
壹角	中华民国三十年	1941	95×53	湖畔亭（左）、“每拾角兑法币壹圆”	花符	红棕	红棕	冀鲁边版
贰角			120×60	火神庙、“每拾角兑换国币壹圆”（左）	花符	棕紫	紫	掖县版，另有胶东（面绿背紫）版
贰角	中华民国二十九年		97×60	轮船（左）、火车（右）、“零角不兑每拾角兑大洋壹圆”（中）	建筑物	蓝	红	
贰角	民国廿九年		100×60	锄地	花符	蓝	蓝	无地名版，另有清河蓝版和鲁南绿版
贰角	中华民国三拾一年	1942	116×57	掖城古楼		绿	棕	山东版
贰角	中华民国卅二年	1943	100×50	帆船	花符	蓝	棕绿（褐）	山东版
贰角伍分	中华民国三十二年		85×50	挑夫（右）、“贰角伍”（左）	“贰角伍分”（中）	红	棕	山东版

续表

面额	年度		票幅（长×宽）mm	主景		主色		备注
	正面	背面		正面	背面	正面	背面	
伍角	中华民国二十七年（竖字，在右）		133×70	城门大街（左）、“此辅币券每拾角兑国币壹圆”（中下）		紫	紫	掖县版，另有无地名版（面蓝背紫）及胶东版（无年代、面红背枣红）
伍角	中华民国二十七年（竖字，在右）		141×58	城门大街（左）、“此辅币券每拾角兑国币壹圆”（中下）	花符	蓝	紫	清河版
伍角		民国二十九年	126×54	耕地（右）	花符	橘红	橘红	鲁南版
伍角			130×67	掖城古楼	花符	蓝	青	楷字版，另有无楷字版
伍角		中华民国三十年	126×55	工厂大楼（右）、“公司款项一律通用”（左）	花符	深蓝	紫棕	山东版
伍角		中华民国三十一年	116×60	牧羊（右）、“每拾角兑国币壹圆”	花符	绿	蓝	冀鲁边版，另有黑版
伍角		中华民国三十一年	114×60	水上楼阁（中），“每拾角兑国币壹圆”	花符	绿	绿	冀鲁边版
伍角		民国三十一年	117×60	前门（右）	花符	棕	棕	“山东 清河”版
伍角	中华民国卅二年	1943	110×53	耕田	花符	褐	绿	山东版
伍角		民国三十二年	115×60	锄地（右）	花符	蓝	棕	清河“开”字版，另有面蓝背棕清河“源”字版
伍角	中华民国三十二年		83×44	农舍	花符	蓝	蓝	鲁中版
伍角	1943		92×50	火车（左）	篆书“北海银行”	蓝	枣红	山东版、滨海版
伍角	中华民国三十三年		110×53	水上阁楼	花符	绿	绿	渤海版
伍角	民国三十三年		82×45	水边两处房屋（右）	花符	绿	蓝	鲁中版
伍角	民国三十四年		119×60	山峦收割（右）	花符	枣红	蓝	胶东版

续表

面额	年度		票幅（长×宽）mm	主景		主色		备注
	正面	背面		正面	背面	正面	背面	
伍角			135×70	掖县古楼（左）	花符	红	红	胶东版
伍角			122×54	楼		蓝	棕	山东版，另有鲁南蓝版
壹圆	中华民国二十七年	1938	140×72	掖县政府（左）	花符	红	棕	掖县版，另有“南”字版、“北”字版、“清”字版、“东海”版、“南海”版、胶东蓝版和无地名蓝版与红版
壹圆	1941		141×74	山水村庄（左）	花符	蓝	褐（紫）	“发”、“展”、“生”、“产”、“繁”（面红背棕红、票幅138×75），“荣”（面红背棕红、票幅138×75），“经”、“济”版
壹圆	中华民国三十年	1941	143×73	火车（左，前左城楼）	花符	蓝	棕	山东版
壹圆		1941	139×68	火车	花符	蓝	绿	山东版
壹圆		1941	143×70	帆船	耕作	紫	紫	渤海版
壹圆	1942		143×75	山水渔村（左）	花符	绿	蓝	胶东版
壹圆		1942	131×65	牧羊图、“凭票即付国币壹圆”	花符、“BP”（中）	紫棕	橘红	冀鲁边版
壹圆	中华民国三十一年		144×71	火车（中）	城市（版画、中）	红	橘红	山东版
壹圆	1942		145×76	山水渔村（左）	花符	枣红	枣红	无地名版，另有面蓝背紫版
壹圆	中华民国卅二年	1943	122×62	毛驴山区托运（中）	花符	褐	橘黄	山东版，另有渤海黑版
壹圆	中华民国卅二年	1943	129×62	火车	花符	红	红	山东版
壹圆	中华民国三十二年	1943	131×66	火车（左）	花符	枣红	褐	鲁中版
壹圆	中华民国三十二年		145×69	海上帆船（中）	窗（有人）外碾米（中）	蓝	蓝	渤海版，另有紫版
壹圆	中华民国三十三年		116×57	山景农舍（右）	花符	蓝	棕	山东版，另有红版

续表

面额	年度		票幅（长×宽）mm	主景		主色		备注
	正面	背面		正面	背面	正面	背面	
壹圆	中华民国卅三年	1944	123×64	山间运粮（中）	花符	枣红	红	胶东版（另有面枣背蓝版）
壹圆	中华民国三十三年	1944	120×62	马耕田（中）	花符	红	红	渤海版
壹圆	中华民国三十四年	1945	116×61	汽车运输（中）	花符	红	青	山东版
壹圆	民国三十四年	1945	122×64	驴拉水浇田（中）	花符	绿	棕绿	胶东“民”字版
壹圆	中华民国三十五年	1946	103×49	山中火车（右）、左边一个“山东”	花符	红	红	山东版
贰圆	中华民国三十一年	1942	132×61	牛耕田（右）	工厂大楼（中）	绿	绿	山东版
贰圆	中华民国三十四年	1945	115×55	亭（左）	花符	红	红	山东版，另有黄版
伍圆	中华民国二十九年		146×76	庙宇（左）、“凭票即付国币伍圆”（右下）	尖楼建筑（中）	红	褐	山东版
伍圆	中华民国二十九年		149×78	牌坊（左）、“凭票即付国币伍圆”（右）	带尖顶的楼房及平房（中）	蓝	蓝（紫）	冀鲁边（“春”、“耕”）及胶东地方本位币，另有“发”、“展”、“生”、“产”等字和无地名“繁”、“荣”、“经”、“济”字版
伍圆	中华民国三十年	1941		天坛（右）	花符	蓝	浅红	山东版
伍圆	中华民国三十年	1941	139×69	天坛（右）	花符	蓝	暗绿	山东版
伍圆	中华民国三十年	1941	144×73	天坛（右）	花符	蓝	绿	山东版
伍圆	中华民国三十年	1941	141×79	宅院（右）、帆船（左）、“胶东区地方本位币”（中）	教堂（右）、山前亭（左）	蓝	蓝	胶东楷字版，另有胶东隶字版（面绿背蓝）和无地名版，还有“建”、“设”版
伍圆	民国卅一年	1942	148×83	轮船（中）	楼（中）	紫	紫	胶东版（另有蓝、紫版）
伍圆	中华民国三十二年	1943	125×64	亭（中）	花符	红	红	鲁中版，另有面蓝背褐鲁中版

续表

面额	年度		票幅（长×宽）mm	主景		主色		备注
	正面	背面		正面	背面	正面	背面	
伍圆	中华民国三十二年		140×71	水与两小屋（中）	花符	蓝	褐	清河版
伍圆	中华民国三十二年	1943	150×71	水（中）	栈桥（中）	紫	紫	渤海版，另有棕版
伍圆	中华民国三十二年	1943	146×69	运土（左）、浇田（右）	纺织（中）	棕	棕	渤海版，另有双面蓝版（背面有“生产建设”）
伍圆		1943	132×60	农舍	花符	蓝	青	清河版
伍圆	中华民国三十三年	1944	125×64	树房（左）	火车（中）	橘黄	黄	山东版
伍圆	中华民国三十三年	1944	133×68	浇田（右）	花符	蓝	褐	山东版，另有两面蓝版
伍圆		1944	119×61	树	花符	红	红	山东版
伍圆	中华民国卅三年		128×68	山中挑担（左）	山中推车（中）	蓝	蓝	渤海版
伍圆	中华民国三十三年	1944	108×57	轮船（左）、火车（右）	花符	红	蓝	鲁南版
伍圆	中华民国三十四年	1945	135×69	辘轳浇水（右）	花符	蓝黑	蓝	山东版，另有面枣红背棕绿山东版
伍圆	中华民国三十四年	1945	122×60	农村汽车公路（左）	花符	草绿	草绿	山东版
伍圆	中华民国三十四年	1945	132×68	农田（左）	花符	蓝		山东版
伍圆	中华民国三十四年	1945	132×65	亭（中）	花符	蓝	青	山东版
伍圆	中华民国三十四年	1945	132×64	亭（中）	四个角4个“5”，中间3个“5”，两边2个“设”字	蓝	褐	山东版
拾圆	中华民国二十九年	1940	165×82	天坛（左）、前门（右）、“凭票即付国币拾圆”（中）	山、水、房（版画、中）	红	红	胶东版，另有无地名“发”、“展”、“农”、“村”、“经”、“济”等字版
拾圆	中华民国二十九年	1940	165×82	天坛（左）、前门（右）、“凭票即付国币拾圆”（中）	山、水、房（版画、中）	红	红	清河版

续表

面额	年度		票幅	主景		主色		备注
	正面	背面	（长×宽）mm	正面	背面	正面	背面	
拾圆	中华民国三十年		148×78	塔（左）、火车（右）	天坛（中）	枣红	红	胶东版、冀鲁边版（票面中隶书“冀鲁边地方本位币”）、清河版（票面中“清河区地方本位币”隶书）
拾圆	中华民国三十一年		145×73	山水、“凭票即付国币拾圆”（中）	楼阁（中）	绿	蓝	山东版
拾圆	民国卅一年	1942	159×88	楼（中）	轮船（中）	紫	蓝	胶东版
拾圆	中华民国三十二年		147×87	水、树、亭（中），“清河区地方本位币”（隶书，中下）	天坛（中）	红	红	票面上有“巩”字
拾圆	中华民国三十二年	1943	134×72	打水浇田（中）	天坛（右）	蓝	紫棕	票面上“滨海”
拾圆	中华民国三十二年	1943	163×79	纺（左）、织（右）	水边伐树（中），“劳动互助”（两侧）	红	红	渤海版
拾圆	中华民国三十二年	1943	160×77	春耕	原野秋收（中）	蓝	棕	胶东版（另有面蓝背青和面紫背蓝版）
拾圆	中华民国三十二年	1943	138×73	树、房、石、水（左）	花符	棕	蓝	鲁中版
拾圆		1943	140×78	树房	花符	红	土	山东版，另有蓝版
拾圆	中华民国三十二年		141×72	前门（右）	庙宇（中）、蓬莱阁（右）	红	紫	山东版
拾圆		1943	133×72	浇田	天坛	蓝	棕	滨海版
拾圆	中华民国三十三年	1944	155×85	春耕	帆船（中）	枣红	棕绿	胶东版（另有面蓝背褐版）
拾圆	中华民国三十三年	1944	124×66	水边树房（中）	花符	红	红	山东版（另有蓝版），鲁中蓝版和滨海红版
拾圆	中华民国卅三年	1944	123×67	山景（左）、牛耕（右）	帆船（中）	红	红	渤海版

续表

面额	年度		票幅	主景		主色		备注
	正面	背面	（长×宽）mm	正面	背面	正面	背面	
拾圆	中华民国三十三年	1944	125×61	海边建筑物（左）	收割图（中）	红	红	滨海版
拾圆	中华民国卅三年	1944	138×68	帆船（左）、牛耕（右）	窗（有人）外耕作（中）	绿	紫	清河版
拾圆	中华民国三十三年	1944	129×64	海滨二层楼（中）	花符	蓝	蓝	山东版
拾圆	中华民国三十三年	1944	129×63	海滨二层楼（中）	花符	红	枣红	山东版，背面有两个“农”字
拾圆	中华民国三十三年	1944	128×65	海边建筑、“山东”（中）	庙宇（中）	红	水红	山东版
拾圆	中华民国三十四年	1945	126×63	锄地（左）	花符	红	红	山东版，另有“发”、“展”、“经”、“济”、“巩”、“固”、“金”、“融”、“阵”、“地”等字山东版
拾圆	中华民国三十四年	1945	127×64	大河（中）	花符	棕	绿	山东版，另有面蓝背绿和面绿背蓝版
拾圆	中华民国三十四年	1945	133×68	捉鱼（左）	花符	红	绿	胶东版
拾圆	中华民国三十四年	1945	120×66	牧羊	花符	红	红	渤海版
拾圆	中华民国三十四年		128×65	溪旁双树	花符	红	红	渤海版
拾圆	中华民国三十四年	1945	132×67	农作	花符	红	绿	胶东版，另有面红背黄版
拾圆	中华民国三十四年	1945	139×66	春耕	帆船（中）	蓝	灰紫	胶东版
贰拾伍圆	中华民国三十四年	1945	134×69	收割（左）	花符	红	蓝	胶东版，另有两面蓝版和面蓝背绿版
贰拾伍圆	中华民国三十五年	1946	132×66	牧羊（左）、右下一个“山东”	花符	枣红	褐	山东版
伍拾圆	民国卅一年	1942	163×87	渔村（中）	轮船（中）	蓝	多色	胶东版，另有面黑背土版
伍拾圆	中华民国三十二年		151×77	山村	花符	棕	绿	滨海版

续表

面额	年度		票幅	主景		主色		备注
	正面	背面	（长×宽）mm	正面	背面	正面	背面	
伍拾圆	中华民国三十二年		146×73	河边房屋（右）	火车、“SHANTUNG”（中）	紫棕	蓝	滨海版
伍拾圆	中华民国三十二年	1943	143×64	各种尖架的城镇	花符	绿	蓝	鲁中版
伍拾圆	中华民国三十三年	1944	131×65	塔（右，远近两座）	运粮	蓝	绿	山东版，另有两面绿鲁南版
伍拾圆	中华民国三十三年	1944	123×62	扬场（右）	花符	紫黑	蓝	山东版
伍拾圆	中华民国三十三年	1944	135×70	农忙与锯木（中）	洗衣（中）	蓝	蓝	渤海版，另有面蓝背棕版
伍拾圆	中华民国三十三年	1944	144×73	浇田（左）	花符	红	棕（褐）	山东版，另有胶东版
伍拾圆	民国三十三年	1944	139×75	火车（中）	天坛	蓝	蓝绿双色	胶东版，另有两面蓝版和两种底色不同版
伍拾圆	中华民国三十四年	1945	140×70	山坡田（山顶高塔）	花符	红	红	山东版，另有两面蓝版和面蓝背绿、面绿背蓝山东版
伍拾圆	中华民国三十四年	1945	133×69	山村（左）	庙宇（中）	蓝	蓝	山东版，另有紫版（票面右边一个“山东”）
伍拾圆	中华民国三十四年	1945	139×70	打场（中）	花符	红	棕红	胶东版，另有面蓝背棕灰版和山东蓝版
伍拾圆	中华民国三十四年	1945	133×65	工农兵学商	塔与两层亭	红	褐	山东版（票面右边一个“山东”）
伍拾圆	中华民国三十四年	1945	130×68	牛犁田（左）	火车（中）	褐	红	山东版（票面右边一个“山东”）
伍拾圆	中华民国三十四年	1945	123×61	扬场（右）	花符	紫黑	蓝	山东版，另有棕版
伍拾圆	中华民国三十四年		130×67	亭（中）		蓝	褐	山东版
伍拾圆	中华民国三十六年	1947	127×58	海滨城市（右）	凉亭（右）	红	棕	山东版
壹佰圆	中华民国三十二年	1943	126×64	汽车运输（中）	花符	红	红	山东版

续表

面额	年度		票幅	主景		主色		备注
	正面	背面	（长×宽）mm	正面	背面	正面	背面	
壹佰圆	中华民国三十二年	1943	128×66	山村（右）	花符	蓝	褐	山东版
壹佰圆	中华民国三十三年	1944		锄地	花符	红	蓝	山东版
壹佰圆	中华民国三十三年	1944	160×77	农忙图（中）	古树（中）	蓝	紫	胶东版
壹佰圆	中华民国三十三年		150×70	耕田（右）		橘黄	橘黄	渤海版，另有面紫背橘黄渤海版
壹佰圆	中华民国三十四年	1945	140×69	花心	花符	棕	黄	山东版，另有面红背棕版
壹佰圆	中华民国三十四年	1945	158×76	牛耕田（右）	花符	棕	棕	胶东版，另有面蓝背紫版
壹佰圆	中华民国三十四年	1945	136×65	火车与轮船（左）、右边一个“山东”	塔楼（全景）	紫	红	山东版
壹佰圆	中华民国三十四年	1945	142×72	植树（左）	花符	蓝	红棕	渤海版
壹佰圆	中华民国三十四年	1945	148×69	锄地（右）	花符	红	红	胶东版
壹佰圆	中华民国三十四年	1945	127×64	山村	房	蓝	绿	山东版
壹佰圆	中华民国三十四年	1945	133×65	海边村落（右）、左边一个“山东”	花符	蓝	褐	山东版
壹佰圆	中华民国三十五年	1946	130×64	牛犁田（右）、左边一个“山东”	纪念碑	绿	橘红	山东版
壹佰圆	中华民国三十五年	1946	131×64	纪念塔（中）	花符	绿	蓝	山东版，另有面红背棕、面棕黑背紫、面棕背蓝和面蓝背绿山东版
壹佰圆	中华民国三十五年	1946	148×63	耕田	楼阁	蓝	棕	山东版
壹佰圆	中华民国三十五年	1946	129×65	耕田	桥、塔	绿	黄	山东版
贰佰圆	中华民国三十三年	1944	123×65	锄地（中）	花符	红	蓝	山东版，另有面绿背蓝版和面红背蓝渤海版

续表

面额	年度		票幅（长×宽）mm	主景		主色		备注
	正面	背面		正面	背面	正面	背面	
贰佰圆	中华民国三十四年	1945	131×64	花心	花符	蓝	棕	山东版，另有面棕背紫棕山东版
贰佰圆	中华民国三十五年	1946	132×65	农作、右下一个“山东”	花符	红	红	山东版
贰佰圆	中华民国三十五年	1946	129×65	打场（右）、左边一个“山东”	花符	棕	绿	山东版，另有面红背绿版
贰佰圆	中华民国三十六年	1947	142×63	打场（中）	浇田（中）	黑褐	褐	山东版
贰佰圆	中华民国三十六年		152×67	海上楼阁（右）、“贰百圆”（左）、左边一个“山东”		黑褐		山东版
贰佰圆	中华民国三十七年	1948	130×60	拖拉机（右）	花符	红	蓝	山东版，另有面红背绿版
伍佰圆	中华民国三十六年	1947	127×62	湖景	花符	蓝	棕	山东版
伍佰圆	中华民国三十六年	1947	129×64	两高塔一低塔（右）、“伍百圆”（左）	花符	蓝	褐	山东版
伍佰圆	中华民国三十六年	1947	128×64	塔（右）	码头	蓝	紫	山东版
伍佰圆	中华民国三十六年	1947	130×65	汽车运输（左）、“伍百圆”（右）	花符	蓝	褐	山东版
伍佰圆	中华民国三十六年	1947	131×62	水上村落（中）、中下两个“山东”	花符	蓝	紫棕	山东版
伍佰圆	中华民国三十六年	1947	127×63	插秧	花符	棕	蓝	山东版
伍佰圆	中华民国三十六年	1947	130×63	装粮（中）	水上运输（中）	棕	灰紫	山东版，另有渤海棕版
伍佰圆	中华民国三十六年	1947	128×65	插秧与拉锯（右）、左边一个“山东”	花符	棕	蓝	山东版
伍佰圆	中华民国三十七年	1948	100×50	泰山玉皇顶	花符	蓝	棕	无地名版

续表

面额	年度		票幅	主景		主色		备注
	正面	背面	（长×宽）mm	正面	背面	正面	背面	
伍佰圆	中华民国三十七年	1948	100×50	牧牛	花符	棕	红	山东版
伍佰圆	中华民国三十七年	1948	116×50	工厂（右）	花符	棕	棕	山东版，另有深红和浅红版
伍佰圆	中华民国三十七年	1948	115×53	长城、号兵（右），左边一个“山东”		红		山东版
伍佰圆	中华民国三十七年	1948	100×50	泰山玉皇顶（中）	花符	棕	绿	山东版，另有绿版、棕版和青版
伍佰圆	中华民国三十七年	1948	104×52	泰山玉皇顶（左）	花符	棕	紫黑	山东版，另有墨绿版
伍佰圆	中华民国三十七年	1948	98×50	牛（中）	花符	棕	枣红	山东版
伍佰圆	中华民国三十七年	1948	116×51	火车站（中）、左边一个“山东”	花符	褐	褐	山东版
壹仟圆	中华民国三十七年	1948	124×55	楼房与矿车（左）	花符	青	青	无地名版，另有红、棕、绿、黄版
壹仟圆	中华民国三十七年	1948	130×54	楼塔（右）、左边一个“山东”	火车	蓝	绿	山东版
壹仟圆	中华民国三十七年	1948	128×57	毛主席像（右）、左边一个“山东”		紫	绿	山东版
壹仟圆	中华民国三十七年	1948	130×54	工农（右）		绿	绿	无地名版
壹仟圆	中华民国三十七年	1948	130×54	塔（右）、右侧一个“山东”		红		山东版，另有绿版
贰仟圆	中华民国三十七年	1948	128×55	颐和园万寿山	花符	棕	红	山东版，另有两面紫版
贰仟圆	中华民国三十七年	1948	128×56	码头（左）	帆船（中）	蓝	青	无地名版，另有面绿背紫版
贰仟圆	中华民国三十七年	1948	125×55	楼阁（右）	花符	棕	紫	山东版
贰仟圆	中华民国三十七年	1948	128×54	工厂（右）	轮船（中）	绿	深褐	无地名版，另有面绿背棕版
贰仟圆	中华民国三十七年	1948	129×54	长城与号兵（左）	花符	蓝	棕	无地名版

1938 年 3 月，中共掖县县委发动全县抗日武装起义，建立了抗日民主政府。8 月，成立北海行政督察专员公署。为抵制敌钞，畅通金融，决定成立北海银行。10 月印出票子，12 月 1 日北海银行正式开业（掖县），北海银行币流通于蓬黄掖根据地，开业后不到一个月，形势恶化，被迫停业。1939 年夏季，中共胶东区党委在莱阳张格庄重建北海银行，掖县的北海银行升格为胶东根据地银行。1940 年 8 月，山东省战时工作推行委员会将北海银行定为山东根据地银行。1940 年 10 月，北海银行总行正式成立，“北海银行币”的票版最初由青岛光华制版社制作。1944 年 3 月，结束了到敌占区制版的历史。这时的设计特点，票幅较小，全是横版，帆船、轮船、农作物图景较多。由于山东根据地长期处于敌人分割状态，“北海银行币”长期分区印制、发行、流通，种类特别多。1942 年发现青岛、烟台等地日伪特务机关伪造北海币的情况。“北海银行币”的财政透支，抗日战争期间占发行额的 92.53%。

二、北海银行本票一览表

面额	年度		票幅	主景		主色		备注
	正面	背面	（长×宽）mm	正面	背面	正面	背面	
贰拾伍圆	中华民国三十三年一月二十日		146×68			红		
伍拾圆	中华民国三十三年一月二十日		146×69			红		
壹佰圆	中华民国三十三年		70×161			红		
伍佰圆	中华民国三十三年					紫		
壹仟圆	中华民国三十三年					紫		
拾万圆	中华民国三十七年	1948	70×161	北海公园（下）	5 条“使用须知”	绿	蓝	竖式

1944 年抗战形势好转，解放区迅速扩大，对货币需求增加。北海银行发行了一批本票，面额有壹佰圆、伍佰圆、壹仟圆、拾万圆 4 种。

三、莱芜农民合作社票一览表

面额	年度		票幅	主景		主色	
	正面	背面	（长×宽）mm	正面	背面	正面	背面
伍分		1940		收割	花符	蓝	棕
壹角		1940		牛拉水车	花符	棕	蓝
贰角		1940		收割	花符	蓝	蓝
伍角		1939		打场耕田	花符	蓝	蓝
伍角		1940		打场耕田	花符	红	红

1939 年冬天，莱芜县抗日民主政府财政科发行“莱芜农民合作社票”。面额有伍分、壹角、贰角、伍角 4 种。计发 24 万多元，以低利贷款的方式推行。1943 年抗日根据地统一货币后，由北海银行鲁中分行收回。

四、益寿临广流通辅币一览表

面额	年度		票幅	主景		主色		备注
	正面	背面	（长×宽）mm	正面	背面	正面	背面	
伍分			110×63	尖楼建筑（左）、“公司款项　一律通用”（两侧）	建筑物	枣红	蓝	
壹角			112×63	尖楼建筑（左）、“公司款项　一律通用”（两侧）	建筑物	绿	棕	
贰角			110×60	尖楼建筑（左）、“公司款项　一律通用”（两侧）	建筑物	绿	紫	
伍角			108×60	尖楼建筑（左）、“公司款项　一律通用”（两侧）	建筑物	蓝	绿	背面“清河续印”

1940 年 5 月，益（都）寿（光）临（朐）广（饶）四边联防政府发行流通辅币，面额有伍分、壹角、贰角、伍角 4 种。1943 年 2 月，由北海银行清河分行收回。

五、胶东各县地方流通券一览表

面额	年度		票幅	主景		主色		备注
	正面	背面	（长×宽）mm	正面	背面	正面	背面	
壹角	民国三十年		110×60	水与房（中）	桥	蓝	棕	“蓬莱地方流通券”，另有面棕背紫版
壹角	民国三十年		110×60	水与房（右）	桥	棕	橘红	“黄县地方流通券”
贰角		民国三十年	112×69	亭阁（左）	花符	蓝	绿	“蓬莱地方流通券”
壹角	民国三十年		108×58	水与房（中）	桥	蓝	绿	栖霞版
壹角	民国三十年		108×58	水与房（右）	桥	棕	绿	“栖霞地方流通券”
壹角			107×60			蓝	蓝	“掖县地方流通券”
壹角			102×55			绿		“招远地方流通券”
贰角			105×56			蓝		“招远地方流通券”
贰角		民国三十年	118×64	牌坊（右）	古钱币（中）	蓝	绿	“牟平地方流通券”

续表

面额	年度		票幅	主景		主色		备注
	正面	背面	（长×宽）mm	正面	背面	正面	背面	
贰角		民国三十年	118×64	牌坊（右）	古钱币（中）	蓝	褐	“海阳地方流通券”
贰角		民国三十年	118×64	牌坊（右）	古钱币（中）	紫	紫	“文登地方流通券”
贰角		民国三十年	112×60	亭（左）	花符	蓝	棕	黄县版、栖霞版
贰角		民国三十年	182×64	牌坊（右）	古钱币（中）	蓝	蓝	“荣成地方流通券”
贰角伍分		民国二十九年	109×56	天坛（左）	崖、水、房（中）	棕灰	棕绿	黄县（另有面棕灰背棕）版、蓬莱（面黑褐背绿）版、掖县版（蓝）、栖霞版
伍角	民国二十九年		122×68	山与楼阁、“此券每拾角兑换国币壹圆”（右）	花符	蓝	绿	“黄县地方流通券”
伍角	民国二十九年		124×68	山与楼阁、“此券每拾角兑换国币壹圆”（右）	花符	蓝	紫	“栖霞地方流通券”（另有面蓝背绿版）
伍角	民国二十九年		124×68	水上建筑物	花符	蓝	棕	“蓬莱地方流通券”
伍角	民国三十年		122×65	水、树、房（右）	天坛（中）	蓝	绿	栖霞版、福山版
伍角			122×65	耕田（左）、“满二张兑换国币壹元”（右）	收割	红	红	牟平版，另有海阳版（蓝绿）、荣成版（绿）
伍角		民国三十年	123×68	耕田（左）、“满二张兑换国币壹元”（右）	收割（中）	绿	蓝	“海阳地方流通券”（“海阳”两字在两头）
伍角		民国三十年	123×68	耕田（左）、“满二张兑换国币壹元”（右）	收割（中）	红	棕	“牟平地方流通券”

续表

面额	年度		票幅	主景		主色		备注
	正面	背面	(长×宽) mm	正面	背面	正面	背面	
伍角		民国三十年	125×70	耕田（左）、“满二张兑换国币壹元”（右）	收割（中）	蓝	棕	“文登地方流通券”（“文登”两字小）
伍角	民国三十年		122×65	山、水、树、房（右）	天坛（中）	蓝	绿	“福山地方流通券”
伍角			124×68			蓝		“招远地方流通券”

1940 年秋天，为了解决北海银行辅币短缺问题，胶东根据地东海、西海、南海和北海四个专署统一印制，分县发行，分县流通，印制各县地方流通券。券面上印有发行县名，面额有壹角、贰角、贰角伍分、伍角 4 种，以北海银行为本位币，作为北海辅币流通，1943 年由北海银行胶东分行收回。

六、长山县金融流通券

1940 年春天，长山县抗日民主政权长山县民众动员委员会以贷款方式发行了长山县金融流通券，目的是救济春荒。面额有壹角、贰角、三角、伍角 4 种，1943 年由北海银行收回。

七、临郯费峄流通券

1940 年 7 月，临（沂）郯（城）费（县）峄（县）四边联防政府发行流通券，面额有伍角、壹圆两种。后因形势恶化、根据地收缩和敌人伪造等原因，出现打折使用现象。1940 年 5 月，予以收回。

第六节　冀鲁豫根据地货币

1940 年 4 月 18 日，经中共中央北方局批准，中共冀鲁豫区党委在河南省清丰县成立。1941 年 1 月 15 日，冀鲁豫行政主任公署在河南省内黄县成立。9 月初，与鲁西行署合并，是抗战时期全国 19 个根据地之一。冀鲁豫政权建立之前，各小块根据地曾发行过“泰西银行币”、“鲁西银行币”、“鱼台县地方流通券”、“铜北流通券”和“冀南农民合作社兑换券”。政权建立后，先以鲁西银行为本位币。1944 年冀鲁豫行署与冀南行署合并后，又准冀南银行币与鲁西银行币等值并行流通。

一、泰西银行币

1938年1月1日，中共山东省委发动了泰西抗日武装起义。1939年3月中旬，八路军一一五师陈光、罗荣桓率部挺进泰西，根据中共中央的指示，与当地游击队会合，创建泰西抗日根据地。7月1日建立长清县抗日民主政权，组建泰西银行，以国民党法币为本位币，采用石印技术印制“泰西银行币”作为辅币。面额有壹角、贰角、伍角3种，票面印有“泰西银行”、“长清”字样。流通于长清、平阴、肥城等地。1940年5月，鲁西银行成立后统一于鲁西银行，该币停止发行。

二、鱼台县地方流通券一览表

面额	年度		票幅	主景		主色	
	正面	背面	（长×宽）mm	正面	背面	正面	背面
壹角	中华民国二十八年						
壹角	中华民国二十九年						
贰角	中华民国二十八年						
贰角	中华民国二十九年						
伍角	中华民国二十八年						
壹圆	中华民国二十八年						
贰圆	中华民国二十九年						

1939年7月1日，中共建立了鱼台县抗日民主政府。同年秋天发行“鱼台县地方流通券”。初有壹角、贰角、伍角、壹圆券4种，后因发生湖西“肃托”事件，印刷所长被错杀。中共苏鲁豫区党委于同年11月重建鱼台券印刷所。改用壹角、贰角、贰圆3种新版印刷，采用石印技术，1943年统一于“鲁西银行币”，目前尚未见到此券。

三、铜北流通券

1939年3月，中共苏鲁豫特委铜（山）县工委成立，8月建立铜北抗日民主政权铜（山）北办事处。9月发行铜北流通券壹圆券一种。1939年11月，停止发行。

四、冀南农民合作社兑换券一览表

面额	年度		票幅	主景		主色	
	正面	背面	（长×宽）mm	正面	背面	正面	背面
伍分							
壹角		中华民国廿九年	90×50	树	花符	棕	绿
贰角			110×60	景		橘红	棕
伍角	中华民国廿九年		100×62	牌坊	火车	紫	棕
伍角	中华民国廿九年		108×65	牌坊	火车	蓝	黑

经中共中央北方局批准，1940 年 5 月 15 日，冀鲁豫区军政委员会成立后，发行“冀南农民合作社兑换券”60 万元。面额有伍分、壹角、贰角、伍角 4 种，石印技术，流通于直南、豫北、鲁西南 18 个县抗日根据地。1941 年，冀鲁豫与鲁西区合并后，“冀南农民合作社兑换券”停止流通，由鲁西银行负责收回。

五、鲁西银行币一览表

面额	年度		票幅	主景		主色		备注
	正面	背面	（长×宽）mm	正面	背面	正面	背面	
肆分	中华民国三十年	1941	90×47	村景、“公私款项一律通用”	水、景、房（中）	茶	茶	
伍分	中华民国三十年	1941	93×50	汽车（右）、轮船（左）、“公私款项一律通用”	楼阁（左）、水景（右）	黑	绿	另有褐、蓝、绿版
壹角	中华民国二十九年		55×95	山亭、“公私款项一律通用”	花符	黑蓝	绿	竖版
贰角	中华民国二十九年	1940	115×65	天坛（右）、“公私款项　一律通用”	树房（中）	蓝	茶	
贰角	民国三十年	1941	55×99	锄地、“公私款项一律通用”	花符	黑蓝	棕	竖版
贰角伍分	中华民国三十年		124×60	马拉犁（左）、“公私款项　一律通用”	楼阁（左）、水景（右）	酱	蓝	另有“湖西”地名版
伍角	中华民国二十九年	1940	127×65	浇水（中）、“公私款项　一律通用”	山房	驼	黄	
伍角	中华民国三十一年	1942				绿		“鲁西南”地名版
伍角	中华民国三十二年	1943						“湖西”地名版
壹圆	中华民国二十九年	1940	140×70	锄地（左）、收割（右）、“凭票即付国币壹圆”	树亭（中）	褐	褐	另有绿版
贰圆	中华民国三十年	1941	143×74	前门（左）、火车（右）、“凭票即付国币壹圆”	楼阁、塔	茶	茶	另有绿版
伍圆	中华民国三十一年	1942	148×75	花心、“凭票即付国币伍圆”	楼阁	绿	棕	
伍圆	中华民国三十一年	1942		前门		蓝		

续表

面额	年度		票幅	主景		主色		备注
	正面	背面	（长×宽）mm	正面	背面	正面	背面	
伍圆	中华民国三十二年	1943	143×66	火车（右）、轮船（左）		红	绿	
伍圆		1944	128×67	庭院		蓝	绿	“湖西”地名版
拾圆	中华民国三十一年	1942	144×68	阁亭	船	紫	褐	
拾圆	中华民国三十二年	1943	147×67	山前栽稻	牌坊	红	蓝	另有绿版和泰运地名版
拾圆	中华民国三十二年	1943		山		青		“泰运”地名版
拾圆	中华民国三十三年			车船		红		“湖西”地名版
拾圆	中华民国三十三年		146×67	天坛（左）、塔寺（右）	花符	蓝	棕	“湖西”地名版
拾圆	中华民国三十四年	1945	115×53	庭（左）、院（右）	花符	绿	绿	
贰拾圆	中华民国二十九年	1940	138×72	山庙（左）	花符	红蓝	红	
贰拾圆	中华民国三十一年		140×70	天坛（左）、庙宇（右）	凉亭	蓝	棕	
贰拾圆	中华民国三十三年			亭塔	庙	墨绿	枣红	
贰拾圆	中华民国三十三年		143×71	前门	浇园	蓝	土	“湖西”地名版
贰拾伍圆	中华民国三十四年	1945	118×57	山庙（右）	花符	绛紫	杏黄	另有绿版和蓝版
伍拾圆	中华民国二十九年	1940	147×77	楼阁	花符	蓝	紫	
伍拾圆	中华民国三十二年	1943	157×80	铜牛（左）	桥塔	棕	蓝	另有黑绿版
壹佰圆	中华民国三十二年	1943	157×80	牌坊（右）	花符	红	棕	
壹佰圆	中华民国三十三年	1944	135×70	火车（中）	树亭	蓝	枣红	

六、鲁西银行本票一览表

面额	年度		票幅	主景		主色	
	正面	背面	（长×宽）mm	正面	背面	正面	背面
贰佰圆			130×65	海边栽稻（右）	背书	棕	蓝

七、鲁西银行临时流通券一览表

面额	年度		票幅	主景		主色		备注
	正面	背面	（长×宽）mm	正面	背面	正面	背面	
贰佰圆	中华民国三十二年	1943	164×83	海边割稻（中）	“一、为适应市场需要携带便利特发行此券 二、凡公私款项本券与鲁钞同用 三、本券得向银行各级工商局及公营商店兑换鲁钞”	紫蓝、菜青底	酱、菜青底	
叁佰圆	中华民国三十三年	1944	78×160	天坛	海边房屋	黑	杏红	竖版
伍佰圆	中华民国三十二年	1943	165×80	全景农村图（左边马拉犁，右边浇水）	“一、为适应市场需要携带便利特发行此券 二、凡公私款项本券与鲁钞同用 三、本券得向银行各级工商局及公营商店兑换鲁钞”	红、菜青底	蓝、红底	
伍佰圆	中华民国三十三年	1944	165×90	火车（右）、轮船（左）	凉亭（中）	紫、菜青底	杏红	

1937 年 9 月，根据山东省委的指示，中共鲁西特委和中共鲁西北特委开始建立抗日武装，进行武装起义，建立鲁西与鲁西北抗日根据地。1940 年 4 月 14 日，成立鲁西行政专员公署，在泰西银行的基础上建立了鲁西银行。5 月开始发行 14 种面额的货币。曾印刷过票面标注鲁西南、湖西、泰运三种地名的“鲁西银行币”，发行初期与国民党法币等值行使，伍圆票面上印有“凭票即付国币伍圆”8 字。法币大幅度贬值后，不再与其联系，改按市价行使。法币与鲁西币的币值 1940 年为 1:1，1945 年为 3.5:1。鲁西银行假票甚多，1943 年 5 月 26 日，冀鲁豫行政公署曾下达《迅速开展反假鲁钞斗争的通令》，并颁发《查禁假鲁钞暂行办法》。抗日战争胜利之后，1946 年 6 月，通令收回伍圆、湖西版拾圆和前门图案贰拾元券。

鲁西银行还发行了本票和临时流通券。鲁西银行本票发行于 1943 年，面额贰佰圆，使用期限到 1945 年年底，1946 年 6 月 15 日通令收回。1943 年、1945 年鲁西银行分别发行面额贰佰圆、伍佰圆的鲁西银行临时流通券，1944 年发行面额叁佰圆、伍佰圆的临时流通券，这 4 种版别、3 种面额的临时流通券均采用石印技术，与“鲁西银行币”等值行使。

第七节　山西省境内根据地货币

一、上党银号币一览表

<table>
<tr><th rowspan="2">面额</th><th colspan="2">年度</th><th rowspan="2">票幅
（长×宽）mm</th><th colspan="2">主景</th><th colspan="2">主色</th></tr>
<tr><th>正面</th><th>背面</th><th>正面</th><th>背面</th><th>正面</th><th>背面</th></tr>
<tr><td>伍分</td><td>中华民国二十七年</td><td>1938</td><td>96×46</td><td>面额图案</td><td></td><td>深绿</td><td>蓝</td></tr>
<tr><td>壹角</td><td>中华民国二十七年</td><td>1938</td><td>110×57</td><td>铁路</td><td>亭坛</td><td>灰、黄</td><td>蓝</td></tr>
<tr><td>贰角</td><td>中华民国二十七年</td><td></td><td>125×57</td><td>山、塔、殿</td><td></td><td>蓝、黄</td><td>绿</td></tr>
<tr><td>贰角</td><td>中华民国二十七年</td><td>1938</td><td>118×64</td><td>塔、亭、树、船（左），“公私款项弍律通用”</td><td>多孔桥（中）</td><td>棕灰</td><td>浅红</td></tr>
<tr><td>贰角伍分</td><td>中华民国二十七年</td><td>1938</td><td>127×63</td><td>庙宇山景（左）</td><td></td><td>蓝</td><td>紫</td></tr>
<tr><td>伍角</td><td>中华民国二十七年</td><td>1938</td><td>130×64</td><td>5层楼房（左）</td><td>帆船（中）</td><td>蓝</td><td>棕</td></tr>
<tr><td>壹圆</td><td>中华民国二十七年</td><td>1938</td><td>151×80</td><td>天坛、“公私款项弍律通用”、以“上党银号”小字组成花边底纹</td><td>多孔桥（中）</td><td>深绿</td><td>深绿</td></tr>
<tr><td>伍圆</td><td>中华民国二十七年</td><td>1938</td><td>162×85</td><td>河边村落（中）</td><td>亭阁</td><td>红棕</td><td>红棕</td></tr>
<tr><td>伍圆</td><td>中华民国二十七年</td><td>1938</td><td>158×73</td><td>孙中山像（右）</td><td>帆船</td><td>紫红</td><td>蓝</td></tr>
</table>

1937年11月8日，山西省太原市被日寇占领后，阎锡山将山西全省105个县划为7个游击区。第三行政专署驻沁县，专员为薄一波；第五行政专署驻长治，专员为戎子和（戎伍胜）。

薄一波和戎子和均为中共党员，两专署所辖的同蒲路及汾河以东、白晋路以西、黄河以北的三角地带，辟为太岳山区抗日革命根据地。1937年10月29日时，薄一波即率领“山西青年抗战决死队”的一部到达沁县，迅速打开局面。

1938年夏天，国民党政府断绝了八路军的经费供给。为巩固和发展根据地，活跃金融，繁荣市场，第三专署决定成立上党银号（长治古称“上党”），1938年8月筹办。同年秋天，开始印制“上党银号币”，“上党银号币”的面额分伍分、壹角、贰角（两种）、贰角伍分、伍角、壹圆、伍圆（两种），双面印刷。其中一种伍元券印有孙中山头像，背面是经理薄一波的英文签名，这在中共抗日战争时期发行的货币中是罕见的。“上党银号币”发行总额约计300多万元。印“上党银号币”的纸为80磅模造道林纸。纸、硝酸、印油等物品都是从太原购买的。为了防伪，“上党银号币”在设计、印刷上采用暗记技术。以“亭台森林图”的贰角券中心以“38”为暗记，寓意“上党银号诞生于1938年”；贰角伍分券正中心是两处“上”字暗记（伍角券正面也以“上”字为暗记）；壹圆券在天坛主图下面倒写着一个“党”字；红色伍元券图中巧妙地设计、印刷有极小的“二月人家”4字，不借助仪器设备，极难看到。孙中山像伍元券采用了铜版拉网技术。上党票初发行时，信誉很高，与银元十足兑现，因它面值小，使用方便，深受群众欢迎。上党银号发行的货币在第三、第五行政专员公署管辖的地区流通。上党银号的任务，除代理金库发行货币外，主要是办理兑换、信贷和兼办发放津贴。1938年冬，上党银号在辽县设立了长治分号和辽县分号，在沁县城内设立沁县分号。

1939年春天，山西第五行政专署为补充“上党银号币”的不足，发行了“第五行政区合作社流通券”。

1939年10月冀南银行成立，发行冀南银行币。“上党银号币”停止印刷、发行，上党银号的机构和财产并入冀南银行。流通在市场上的“上党银号币”经过第三、第五专区改组成立的太北专区财经扩大会议决定，以田赋、税收和向冀南银行借款的办法，按7折兑换收回。1940年8月，“冀南太行太岳行政联合办事处”（简称“冀太联办”）成立后，于1941年2月3日布告重申收回“上党银号币”。1942年1月3日《新华日报》（华北版）报道：已收回“上党银号币”110万元，分别于武乡县和辽县（今左权县）在军民代表团的监视下当众焚毁。

二、山西省第五行政区救国合作社兑换券一览表

面额	年度		票幅	主景		主色		备注
	正面	背面	（长×宽）mm	正面	背面	工面	背面	
壹角	中华民国廿八年		111×64	火车		棕		面额上有“临时找零”字样
贰角	中华民国廿八年		112×64	火车		绿		面额上有“临时找零”字样
贰角	中华民国二十九年		123×62	亭子（左）、“积成拾角 兑换壹元”	图案	蓝		
贰角伍分			123×63	亭		橘红		面额上有“临时找零”字样
伍角	中华民国二十九年		125×66	湖边长廊（右）、“积成拾角 兑换壹元”	图案	红棕	蓝	
伍角			130×64	亭（右）		橘红		面额上有“临时找零”字样

1938年7月，戎伍胜（戎子和）到达长治，就任山西省第五行政区专署专员。当时市面上虽有三专署发行的上党票和少数法币，晋钞及部分县票作为日常商品交换的通货，但还是不能满足抗日部队的需要，尤为突出的问题是群众在市面上购买东西找零辅币仍然

短缺，给群众生活带来不便。1938 年 11 月经请求驻在潞城县北村的八路军总部队的彭德怀副司令员批准，又经与第三专署（驻沁县）薄一波专员协商，在长治的五专署只发行辅币，以补上党票在三、五专署（辅币大面额的）流量中的不足，三专署的上党票和五专署的兑换券，各县银号票等价并行流通。1940 年 5 月此兑换券停止流通，共发行 30 万元。此兑换券版别有：壹角、贰角、贰角伍分、伍角（中华民国二十八年版四种面额都有“临时找零”字样），1940 年合作社在发行壹角、贰角、伍角 3 种面额的兑换券时，将临时找零字样撤掉，钞票的图案也有变化，兑换券在设计印刷上突出了抗战救国的主题，在主图“亭台”暗记中有“救国”两字。

三、晋东（西）南各县银号券

1938 年春天，日本侵略军九路围攻晋东南，侵犯长治、潞城、长子等县城镇、抗日县政权迁到山区。4 月底，我抗日部队粉碎日军的九路围攻，收复长治等县城镇。但是日寇在晋东南抗日根据地周围的太原、临汾等地进行连续不断的大规模“扫荡”，在经济上进行残酷的掠夺和封锁，导致根据地内物价上涨，日军在占领区的各大中小城市大肆搜刮银、铜、镍等金属货币，百姓也纷纷将手中的金属货币贮藏起来，不再拿出支付。结果，根据地市面流通的铜质及金属辅币绝迹，各地出现了找零非常困难的局面。晋东南抗日根据地内的各县政权结合各县的具体情况，向五专署请准相继设立了各自的县级银号，并发行了县银号钞票。对日作战时，县政权转移到什么地方，县银号就跟随到那里发行银号票。根据地各县银号票的发行，是从 1938 年下半年陆续开始的，最早出现在市面上的是长治县和潞城县银号票，长子、陵川、晋城、阳城、高平、平顺、沁水、壶关等县银号均有货币发行。在没有印刷钞票设备及其他条件的情况下，长治县开始曾用“晋蚨祥银号”的壹角、贰角、伍角票，加盖“长治县银号”等字样。1940 年 12 月 10 日，冀太联办（全称为“冀南、太行、太岳行政联合办事处”，于 1940 年 8 月建立）召开第一次专员、县长会议，规定冀钞（冀南票）一元化，限期（1941 年 3 月）收回各县县票。首先收兑伍角以上面额钞票，小面额的钞票晚些收兑，同时是为照顾到当地市场找零需要，待冀钞辅币印制数量能够满足需要后，再将各县小额钞票兑回。

（一）长治县银号币一览表

面额	年度		票幅	主景		主色		备注
	正面	背面	（长×宽）mm	正面	背面	正面	背面	
壹角	中华民国廿七年		118×68	庄园（中）		棕	棕红	银号名经涂改、票面注有“潞安城内”
贰角	中华民国廿七年		118×68	庄园		棕	棕红	银号名经涂改、票面注有“潞安城内”

续表

面额	年度		票幅	主景		主色		备注
	正面	背面	（长×宽）mm	正面	背面	正面	背面	
贰角	中华民国二十九年		56×105	孙中山像（中）		橘红	绿	竖版
贰角伍分	中华民国二十九年		118×62	山景（中）		橘红	绿	
叁角	中华民国二十八年		111×59	湖边长廊（中）		绿	绿	
伍角			111×68	庄园（中）		绿	绿	银号名经涂改、票面注有“潞安城内”
伍角	中华民国二十八年		132×66	湖边长廊（中）		绿	绿	
伍角	中华民国二十八年		132×66	湖边长廊（中）		橘黄	橘黄	

（二）潞城县银号币一览表

面额	年度		票幅	主景		主色	
	正面	背面	（长×宽）mm	正面	背面	正面	背面
壹角			105×61	铁路（右）		绿	绿
壹角			105×61	亭（左）		橘红	
贰角			105×61	亭（左）		红	

（三）长子县银号（兑换券）币一览表

面额	年度		票幅	主景		主色		备注
	正面	背面	（长×宽）mm	正面	背面	正面	背面	
壹角			115×59	塔（左）		绿	绿	
贰角	中华民国二十九年		115×58	风景（左）		橘红	绿	
贰角	中华民国二十九年		113×64	牌坊（右）		蓝		票面有“兑换券”字样
叁角	中华民国二十八年		109×58	湖边长廊（中）		蓝		
伍角	中华民国二十八年		111×59	湖边长廊（中）		紫红	草绿	
伍角	中华民国二十九年印制		135×72	大殿		蓝		票面有“兑换券”字样

（四）阳城县银号币一览表

面额	年度		票幅	主景		主色	
	正面	背面	（长×宽）mm	正面	背面	正面	背面
叁角	中华民国二十八年		111×58	湖边长廊（中）		紫红	草绿
伍角			111×59	湖边长廊			

（五）平顺县银号币一览表

面额	年度		票幅	主景		主色	
	正面	背面	（长×宽）mm	正面	背面	正面	背面
叁角			111×59	湖边长廊			
伍角	中华民国二十八年		111×59	湖边长廊（中）		绿	红

（六）晋城县银号币一览表

面额	年度		票幅	主景		主色	
	正面	背面	（长×宽）mm	正面	背面	正面	背面
叁角			111×59	湖边长廊			
伍角	中华民国二十八年		111×59	湖边长廊（中）		绿	紫红
伍角			119×60	亭（中）		紫红	棕

（七）沁水县银号币一览表

面额	年度		票幅	主景		主色	
	正面	背面	（长×宽）mm	正面	背面	正面	背面
伍角	中华民国二十九年		132×68	山村（右）		蓝	蓝

（八）陵川县银号兑换券一览表

面额	年度		票幅	主景		主色		备注
	正面	背面	（长×宽）mm	正面	背面	正面	背面	
贰角			114×55	庙宇与“每拾角兑换国币壹圆”（左）		绿	棕	票面上有“兑换券”字样
伍角	中华民国二十八年		109×62	湖边长廊		棕黑、黄	绿	票面上有“兑换券”字样
伍角	中华民国二十八年		112×58	亭（中）		红	蓝	票面上有“兑换券”字样
伍角	中华民国二十八年		123×62	天坛与“每拾角兑换国币壹圆”（左）		绿	蓝	票面上有“兑换券”字样
伍角			119×59	孙中山像（左）、“每拾角兑换国币壹圆”（中）		绿	绿	票面上有“兑换券”字样

（九）壶关县银号币一览表

面额	年度		票幅	主景		主色		备注
	正面	背面	（长×宽）mm	正面	背面	正面	背面	
贰角			111×56	树与房（中）		蓝	紫	“壶关县银号”在票面下方
伍角	中华民国二十八年		111×59	湖边长廊（中）		蓝	红棕	

（十）高平县银号币一览表

面额	年度		票幅	主景		主色	
	正面	背面	（长×宽）mm	正面	背面	正面	背面
叁角	中华民国二十八年		109×58	湖边长廊（中）		绿	棕
伍角			111×59	湖边长廊（中）			

（十一）晋高长陵壶五县银号兑换券一览表

面额	年度		票幅	主景		主色	
	正面	背面	（长×宽）mm	正面	背面	正面	背面
壹圆	中华民国三十一年		126×65	牌坊（右）		蓝	棕
贰圆	中华民国三十一年		127×65	面额（中）		绿	棕

抗日战争初期，晋西南各县发行过地方兑换券，由战斗出版社印制。面额大部分为贰角券，币面年份为“民国二十八年”（1939 年）。后加盖地名，有隰县、大宁（县）、灵石（县）、霍县、蒲县、洪洞（县）、赵城（县）、临汾（县）等。还有一种为伍角券、盖大宁（县）章，图案为楼。

1940 年，黎城县发行了金库流通券。

第八节　冀南银行币

一、冀南银行币一览表

面额	年度		票幅	主景		主色		备注
	正面	背面	（长×宽）mm	正面	背面	正面	背面	
拾枚	中华民国三十年	1941	75×42	十七孔桥、“公私款项，一律通用”（两侧）	花符	绿	绿	铜元券
拾枚	中华民国三十年	1941	75×42	十七孔桥、“公私款项，一律通用”（两侧）	花符	红	绿	同版异色铜元券
贰拾枚	中华民国三十年	1041	75×42	十七孔桥、“公私款项，一律通用”（两侧）	花符	棕	棕	铜元券
贰拾枚	中华民国三十年	1941	75×42	十七孔桥、“公私款项，一律通用”（两侧）	花符	绿	棕	同版异色铜元券

续表

面额	年度		票幅	主景		主色		备注
	正面	背面	（长×宽）mm	正面	背面	正面	背面	
壹角		1939	105×52	山中火车（左）、“公私款项 弌律通用”（隶书两侧）	图案	绿	绿	
贰角		1939	114×59	公路（右）、“公私款项 弌律通用”（隶书两侧）		中绿	中绿	
贰角		1939	117×71	火车（右）	图案、7个“20”	绿	金土黄	票面注“滏西”
贰角伍分	中华民国二十八年	1939	114×58	拱桥（左）	火车(中)	土红	土红	
伍角	中华民国二十八年	1939	113×61	箭楼（左）	山中火车(中)	中绿	赭石	
伍角		1939	125×64	火车（左）、“公私款项 弌律通用”（隶书两侧）		红		
壹圆	中华民国二十八年	1939	135×75	铜牛、亭阁、山峦（左）	轮船(中)	中绿	棕灰	
贰圆	中华民国二十八年	1939	135×76	庙宇（右）	五层楼房(中)	棕灰	土红	
贰圆	中华民国二十八年		135×76	庙宇（右）	五层楼房(中)	绿	土红	
叁圆	中华民国二十八年	1939	135×70	亭和山路（左）	城楼(中)	绿	红	
伍圆	中华民国二十八年	1939	152×78	火车（左）	尖楼与大街(中)	黄棕	褐	
伍圆	中华民国二十八年	1939	150×75	水上牌坊（右）、水上亭院（左）	轮船(中)	红	绿	票面标“太行”
伍圆	中华民国二十八年	1939	150×75	水上牌坊（右）、水上亭院（左）	轮船(中)	棕灰	土红	
伍圆	中华民国二十八年	1939	150×75	水上牌坊（右）、水上亭院（左）	轮船(中)	深绿	棕绿	
伍圆	中华民国三十四年	1945	107×50	水上建筑（右）	图案	绿	土红	
拾圆	中华民国二十八年	1939	145×71	火车（中）	屋、树	绿	红	

续表

面额	年度		票幅	主景		主色		备注
	正面	背面	（长×宽）mm	正面	背面	正面	背面	
拾圆	中华民国二十八年	1939	145×71	火车（中）	屋、树	褐	蓝	
拾圆	中华民国二十八年	1939	145×71	火车（中）	屋、树	绿	红	票面注“太岳”
拾圆	中华民国二十八年	1939	145×71	火车（中）	屋、树	褐	绿	票面注“太岳”
拾圆	中华民国二十八年	1939	143×69	火车（右）、箭楼（左）		淡红	灰	票面注“平原”
拾圆	中华民国二十八年	1939		火车（中）	屋、树	蓝	褐	票面注“太行”
拾圆	中华民国二十八年	1939		火车（中）	屋、树	蓝	蓝	
拾圆	中华民国三十四年	1945	116×50	火车（右）	图案	红	土黄	票面注“平原”
贰拾圆	中华民国二十八年	1939	132×69	楼房（左）	河坝（中）	紫	红	票面注“太岳”
贰拾圆	中华民国二十八年	1939	145×72	牌坊（中）	楼房（中）	深绿	红	票面注“平原”
贰拾圆	中华民国三十三年			厂房（左）				
贰拾伍圆	民国三十一年	1942	52×104	亭（上）	图案	绿	绿	竖式
贰拾伍圆	中华民国三十四年	1945	117×55	帆船（中）、塔（右）	房屋（中）	浅紫	绿	背印“平原”
伍拾圆	中华民国二十八年	1939	155×74	天坛（右）	宫殿	红	浅蓝	
伍拾圆	中华民国二十八年	1939	155×74	天坛（右）	宫殿	红	浅蓝	票面注“太行”
伍拾圆	中华民国二十八年	1939	155×74	天坛（右）	宫殿	红	浅蓝	票面注“太岳”
伍拾圆	中华民国二十八年	1939	148×71	高塔（右）	花符	绿	红	票面注“平原”
伍拾圆	民国三十一年	1942	52×107	火车（上）	图案	土红	蓝	竖式
伍拾圆	中华民国三十三年	1944	155×74	天坛（右）	宫殿	红	绿	
伍拾圆	中华民国三十三年	1944	155×74	天坛（右）	宫殿	红	绿	票面注“太行”
伍拾圆	中华民国三十四年	1945	127×62	火车（右）	庭、院（左）	绿	绿	
伍拾圆	中华民国三十四年	1945	127×62	火车（右）	庭、院（左）	绿	灰	
伍拾圆	中华民国三十四年	1945	127×62	火车（右）	庭、院（左）	绿	灰	票面注“太岳”
伍拾圆	中华民国三十四年	1945	127×62	火车（右）	庭、院（左）	绿	灰	票面注“平原”
壹佰圆	中华民国二十八年	1939	154×75	水面与牌坊（中）	火车（中）	蓝	红	
壹佰圆	中华民国二十八年	1939	154×75	水面与牌坊（中）	火车（中）	蓝	红	票面注“太行”

续表

面额	年度		票幅	主景		主色		备注
	正面	背面	（长×宽）mm	正面	背面	正面	背面	
壹佰圆	中华民国二十八年	1939	154×75	水面与牌坊（中）	火车(中)	蓝	红	票面注“太岳”(字有红、蓝两种)
壹佰圆	民国三十一年	1942	55×105	牌坊	图案	土红	浅蓝	竖式
壹佰圆	中华民国三十一年	1942	117×53	3人农作（左）	马拉犁(左)、提水(右)	土黄	浅绿	
壹佰圆	中华民国三十三年		152×75	水面与牌坊（中）		群青	棕	票面注“太行”
壹佰圆	中华民国三十四年	1945	130×65	楼台（中）	图案	土黄	钴蓝	
壹佰圆	中华民国三十四年	1945	130×65	楼台（中）	图案	土黄	钴蓝	票面注“平原”
壹佰圆	中华民国三十四年	1945	130×65	楼台（中）	图案	土黄	钴蓝	票面注“太岳”
壹佰圆	中华民国三十四年	1945	121×64	塔（中）	城楼（中）	钴蓝	红	票面注“平原”
壹佰圆	民国三十五年	1946	135×65	牌坊（中）	天坛（中）	绿	棕	
贰佰圆	中华民国三十一年	1942	115×52	浇水（左）	亭（中）	棕灰	蓝	
贰佰圆	中华民国三十一年	1942	115×52	浇水（左）	亭（中）	蓝	棕	
伍佰圆	中华民国三十一年	1942	118×55	箭楼（左）	庙门与亭（中）	蓝	棕	
伍佰圆	中华民国三十四年	1945	136×66	耕地图（中）	小轮船（中）	红	蓝	另有面黄背蓝、面灰绿背土红、面浅绿背咖啡3种
伍佰圆	中华民国三十五年	1946	128×59	火车与教堂（中）	图案	绿	浅灰	
伍佰圆	中华民国三十七年	1948	124×58	火车（中）	塔（左）	紫红	紫红	
伍佰圆	中华民国三十七年	1948	125×54	割麦（右）	6个“500”、中间一个“伍百圆”	红棕	蓝	
伍佰圆	中华民国三十七年	1948	125×59	马车（右）	图案	浅棕	灰	
壹仟圆	中华民国三十一年	1942	142×66	火车（中）	牌坊（中）	绿	棕	背面有浅红、浅灰
贰仟圆	中华民国三十七年	1948	123×54	火车（右）	图案	绿黄	深棕	

二、冀南银行本票一览表

面额	年度		票幅（长×宽）mm	主景		主色		备注
	正面	背面		正面	背面	正面	背面	
壹佰圆	“至民国三十二年十二月三十一日前为本票使用期间”		164×80	楼（左）	本票使用六条说明			
贰佰圆	“至民国三十二年十二月三十一日前为本票使用期间”		160×80		本票使用六条说明			
贰佰圆			153×73	山峦与村舍（中）	“此票在冀南区公私款项一律通用自民国三十三年十月一日起至民国三十四年九月停止使用 持票向各地银行及公营商店兑换冀钞”			票面注“平原”
贰佰圆	中华民国三十二年		172×88	水面与塔（左）、“出票日中华民国三十二年九月十五日 到期日中华民国三十三年六月三十日”、“凭票即付 一律通用”		红		
伍佰圆	中华民国三十二年		159×78	水面与塔（左）、“出票日中华民国三十二年九月十五日 到期日中华民国三十三年六月三十日”、“凭票即付 一律通用”		蓝		
伍佰圆			154×69	村舍（中）		紫		票面注“平原”
伍佰圆	中华民国三十二年		143×73	房、亭、树（左），“出票日中华民国三十四年一月初 到期日中华民国三十四年十二月底”		紫		
伍佰圆	中华民国三十四年		148×75	房、亭、树（左），“出票日中华民国三十五年一月初 到期日中华民国三十五年十二月底”		绿		
壹仟圆	中华民国三十二年	中华民国三十三年六月三十日	167×80	水面与塔（左）、“出票日中华民国三十二年九月十五日 到期日中华民国三十三年六月三十日”、“凭票即付 一律通用”		绿		

八路军一二九师于1937年8月创建了晋冀豫抗日根据地，1938年5月进入冀南，建立了冀南抗日根据地，于1939年初在河北省南宫县一带开始冀南银行的成立筹备工作。冀南银行于1939年10月15日在山西省黎城县小寨村和河北省南宫县的后索泸同时成立，同日开始发行冀南银行币（简称“冀钞”）。首任总经理（行长）为高捷成（高捷成于1943年5月14日在反“扫荡”中壮烈牺牲，时年34岁。第二任行长为赖勤，积劳成疾，于1945年6月9日不幸去世，胡景澐接任第三任行长）。经理（驻南宫，称“路东行”）赖勤，副经理胡景澐。冀钞自1939年10月15日开始发行，抗战胜利后，冀钞进一步扩大到冀鲁豫区，成为整个晋冀鲁豫边区法定的本位币。1941年2月3日，“冀太联办”颁发布告，确定冀钞为冀南、太行、太岳三大战略区的法定本位币。从1943年2月开始，冀南银行曾实行分地区发行货币，相互间不许流通的管理办法，即在票面上加印地区字样，如“太行”、“太岳”、“平原”字样的货币，一律等值流通。

三、太岳区经济局商业流通券一览表

面额	年度		票幅（长×宽）mm	主景		主色		备注
	正面	背面		正面	背面	正面	背面	
伍圆	民国三十四年	1945	50×96	“伍圆”图案	三条文字说明	浅蓝	红	竖版
伍拾圆	民国三十四年	1945	58×118	“伍拾圆”图案	三条文字说明	蓝	红	竖版
壹佰圆	民国三十四年	1945	62×127	“壹佰圆”图案	三条文字说明	紫	紫	竖版

1943年，晋冀鲁豫边区在太岳区设定冀南银行太岳分行。为了弥补冀南银行票币的不足，太岳区以经济局的名义发行太岳区经济局商业流通券。规定，此流通券壹圆相当于冀南银行（太岳版）票币壹圆，并随时与冀南银行票币相兑换。

四、冀南农民合作社兑换券一览表

面额	年度		票幅（长×宽）mm	主景		主色	
	正面	背面		正面	背面	正面	背面
壹分							
伍分	中华民国二十九年		90×48	房与树（左）、“积成百分　兑换壹元”（两侧竖写）	“公私款项　一律通用”（下两侧横写）	绿	褐
壹角		中华民国二十九年	94×51	“积成拾角　兑换壹元”（两侧竖写）	图案	棕	浅蓝

续表

面额	年度		票幅	主景		主色	
	正面	背面	（长×宽）mm	正面	背面	正面	背面
贰角		中华民国二十九年	110×60	“积成拾角　兑换壹圆”（两侧竖写）	图案、“公私款项　一律通用”（下两侧横写）	红棕	咖啡
伍角	中华民国二十九年		100×63	牌坊（右）、“积成拾角　兑换壹圆”（两侧竖写）	“公私款项　一律通用”（上下横写）	紫	浅红
伍角			107×66			蓝	蓝

第九节　苏南、苏北根据地货币

1937 年 12 月，根据中国共产党与国民党达成的协议，将湘、赣、闽、粤、浙、鄂、豫、皖八省边界地区的红军和游击队改编为国民革命军陆军新编第四军。1938 年陈毅等率新四军第一、二支队开始创建苏南根据地。自 1938 年 8 月起，相继发行了“访仙镇货币流通券”、“江南商业货币券”、“马迹山临时流通券”、“惠农银行币”、“江南银行币”、“溧阳县流通券”、“宜溧县政府财政经济局金融流通券”、“溧高县韩固区辅币券”、“溧水城区金融调剂委员会流通券”、“水北镇商业流通券”、“茅东临时流通券”、“句容县临时流通券”、“金坛县辅币券”、“双溪商用券” 等。

一、访仙镇货币流通券一览表

面额	年度		票幅	主景		主色	
	正面	背面	（长×宽）mm	正面	背面	正面	背面
壹角	中华民国二十八年八月		106×53	帆船	印章	蓝	咖啡
贰角					印章		
壹圆	中华民国三十一年			孙中山像			

1939 年 8 月，为解决市场辅币短缺和部队给养，发行了该券，初发壹角、贰角两种，用重磅道林纸石印，在丹阳城北一带流通。为保护持票人，防止被日寇和汪伪人员迫害，票面未署发行机关名称。只有江南抗日义勇军挺进纵队财政经济委员会负责人管文炳的“文炳” 两字的英文签字。1939 年发现假票，随即兑回，停止发行。1942 年又在丹北游击区发行有孙中山像的壹圆货币流通券。1945 年 8 月，新四军北撤后停止流通。

二、江南商业货币券一览表

面额	年度		票幅	主景		主色	
	正面	背面	（长×宽）mm	正面	背面	正面	背面
壹角	中华民国廿九年	1940	98×56	寺院	花符	红	绿
贰角	中华民国廿九年	1940	102×58	山门	花符	蓝	棕
伍角	中华民国二十九年		127×63	花心、“每拾角兑换国币壹圆”	花符	红	黄
壹圆							
伍圆							
拾圆							

1940 年苏南第二区经济委员会建立后，为取缔市场旧有代价券，委托上海一家私人印刷厂印制了一批江南商业货币券半成品。1941 年运至根据地后，在无锡东涂的一条船上加印币名、号码和印章。4 月 18 日，采取收取江南商业货币基金券基金付给江南商业货币券的办法投放市场。共有壹角、贰角、伍角、壹圆、贰圆 5 种，流通于苏州、常熟、太仓等地。1941 年 6 月，敌人进攻前，以所收基金兑回，停止发行。

三、马迹山临时流通券一览表

面额	年度		票幅	主景		主色	
	正面	背面	（长×宽）mm	正面	背面	正面	背面
伍分			51×41		花符	黄	红

1941 年 1 月，国民党发动“皖南事变”，进攻惨杀新四军。新四军改编为 7 个师，第六师谭震林部活动于苏南。1942 年 8 月，在无锡太湖西北的马迹山上设立办事处，不久又改建为马迹山军政委员会，发行了马迹山临时流通券，已见伍分券一种，无年度。1943 年 9 月，新四军撤离马迹山，停止流通。

四、惠农银行币一览表

面额	年度		票幅	主景		主色	
	正面	背面	（长×宽）mm	正面	背面	正面	背面
壹角							
贰角							
伍角							
壹圆	民国三十二年			花心	莲花		
伍圆	中华民国三十一年印	1942		农村风景	花卉、5	红	红
拾圆							

五、惠农银行流通券一览表

面额	年度		票幅	主景		主色	
	正面	背面	（长×宽）mm	正面	背面	正面	背面
伍角							
壹圆							

1942 年 12 月，江南行政委员会财经处筹建的惠农银行在丹阳县延陵镇成立，先后发行壹角、贰角、伍角、壹圆、伍圆、拾圆本币券和伍角、壹圆两种流通券，流通于茅山东部和金坛等地。本币券与法币的比价为 1∶5，流通券与法币的比价为 1∶1，使用脚蹬印刷机印刷。1943 年 5 月 6 日，斗争形势恶化，惠农银行收回了本币券。同年 10 月，惠农银行停办后，流通券由江南行政委员会财经处收回。

六、江南银行币一览表

面额	年度		票幅	主景		主色	
	正面	背面	（长×宽）mm	正面	背面	正面	背面
壹圆	中华民国三十四年	1945	108×56	农田插秧	光芒	蓝	红
伍圆	中华民国三十四年	1945	108×56	桥与原野和房舍（左）	花符	红	绛

七、江南银行江宁办事处辅币券一览表

面额	年度		票幅	主景		主色	
	正面	背面	（长×宽）mm	正面	背面	正面	背面
贰角			90×55	石印、稻穗、“积存五张兑换抗币壹圆”、印有“湖熟”地名	两条说明	红	红
伍角			88×53	梅花、稻穗、“积存两张兑换抗币壹圆”、印有“湖熟”地名	两条说明	红	红

1945 年 6 月，苏南行署设立江南银行，发行了壹圆、伍圆货币；江南银行下设江宁办事处，发行了“江南银行江宁办事处辅币券”，已见贰角、伍角两种。同年 8 月，新四军北撤，江南银行用黄金、布匹、粮食等物资通过商业部门兑回江南银行币大部分。北撤后江南银行并入华中银行，由华中银行收回江南银行币。

八、溧阳县流通券一览表

面额	年度		票幅	主景		主色	
	正面	背面	（长×宽）mm	正面	背面	正面	背面
伍角	中华民国三十四年		110×65	五角星与稻穗（中）	伍角、“此券两张兑换抗币壹元”、“此券只限溧阳县流通”	土黄	

九、宜溧县政府财政经济局金融流通券一览表

面额	年度		票幅	主景		主色	
	正面	背面	（长×宽）mm	正面	背面	正面	背面
伍角	中华民国卅四年		88×60	伍角、“本券只限在本县流通”、“积拾角兑换抗币壹元”	印章	蓝、紫	

十、溧高县韩固区辅币券一览表

面额	年度		票幅	主景		主色	
	正面	背面	（长×宽）mm	正面	背面	正面	背面
壹角					说明	绿	

十一、金坛县辅币券一览表

面额	年度		票幅	主景		主色	
	正面	背面	（长×宽）mm	正面	背面	正面	背面
伍角	中华民国三十四年		96×60	花心	4 条说明：“1 本券限于金坛县辖境流通 2 本券两张合抗币壹元 3 本券除通货外完粮纳税一律通用 4 本券以县负责人加盖印章为凭”	红	红

十二、茅东临时流通券一览表

面额	年度		票幅（长×宽）mm	主景		主色	
	正面	背面		正面	背面	正面	背面
伍角	中华民国三十四年印	1945	128×68	花符、“此流通券暂代抗币完粮纳税一律通用”	光芒	蓝	褐

十三、句容县临时流通券一览表

面额	年度		票幅（长×宽）mm	主景		主色	
	正面	背面		正面	背面	正面	背面
壹角	中华民国卅四年			桥			
贰角	中华民国卅四年			桥			
伍角	中华民国卅四年			桥			

1945 年随着抗战形势迅速发展和抗日根据地的不断扩大，为解决根据地货币不能满足需要的问题，溧阳县民主抗日政府发行了“溧阳县流通券”，在当地流通，已见伍角一种，以土黄纸印刷。宜溧县政府财政经济局发行了面额伍角的金融流通券，以弥补辅币的不足。溧高县韩固区发行了面额壹角的辅币券（土黄纸印制）。金坛县发行了伍角的辅币券。茅东抗日民主政府发行了面额伍角的“茅东临时流通券”。句容县抗日民主政府发行的临时流通券有壹角、贰角、伍角 3 种。这些流通券和辅币券均以江南银行币为本位等值行使。1945 年 8 月，新四军北撤后，均停止流通。

十四、苏北流通券一览表

面额	年度		票幅（长×宽）mm	主景		主色		备注
	正面	背面		正面	背面	正面	背面	
伍角	中华民国二十九年		127×63	花心	花符	红	黄	用江南商业货币券改制

1941 年苏南新四军驰援苏北，曾携带一批江南商业货币券到苏北，加印“苏北流通券”后，投放苏北根据地市场。已见伍角一种（票面上还加印“抗币伍角”字样）。1942 年盐阜银行币和淮海地方银行币发行后，停止发行。

十五、淮海地方银行币一览表

面额	年度		票幅	主景		主色		备注
	正面	背面	（长×宽）mm	正面	背面	正面	背面	
贰角						黑赭	黑赭	未见实物
伍角	民国三十年			耕作	花符	蓝	棕	
壹圆	民国三十一年		127×66	寺庙（中）	塔（中）、“BANK OF HWAIHAI DISTRICT”（中上）	蓝	棕	

1941 年 6 月，淮海行政公署设立淮海地方银行，发行面额伍角的货币，流通于江苏省涟水、淮阴、灌南、泗洪、沭阳县一带部分地区。1942 年 8 月 10 日开始发行壹圆券，1942 年 10 月 25 日开始发行贰角券。三种面额的货币发行均通过收购物资和发放贷款的方式进行。淮海币的信誉很高，1 元货币可以买 4 斤大米，或当 5 元法币行使，5 元淮海币可以兑一块银元。1942 年 12 月下旬，敌人入侵淮海地区，地方银行遭到破坏，未发银行币受到损失。为防止敌人利用该币套购根据地物资，淮海行政公署随即宣布停止使用，并于 1943 年 3 月以征收公粮代金和税收的方式收回已发货币。

十六、盐阜银行币一览表

面额	年度		票幅	主景		主色		备注
	正面	背面	（长×宽）mm	正面	背面	正面	背面	
壹角	民国三十一年	1942	42×78	花心		咖啡	咖啡	竖式
壹角		1942		花心		咖啡	咖啡	
贰角	民国三十一年	1942	79×44		3 个“20”	咖啡	咖啡	
贰角		1943	99×51	帆船	花符	蓝	紫	
贰角		1945	85×46	山村	花符	酱	酱	
伍角	民国三十年			耕作	花符	蓝	棕	用淮海地方银行币改制
伍角	民国三十一年	1942	52×84	工农商学兵	牛拉车草	红	红	竖式
伍角	民国三十四年	1945	104×58	耕作版画	花符	蓝	蓝	
壹圆	中华民国三十年	1941	125×62	纪念塔（中）	花符	绿	咖啡	另有棕版
壹圆	中华民国三十一年	1942	113×78	工农商学兵	牛拉车草	蓝	蓝	
壹圆	中华民国三十一年	1942	120×61	工农商学兵	牛拉车草	蓝	蓝	
壹圆	中华民国三十三年	1944	110×60	耕作	花符	蓝	咖啡	
壹圆	中华民国三十三年	1944	125×63	耕作	花符	咖啡	咖啡	

续表

面额	年度		票 幅（长×宽）mm	主景		主色		备注
	正面	背面		正面	背面	正面	背面	
壹圆		1945	123×63	耕作	花符	蓝	蓝	
贰圆	中华民国三十年	1941	127×65	纪念塔	花符	蓝	咖啡	用壹圆券改制，另有面灰背紫版
伍圆	中华民国三十年	1941	127×65	纪念塔	花符	蓝	咖啡	用壹圆券改制，另有面灰背紫版
伍圆	中华民国三十年	1941	114×60	耕作（右）、锄地（左）	花符	蓝	蓝	
伍圆	中华民国三十一年			工农商学兵5人（右）				
伍圆	民国三十三年	1944		版画　水牛拉犁（右）	五角星			
伍圆	民国三十三年	1944		版画　水牛拉犁（左）	五角星			
伍圆	民国三十四年	1945		农耕（全景）				
拾圆	中华民国三十年	1941		纪念塔与“抗票”（中）	花符			

十七、盐阜银行本票一览表

面额	年度		票 幅（长×宽）mm	主景		主色		备注
	正面	背面		正面	背面	正面	背面	
壹佰圆	中华民国三十二年			城楼	注意事项			竖式
贰佰圆								

1941年9月，新四军军部决定撤销江淮银行后，骆耕漠被任命为盐阜行政公署财经处长，留有一批开办银行的骨干。盐阜银行成立之前的1941年10月11日，盐阜区行署颁布了《殷实商号发行辅币券办法》，推动各地殷实商号发行辅币券。1942年春天，经阜宁县民主政府财经科长批准，益琳商会首先发行了惠商钱号的竹筹子，用毛竹片制成，长三市寸，宽六市分，厚二市分，正面上部烙有惠商钱号的火印，下面烙有伍分、壹角、贰角火印，背面烙有商会会长名字的汉文楷书和拉丁文字拼音火印。之后，阜东县发行了伍角币5万元、八滩发行了阜东县第四流通券3万元、盐城县发行了大合作总社贰角流通券、

阜东县大众合作社发行了壹角和贰角流通券。

1942 年 4 月 10 日，盐阜区行政公署设立盐阜银行，董事长曹获秋（行署主任兼任），总经理（行长）骆耕漠。4 月 16 日开始发行本币券，已见壹角、贰角、伍角、壹圆、贰圆、伍圆、拾圆 7 种面额，24 种版别。青年艺术家、雕刻家鲁莽负责票面设计，有以工农兵学商群体像为主体（伍圆券、壹圆券正面有工农商学兵群像），也有以新四军抗日烈士塔为背景，还有农民一手扶犁梢、以手执牛鞭的图案。其中牛耕图案特别受群众欢迎，被誉为“小牛票子”。创作来源是有一次行署主任宋乃德外出在地下交通员王其田家吃饭时，王其田高兴地用筷子蘸菜汤在桌上随意画出一幅小牛耕地图，宋主任看后很高兴，就拿出笔记本请王其田画了下来，带回来请小画家王德威作些补充，送给陈毅审定后制版。印票子的用纸，由于到上海等敌占区直接购买十分困难，因此多用桑树皮和棉籽壳做原料制造的纸张和灰白土纸、牛皮纸、道林纸，影响了印钞质量，但群众信誉很高。1945 年并入华中银行，停止发行，已发券与“华中银行币”等值混合流通。1946 年由华中银行收回，共收回 3500 万元。

1943 年为适应大额交易的需要，经盐阜行政公署批准，盐阜银行发行了面额壹佰圆、贰佰圆的两种本票。规定 100 元折合法币 500 元，规定本票完粮纳税与盐阜银行币一律通用。1946 年由华中银行收回。

1943 年为解决盐阜银行币供不应求问题，经盐阜行政公署批准，由盐阜银行发行，在锯木图江淮银行 1941 年壹圆券上，正面加印蓝色“盐阜”、红色“作伍圆”，背面加印黑色“作抗币伍圆”字样。由江淮印钞厂代印。1946 年由华中银行收回。

十八、阜东县第四区流通券一览表

面额	年度		票幅	主景		主色		备注
	正面	背面	（长×宽）mm	正面	背面	正面	背面	
伍角	中华民国三十年印		62×104	孙中山半身肖像	花符、“此券在本市境内一律通行”	蓝	蓝	竖式

十九、盐城县合作总社流通券一览表

面额	年度		票幅	主景		主色	
	正面	背面	（长×宽）mm	正面	背面	正面	背面
壹角	中华民国三十四年		101×65				
伍角							
壹圆							

1941 年阜东县第四区发行过伍角流通券、阜东县大众合作社发行壹角券；1942 年盐城县阜东县大众合作社发行贰角流通券，便仓公司兴粮行发行了担户工资贰角券、盐城县大合作总社发行贰角券。上述各流通券除阜东县第四区发行过伍角流通券为棉白纸、钢版印刷外，其余均为道林纸、木刻版。

1945 年为解决盐阜银行币不能满足迅速扩大市场的需要，盐城县合作总社发行了壹角、伍角、壹圆流通券。

第十节　江淮银行币

自 1938 年 4 月起，日本侵略者的飞机对盐城狂轰滥炸，西大街连烧七天七夜，成为一片废墟。盐阜区的淮安、阜宁、盐城三个老县城和少数大集镇分设的中国银行、交通银行等分支机构全部关闭，6 家典当行、7 家钱庄也先后关闭和停业。其后长达 3 年时间，社会上流通货币短缺，辅币不足，群众对货币、资金的需求无从调剂。1940 年 10 月 10 日，八路军、新四军会师于盐城，盐阜各县相继建立了抗日民主政府。“皖南事变”后，1941 年 1 月，中共中央华中局在盐城召开各战略区党政军主要负责人会议。1 月 28 日，在苏北盐城重建新四军军部。新四军政委刘少奇说：“现在国民党不但不给我们一支枪，一颗弹，一文钱，相反天天计算如何把我们消灭掉。……我们建立自己的政权，就可以自己制造枪炮弹药，自己发行钞票，自己收税，不依靠任何人。”新四军第一师由粟裕任师长，刘炎为政委，活动于苏中根据地，除发行“江淮银行币”和江淮银行各支行流通券外，各行政区县抗日政权还发行了在本地流通的流通券。

1941 年 4 月 1 日，新四军军部在盐城设立了华中区级银行江淮银行，行名由刘少奇确定。新四军财政部长朱毅兼任行长。由于敌人进攻，7 月 20 日成立不久总行即停止活动，随新四军军部转移，部分人员由副行长骆耕漠就近补充到新四军第三师和所辖的盐阜区，为以后组建盐阜银行提供了骨干力量。李人俊副行长赴新四军一师和所辖苏中地区，不久建立了江淮银行的分支机构。此后，新四军第二师在淮南区建立淮南银行，新四军第四师在淮北区组建淮北地方银行，新四军第五师在鄂豫皖地区创建建设银行，新四军第六师在苏南区组建江南银行，新四军第七师在皖江区组建大江银行，浙东纵队组建浙东银行。

1941 年 6 月设立江淮银行苏中分行，下设第一、二、三、四、五支行。11 月 1 日，发行“江淮银行币”。已见江淮银行无地名币、苏中地名币、江淮银行苏浙地名币货币，已见贰角、伍角、壹圆、伍圆、拾圆、贰拾圆 6 种面额，16 种版别，票版多在上海制作，质量很高，图案设计有毛泽东肖像等。三种伍圆券中，有两种由 1941 年版壹圆券改制，其中蓝版另加印“作伍圆”。拾圆券正面写有“大中华民国三十三年印”，中华民国加“大”字，是独一无二的。每次发行，都有新券与法币的比价，起初是 1:10，后为 1:12，

1944 年 9 月 16 日规定 1∶50。

还发行第一支行币、第三支行币、第三支行流通券、五分区支行流通券、东南办事处代价券和苏中四支行东南办事处本票。这些主要是为了解决辅币短缺，“江淮银行币”供不应求的问题。

1945 年 8 月，江淮银行苏中分行改组为华中银行第一、第二分行，“江淮银行币”停止发行。1946 年 6 月，由华中银行收回，共收回 300 余万元。

一、江淮银行浙东地区地名币一览表

面额	年度		票幅	主景		主色	
	正面	背面	（长×宽）mm	正面	背面	正面	背面
壹圆	中华民国三十年	1941	128×65	锯木	花符	蓝	红
拾圆	中华民国三十三年	1944	127×66	织布	稻田	蓝	赭

1944 年 12 月，粟裕率新四军第一师过江南下苏南，携带了 200 包江淮银行币。为便于当地人民接受，在钞票背面加印“苏”、“浙”两字，投放市场。这一货币共有锯木图 1941 年印壹圆券和织布图 1944 年印拾圆券两种。壹圆券背面为胡服（刘少奇）的签字。1945 年 8 月，新四军北撤后，停止流通。

二、江淮银行无地名币一览表

面额	年度		票 幅	主景		主色		备注
	正面	背面	（长×宽）mm	正面	背面	正面	背面	
贰角	中华民国卅一年	1942	104×52	帆船	花符	绿	紫红	
贰角	中华民国卅二年	1943	104×52	帆船	花符	蓝	红	
伍角	中华民国三十年		101×53	水牛耕田（大、左）	花符	蓝	黄红	
伍角	中华民国卅二年	1943	104×52	牛耕田（小、右）、山村全景	花符	浅蓝	红	
壹圆	中华民国卅二年	1943	116×61	楼	花符	红	蓝	
壹圆	中华民国三十三年	1944	115×60	浇田（左）	梅花、五角星	青	棕	
壹圆	中华民国三十三年	1944	108×56	插秧与农田全景	耕田	青	青	另有黄版
伍圆	中华民国三十四年印		115×56	村景、桥	额	红	棕	
贰拾圆	中华民国三十三年	1944		毛泽东像（右）	花符	蓝	棕	另有棕版

三、江淮银行苏中地名币一览表

面额	年度		票幅（长×宽）mm	主景		主色		备注
	正面	背面		正面	背面	正面	背面	
壹圆	中华民国三十年	1941	128×63	锯木与农田（中）、“凭票掉付国币壹元”（中下）	花符	蓝	棕	正面有“苏中”
壹圆	中华民国卅二年	1943	116×61	工厂大楼（中）	花符	红	青莲	正面有“苏中”
壹圆作伍圆	中华民国三十年	1941	128×63	锯木与农田	花符		红	正面有“苏中”“抗币”
壹圆作伍圆	中华民国三十年	1941	125×63	锯木（中）、两个“苏中”（两边下）	花符	红	青	正面有“苏中”
壹圆作伍圆	中华民国三十年	1941	127×62	锯木（中）、两个“盐阜”（两边下）	花符	蓝	红	正面有“盐阜”
伍圆	中华民国三十三年	1944	125×62	毛泽东像（右）	长城（右边）	蓝	枣红	正面有“苏中”
拾圆	大中华民国三十三年	1944	128×67	织布（左）、汽车（右）	稻田与村落（中）	绿	赭	背面“苏浙”

四、江淮银行苏中第一支行币一览表

面额	年度		票幅（长×宽）mm	主景		主色	
	正面	背面		正面	背面	正面	背面
贰角	中华民国三十二年		96×55	戴斗笠及方孔钱3枚	“20”	蓝	绿

五、江淮银行苏中第三支行币一览表

面额	年度		票幅（长×宽）mm	主景		主色	
	正面	背面		正面	背面	正面	背面
伍角	中华民国卅二年	1943	116×61	帆船（全景）	花符	绿	红
伍角		中华民国卅二年	122×65	插稻（右）	花符、“苏中第三支行发行”	灰	茶
壹圆	中华民国卅四年八月	1945	117×61	庭院	花符、“苏中第三支行”	藏蓝	藏蓝

六、江淮银行五分区支行流通券一览表

面额	年度		票幅	主景		主色	
	正面	背面	（长×宽）mm	正面	背面	正面	背面
壹圆	中华民国三十四年		118×56	两个五角星	11个五角星	紫	姜黄

七、江淮银行东南办事处代价券一览表

面额	年度		票幅	主景		主色	
	正面	背面	（长×宽）mm	正面	背面	正面	背面
伍圆	1945		130×63	插秧		棕红	
拾圆	1945		123×63	稻黍	稻黍	棕红	棕红
拾圆	1945			插秧		棕红	

八、江淮银行苏中三支行本票一览表

面额	年度		票幅	主景		主色	
	正面	背面	（长×宽）mm	正面	背面	正面	背面
壹佰圆	中华民国三十四年五月十八日						

九、江淮银行苏中四支行东南办事处本票一览表

面额	年度		票幅	主景		主色	
	正面	背面	（长×宽）mm	正面	背面	正面	背面
伍圆	1945	中华民国三十四年八月	105×65	扛枪战士（右）	苏中第四行政专员梁灵光（章）、兼行长马一行（章）、兼副行长金逊（章）		
伍圆		中华民国三十四年九月			南通县长（章）、财经局长（章）、副局长（章）		

第十一节　苏中地方流通券

1944年下半年，我军转入战略进攻，日军节节败退。各抗日政府发行了更多的地方流

通券。目前见到的有“高邮县辅币流通券”（壹角、贰角、伍角），“苏中第四行政区流通券”，“江都县流通券”，“江都河南流通券”，“兴化县流通券”（壹角），“东台县流通券”（壹角），“泰兴县流通券”，“泰兴公营商店流通券”，“南通县流通券”，“江高宝兴流通券”，“如泰靖流通券”，“东南流通券”，“江淮流通券”等。这些流通券均与“江淮银行币”等值行使，1946年华中统一货币时，由华中银行收回，共计收回流通券340万元。

一、高邮县辅币流通券一览表

面额	年度		票幅	主景		主色	
	正面	背面	（长×宽）mm	正面	背面	正面	背面
壹角	中华民国三十二年			割草	花符	黑	暗红

二、苏中第四行政区流通券一览表

面额	年度		票幅	主景		主色	
	正面	背面	（长×宽）mm	正面	背面	正面	背面
伍角作壹圆	中华民国三十三年		101×51	牛头（右）	花符	红	赭

三、江都县流通券一览表

面额	年度		票幅	主景		主色	
	正面	背面	（长×宽）mm	正面	背面	正面	背面
伍圆	中华民国三十三年	1944	142×71	耕作、插稻	“5”、“FIVE YUAN”	紫、黄	土黄

四、江都河南流通券一览表

面额	年度		票幅	主景		主色	
	正面	背面	（长×宽）mm	正面	背面	正面	背面
壹角	中华民国卅三年	1944	99×53	浇田（右）	花符	蓝	红

五、兴化县流通券一览表

面额	年度		票幅	主景		主色	
	正面	背面	（长×宽）mm	正面	背面	正面	背面
壹角	中华民国三十三年	1944	110×59	渔船	花心	蓝	红

六、东台县流通券一览表

面额	年度		票幅	主景		主色	
	正面	背面	（长×宽）mm	正面	背面	正面	背面
壹圆	中华民国三十三年	1944	110×60	耕田	花符	紫	红

七、泰兴县流通券一览表

面额	年度		票幅	主景		主色		备注
	正面	背面	（长×宽）mm	正面	背面	正面	背面	
壹圆		1945	102×56	花符、“江淮银行泰兴办事处印”	花符，“KIAN GHWAI BANK OF CHIAN”	红	蓝	另有面蓝背棕版等两种
壹圆	民国卅四年		135×74	树与房（左）、水边林木（右）、“江淮银行泰兴办事处印”（下）	水边树（右）、“本券临时性质近因市场上单钞缺乏暂以此券流通一俟市面通畅印行照数收回唯本券加盖印章为凭涂改伪造呈请究办”（左）	蓝	酱	

八、泰兴公营商店流通券一览表

面额	年度		票幅	主景		主色	
	正面	背面	（长×宽）mm	正面	背面	正面	背面
壹圆	中华民国卅三年八月		99×59	耕田		红	

九、南通县流通券一览表

面额	年度		票幅	主景		主色	
	正面	背面	（长×宽）mm	正面	背面	正面	背面
壹圆	中华民国三十四年	1945	105×54	帆船	花符、“ONE DOLLAR”	棕红	红

十、江高宝兴流通券一览表

面额	年度		票幅（长×宽）mm	主景		主色		备注
	正面	背面		正面	背面	正面	背面	
伍角	中华民国三十四年	1945	88×51	耕田	花符	蓝	红	另有面蓝背棕版等两种
壹圆	中华民国三十四年	1945	110×58	吊车、火车、轮船	花符	红	蓝	

十一、如泰靖流通券一览表

面额	年度		票幅（长×宽）mm	主景		主色	
	正面	背面		正面	背面	正面	背面
壹圆	中华民国三十四年	1945	106×55	轮船（右）、帆船（左）	花符	棕红	蓝

十二、东南流通券一览表

面额	年度		票幅（长×宽）mm	主景		主色		备注
	正面	背面		正面	背面	正面	背面	
壹圆	中华民国三十四年	1945	107×52	锄地（左）、耕田（右）	花符	棕	红	另有面赭背黄版

十三、江淮流通券一览表

面额	年度		票幅（长×宽）mm	主景		主色		备注
	正面	背面		正面	背面	正面	背面	
伍圆	中华民国三十四年	1945	120×70			黄	黄	主景不清

第十二节 淮北、淮南根据地货币

一、淮北

1939 年春天，彭雪枫率新四军游击支队进驻淮北地区，创建淮北根据地。“皖南事变”后，被改编为新四军第四师，建立淮北公署。虽是国共合作时期，但是部队不但得不到国民党政府的粮饷，还受到国民党顽固派的封锁、打击和围剿。无论是司令员还是战士经常在饥荒困苦中过日子，每天是三分钱的菜金，吃的是无盐无油的糠菜粗饭。为了生存和战斗，开始靠与当地士绅周旋募捐。刘少奇从延安到达竹沟，坐镇中原前线，主持中原局工作后，传达中央的指示精神，要在敌后建立抗日政权，征粮征税，不要再募捐了，靠募捐不行。为了解决新四军游击支队和抗日政府的财政困难，1939 年 7 月，中共豫皖苏省委和新四军游击支队政治部共同决定，由各县印制发行流通券。先后发行萧县地方流通券、夏邑县地方流通券、永城县流通券与地方纸币。流通券的发行不仅初步解决了新四军游击支队和地方武装必不可少的抗日经费，支持了敌后根据地建设，同时对于驱逐伪币，保护人民经济利益，活跃根据地金融市场起了很重要的作用。原豫皖苏边党委副书记周季方说，由于我们学会了收税，收公粮，又学会了发票子，把粮食问题、衣服问题解决了；我们对根据地的经济工作开始不懂，经过这一段的实践，就慢慢学会了，这是抗日根据地巩固和发展的重要条件。

1939 年 5 月，中共永城县委和永城县抗日民主政府相继建立。7 月，遵照上级决定由永城县抗日民主政府发行“永城县流通券”。当时永城县抗日民主政府还没有印制货币的条件，派人到国民党统治区的涡阳县城“致美斋印务社”秘密印制，共印 12 万元，以道林纸石印，面额有伍分、壹角、贰角、伍角、壹圆 5 种，与法币同时流通，初始比价 1:1，后按市价行使。1939 年冬天，又自行印制 20 余万元。该券流通区域主要在县城北面第五、第六两区，前后一年时间，至今尚未见到实物。

永城县地方纸币，1942 年发行，已见伍圆一种。

1938 年 8 月，萧县抗日民主政府成立之后，为筹集抗日经费，排斥日、伪币和地方杂币，政府决定发行自己的货币，开始无印刷条件，就借用萧县第六区郝庄郝松云私人钱庄“瑞蚨祥”的票子，将面额 1000 文的铜元票改成 1 元，加盖县政府的大印，临时使用。1938 年 10 月，县政府发出布告，宣布流通券发行流通，同时禁止其他钱庄、票号的票子流通。根据上级指示，1939 年 12 月萧县正式印行“萧县地方纸币”，面额有壹角、贰角、贰角伍分、伍角、壹圆、拾圆版别，币材是道林纸和牛皮纸，印刷发行 30 万元。萧县是豫皖苏边区抗日根据地最早印制和发行抗日货币的县，也是地方流通券印制质量最好、影响力最大的抗币。

1939 年 7 月，八路军一一五师苏鲁豫支队进入夏邑县，经与国民党协商，建立了夏邑县抗日民主政府。11 月底由豫皖苏边区联防委员会接管。1940 年 2 月，发行“夏邑县流通券”，面额有壹角、贰角、伍角、壹圆 4 种，石印技术，币材为牛皮纸，初与法币等值流通，后按市价流通，与各县流通券 1:1 比价，目前还没有见到实物。

1940 年 7 月，豫皖苏边区根据地空前扩大，各地分散的小块根据地基本连成一片。1940 年 10 月，豫皖苏边区党委决定停止发行各县流通券，由边区联防委员会（还没有成立边区政府）统一印制发行“豫皖苏边地方银号”币，并以此兑换收回各县流通券。面额有伍分、壹角、贰角、伍角、壹圆、贰圆、伍圆、拾圆8种。币材有牛皮纸和道林纸两种，铜版石印，制作较精美。1941年春，豫皖苏根据地遭到国民党顽固派强大兵力进攻，新四军第四师和边区政府在与敌人顽强战斗3个月后，被迫于6月撤往津浦路东，“豫皖苏边地方银号”币停止发行，前后流通半年左右。部队撤离之前，投放了部分物资和银元收回边币，尽量减少人民群众的经济损失。

1944年8月15日，彭雪枫率新四军第四师主力打回津浦路西，逐步恢复原豫皖苏边区根据地。为不给人民增加负担，新四军打回路西之前，就在路东筹集了大量经费，用法币3元兑换1元的办法收对新四军过去发行的各县流通券和“豫皖苏边地方银号”币，宣布废除苛捐杂税，并发放一部分信贷，恢复生产经营，减轻广大人民负担，在改善群众基本生活的基础上，开展根据地建设。抗战胜利之前，印行了后期的“豫皖苏边地方银号”币。

1944年秋至1945年秋发行的“豫皖苏边地方银号”币有壹角、贰角、伍角、壹圆、贰圆、拾圆6种面额，近38万元，全是白道林纸印制，不耐磨，易破损。抗战胜利之后停止发行，逐步被后期的淮北地方银号币收兑。

在1942年6月，淮北行政公署财政处拨法币27.5万元，另募民资法币27.5万元，与新四军第四师共同创办淮北地方银号，发行淮北地方银号币，已见壹角、贰角、伍角、壹圆、贰圆、伍圆、拾圆、贰拾圆8种面额，34种版别。1943年为适应根据地经济建设需要，淮北地方银号发行了伍拾圆面额的本票（1946年6月，由华中银行收回）。1945年8月，华中银行成立，发行华中银行币，同时宣布原华中各根据地的淮北、淮南、江淮、大江、浙东等地方银行，改建为华中银行各分行。各根据地原发钞券暂与华中币等值流通，八专署因为孤悬敌后，华中币不能大批运入，为进一步满足部队和市场流通的需要，八专署决定停止印行“豫皖苏边地方银号”币，在路西重新成立淮北地方银号，自行印制发行淮北地方银号币，有壹角、贰角、伍角、壹圆、贰圆、伍圆6种面额，币材是牛皮纸，金额500余万元。

1940年9月，豫皖苏边根据地在淮上地区建立淮上行署。1944年8月，新四军主力重新打回路西。1945年淮上地区解放后，设立地方银号，发行“淮上地方银号流通券”，伍圆券较多（有一种拾圆券是由豫皖苏边币改成的淮上币，下方加印“淮上地方银号”6个黑字，贰拾圆券见有两种，均是铜版精印）。1946年6月，统一于华中银行币。

（一）永城县流通券一览表

面额	年度		票幅	主景		主色	
	正面	背面	（长×宽）mm	正面	背面	正面	背面
伍分						蓝、白	
壹角							
贰角							
伍角							
壹圆			150×70				

（二）永城县地方纸币一览表

面额	年度		票幅	主景		主色	
	正面	背面	（长×宽）mm	正面	背面	正面	背面
伍圆	中华民国三十一年		20×61	山庙	人像	茶	绿

（三）萧县地方纸币一览表

面额	年度		票幅	主景		主色		备注
	正面	背面	（长×宽）mm	正面	背面	正面	背面	
壹角								未见实物
贰角				帆船	花符	深绿	深蓝	竖版
贰角伍分				帆船	花符	深绿	红	竖版，背后两行英文
伍角			55×105	帆船	花符	蓝	红	竖版，另有一版主景为树、山村
壹圆			140×60	亭台	树、山村	深绿	红	另有一版背后有英文
拾圆	中华民国卅二年	1943		塔、寺	10、花卉、“TEN YUAN”	红	浅绿	

（四）夏邑县流通券一览表

面额	年度		票幅	主景		主色	
	正面	背面	（长×宽）mm	正面	背面	正面	背面
伍角							
壹圆			140×60				

（五）豫皖苏边地方银号币一览表

面额	年度		票幅	主景		主色		备注
	正面	背面	（长×宽）mm	正面	背面	正面	背面	
伍分	中华民国廿九年			伐木	英文	蓝	红	
壹角								
贰角								
伍角	中华民国廿九年			刨木	上方英文银号名、50元面额、英文面额	红	蓝	
壹圆	中华民国廿九年		125×61	挖土（左）	上方英文银号名、50元面额、英文面额	绿		
贰圆						绿	浅棕	另一版正面灰黑，背面橘红
伍圆								
拾圆								

（六）淮北地方银号币一览表

面额	年度		票幅	主景		主色		备注
	正面	背面	（长×宽）mm	正面	背面	正面	背面	
壹角	民国三十四年		49×35	伐树（左）、“抗币”（右下）	花符	棕	无色	
贰角	民国二十四年		48×33	木工作业（右）、“抗巾”（左下）	花符	棕	无色	
贰角	民国三十四年		84×43	庭院（右）	花符	蓝	蓝	
伍角	中华民国三十一年		113×60	帆船	花符	红	黑	
伍角	民国三十四年	1945	84×43	湖景飞鸭	花符	深蓝	深蓝	
伍角	民国三十四年		101×50	湖景飞鸭	花符	蓝	蓝	
伍角	民国三十四年		101×50	芦荡	花符	绿		
壹圆	中华民国卅一年		123×65	耕作	花符	绿	红	
壹圆	中华民国卅一年		67×112	打铁	花符	蓝	蓝	竖版
壹圆	中华民国三十二年		121×62	芦荡	花符	绿	灰	
壹圆	中华民国三十三年		117×56	耕作	花符	灰	红	
壹圆			123×65	采矿	花符	浅绿	红	借“豫皖苏”壹圆版
壹圆	中华民国三十四年		102×55	耕作（右）	田野（中）、两侧“抗币”	红	灰	
壹圆	民国三十四年	1945	122×61	花心	寺庙（中）			

续表

面额	年度		票幅	主景		主色		备注
	正面	背面	（长×宽）mm	正面	背面	正面	背面	
贰圆	中华民国三十三年		127×63	田野	芦苇（中）、两侧“抗币”	红	蓝	
贰圆			100×45	毛泽东像	牛耕	蓝	蓝	背面左右“抗币”
贰圆	中华民国三十四年		103×54	毛泽东像	牛耕	红	红	另有灰色版
伍圆	中华民国卅一年		109×55	木工作业	花符	枣红	灰	
伍圆	中华民国三十二年		129×71	耕作	花符	红	棕	
伍圆	中华民国三十三年		130×65	牧牛	船	黑蓝	浅蓝	
伍圆	中华民国三十四年		114×60	毛泽东像	耕作	黄棕	棕	银号名称在右
伍圆	中华民国三十四年		103×56	毛泽东像	耕作	红	绿	银号名称在左
伍圆	中华民国三十四年		100×55	毛泽东像	花心			
伍圆	中华民国三十四年		130×66	塔	耕作	红	灰	
伍圆	中华民国三十四年		101×55	耕作	耕作	红	绛	
伍圆	民国三十四年		104×54	耕作	花心	红	绿	
拾圆	中华民国三十年		128×64	锯木	花符	蓝	红	壹圆改作拾圆，另有“当抗币拾圆”5字
拾圆	中华民国三十年		126×64	锯木	花符	蓝	红	壹圆改作拾圆
拾圆	中华民国卅一年		134×66	木工作业（左）、伐树（右）	花符	枣红	紫	
拾圆	中华民国三十二年		149×76	3人（左），古车与人（右）	耕作	蓝	红蓝	
拾圆			111×60	飞鸭戏水	花符	深红	深蓝	正面红色“鄂豫苏边地方银行”被画3条黑线，改为“淮上地方银号”
贰拾圆	中华民国三十二年		130×68	耕作（左）	花符	红	蓝	
贰拾圆	中华民国三十二年		131×67	帆船	花符	蓝		
贰拾圆	中华民国三十二年		127×65	芦荡（右）	花符	棕	紫	另有面蓝背绿版
贰拾圆	中华民国三十三年		137×70	放牧（右）	帆船（中）	棕	蓝黑	
贰拾圆	中华民国三十三年		127×60	耕作	帆船	红	蓝	

（七）淮北地方银号本票一览表

面额	年度		票幅（长×宽）mm	主景		主色		备注
	正面	背面		正面	背面	正面	背面	
伍拾圆			76×154	花符	塔	深蓝	浅蓝	竖式

（八）淮上地方银号流通券一览表

面额	年度		票幅（长×宽）mm	主景		主色		备注
	正面	背面		正面	背面	正面	背面	
伍圆	中华民国三十四年	1945	114×56	桥与房舍（左）	花符	蓝	红	

（九）淮上地方银号币一览表

面额	年度		票幅（长×宽）mm	主景		主色		备注
	正面	背面		正面	背面	正面	背面	
拾圆	民国三十五年	1946	111×61	湖景飞鸭	花符	棕红	深蓝	以“豫皖苏边地方银号”币改制
贰拾圆	中华民国三十五年		127×59	耕作	桥	棕蓝	棕	
贰拾圆	民国三十五年		127×59	耕作	桥	棕红	棕红	改为“淮海贸易总公司本票贰仟圆”

二、淮南

1941 年 1 月，长江以北的红军和游击队第四、第五支队改编为新四军第二师，师长张云逸。3 月，第二师挺进淮南地区，创建淮南抗日根据地。1942 年建立淮南行政公署。1942 年 1 月，经中共中央华中局批准设立淮南银行，并相继发行“津浦路西流通券”、“淮南银行币”和“直一区民众合作社兑换券”等货币。

“津浦路西流通券”，已知有伍角一种。

淮南银行成立后，派人到上海定做“中华民国二十九年”钞版，1942 年 5 月改为自制木刻钞版，有壹角、伍角、壹圆、伍圆、拾圆、伍拾圆、壹佰圆 7 种面额，48 种版别。吴耘执刀刻制，吴运铎设计改制了刀具，使每张票版面成为一幅生动的艺术作品。开始时 1 元等于法币 5 元行使，1944 年 9 月 1 元等于法币 50 元，1945 年 8 月并入华中银行，已发货币与华中币等值流通，1946 年 4 月至 6 月由华中银行收回“淮南银行币”。

新四军第二师到达淮南时，还创建了一批合作社，直一区民众合作社成立后，发行兑换券，已见壹角一种。

（一）淮南银行币一览表

面额	年度		票幅	主景		主色		备注
	正面	背面	（长×宽）mm	正面	背面	正面	背面	
壹角	中华民国三十三年	1944	94×52	村亭（右）	花符	蓝	蓝	另有红版与暗红版
伍角	中华民国二十九年		122×60	古建筑	花符	红	红	
伍角	中华民国三十三年	1944	103×58	工农兵（中）	花符	红	绛	另有紫红版
壹圆		中华民国三十一年	104×60	树	农村	赭红	红	
壹圆	中华民国三十二年		102×57	战场	花符	蓝	红	另有赭版、绿版与红版
壹圆	中华民国三十二年		102×57	五定桥	花符	棕	深绿	另有紫版与蓝版
壹圆	中华民国三十二年		104×59	生产（右）、学习（左）	花符	蓝	蓝	另有赭色版
壹圆	中华民国三十三年	1944	104×59	生产（右）、学习（左）	花符	蓝	蓝	另有绛版
伍圆	中华民国二十九年		122×60	古建筑	花符	红	红	另有褐版
伍圆		1942.11	118×61	耕田	花心	深蓝	深蓝	木刻版，另有紫版
伍圆		1942	124×64	河流与田野	花符	蓝	绿	木刻版
伍圆	中华民国三十二年		116×60	战场（右）	花符	赭	红	另有绿版
伍圆	中华民国三十二年		127×65	耕作	万寿山	深红	赭	
伍圆	中华民国三十二年		120×63	耕作	花符	红	绛	
伍圆	中华民国三十三年	1944	120×63	田野与庭院（左）	花符	红	黑	另有面绿版和面红背赭、背蓝版
伍圆	中华民国三十三年	1944	120×63	耕作	花符	深绿	绛	另有红版
拾圆	中华民国三十一年		142×83	树、水、房（左）	帆船（左）	绿		另有红版与黄版
拾圆	中华民国三十二年		141×73	会场	花符	红	绛	另有绛版与蓝版
拾圆	中华民国三十三年	1944	143×73	田野与插秧（右）	花符	蓝	蓝	另有绿版
拾圆	中华民国三十三年	1944.7	143×73	毛泽东像（左）	毛泽东像（右）	绛	紫	
拾圆	中华民国三十三年	1944	141×73	会场（中）、“万人大会场”、“作法币五十元”	花符	绛	蓝	另有桃红版
伍拾圆	中华民国三十二年							共两种
壹佰圆	中华民国三十三年	1944.7	146×75	毛泽东像	毛泽东像	蓝	蓝	另有紫版

（二）直一区民众合作社兑换券一览表

面额	年度		票幅	主景		主色	
	正面	背面	（长×宽）mm	正面	背面	正面	背面
壹角	中华民国三十一年		80×48	树	花符	绿	绿

第十三节 皖中根据地货币

1941 年 1 月以后，张鼎丞任新四军第七师师长，率部活动于皖中根据地。1942 年建立了皖中行政公署，后改为皖江行署。1943 年五六月间，在安徽省无为县境内设立了大江银行，1944 年春天开始发行“大江银行币”（木刻），定为皖中根据地本币，已见壹角、贰角、伍角、壹圆、贰圆、伍圆、拾圆、贰拾圆 8 种面额，48 种版别。早期发行的货币，通过上海地下党组织委托上海成都路光明制版厂仿照伪储备券样式制版。1945 年 8 月，大江银行并入华中银行，大江银行币停止发行。1946 年 6 月，由华中银行收回，共计发行 500 万元。1944 年皖中根据地发行了南义合作社辅币券，已见壹角一种，还发行了永大号代价券，已见伍角券一种，图文设计与“大江银行币”相似。

一、大江银行币一览表

面额	年度		票幅	主景		主色		备注
	正面	背面	（长×宽）mm	正面	背面	正面	背面	
一角	民国三十三年	1944	92×58	桥	抬货物	红	红	木刻
一角	1944	1944	92×58	帆船	挑担子	红	红	木刻
壹角	中华民国三十四年		92×58	桥		棕	棕	
贰角								
伍角	中华民国三十一年		116×58	船	花符	紫	紫	另有绿版
五角	民国卅三年	1944	103×63	工农商学兵	锤子、镢头、枪、书、珠算	赭	赭	木刻
五角	民国卅四年	1945	103×60	山	花符	红	红	木刻，正面有“皖南”
壹圆	中华民国三十四年		104×54	桥（全景）	花符	蓝	红	
壹圆		中华民国卅四年 1945	57×104	“抗日胜利”旗	花符	绿	棕	竖式
壹圆	民国卅四年	1945	107×58	山村（左）	花符	蓝	蓝	正面“皖南”

续表

面额	年度		票 幅	主景		主色		备注
	正面	背面	（长×宽）mm	正面	背面	正面	背面	
一元	中华民国卅四年	1945	108×67	哨兵（右）	花符	红	红	木刻，正面有“和含”
一元	中华民国卅四年	1945	107×64	工农商学兵	枪、锤、镰刀、书、珠算	黑蓝	黑蓝	木刻
二元	中华民国卅三年	1944	104×59	工农商学兵	锤子、镢头、枪、书、珠算	红	红	木刻
二元	1945		106×65	埋地雷（中）	水（中）	草绿	草绿	木刻，正面有“和含”，背面有“值国币壹百圆”6字，另有红版与深绿版
贰圆		中华民国卅四年 1945	106×65	收获	花符	黄绿	黄绿	木刻，竖式
贰圆		中华民国卅四年 1945	65×106	升旗	花符	草绿	草绿	木刻，竖式
贰圆		中华民国卅四年 1945	65×106	城楼与一人	花符	土黄	土黄	木刻，竖式，另有赭色版
贰圆		中华民国卅四年 1945	63×102	山	花符	棕	棕	木刻，竖式
贰圆	三十四年	1945	103×58	水、桥（木刻）	水（中）	红	红	木刻
伍圆	中华民国三十三年	1944	116×80	桥	收割（右）	紫	紫	另有绿版
伍圆	中华民国卅四年	1945	130×80	春耕	花符	蓝	蓝	正面有“皖南”
五圆	民国三十四年	1945	127×67	帆船	花符	棕	棕	木刻，正面有“和含”
五圆	民国三十四年	1945	123×67	灯塔和帆船（左）	花符	蓝	蓝	另有红底绿图版
五元	中华民国卅四年	1945	128×78	山村（右）	花符	浅蓝	浅蓝	另有正面“皖南”版
拾圆	中华民国三十三年	1944	167×88	工农商学兵	书、珠算	红	红	另有深蓝与浅蓝版

续表

面额	年度		票幅	主景		主色		备注
	正面	背面	（长×宽）mm	正面	背面	正面	背面	
拾圆	中华民国三十四年	1945	114×68	桥	花符	黑	枣红	
拾圆	中华民国三十四年	1945	138×72	牧羊	战士	黑	深蓝	另有蓝版和草绿版
拾圆	中华民国三十四年		106×68	大桥		深蓝		
拾圆	中华民国三十四年	1945		太阳照耀下的农耕图（中）	一人持枪（左）			木刻
贰拾圆	民国三十四年	1945	82×168	塔	插秧	蓝	蓝	木刻，竖式，另有黑版和绿版

二、南义合作社辅币券一览表

面额	年度		票幅	主景		主色		备注
	正面	背面	（长×宽）mm	正面	背面	正面	背面	
壹角		1944	55×87	耕牛	人物	黄	黄	竖式

三、永大号代价券一览表

面额	年度		票幅	主景		主色	
	正面	背面	（长×宽）mm	正面	背面	正面	背面
伍角	民国卅四年	1945	99×59	耕作	花符	棕	棕

第十四节　豫鄂边根据地货币

1940 年 5 月，李先念率八路军豫鄂边挺进纵队到达豫鄂边区根据地，后改为新四军第五师。同年夏秋之际，鄂豫边区党政军机关曾以边区合作金库的名义发行了“流通券”数千元，在湖北省京山县石板河一带使用，深受当地人民群众欢迎，各县纷纷要求效仿。

1941 年 4 月底，鄂豫边区行政公署根据边区第二次军政代表大会通过《关于创办边区建设银行俾资发展边区各种生产事业案》，设立豫鄂边区建设银行。边区建设银行隶属行政公署财政处直接领导，边区行政公署副主任刘子厚兼任财政处长。同年 5 月，试印的第一张贰角券的边币首次在根据地流通。8 月，正式印制伍角券。至 1945 年共正式发行伍角、壹圆、贰圆、叁圆、伍圆、拾圆、伍拾圆、壹佰圆、贰佰圆、伍佰圆、壹仟圆 11 种面额，15 种版别，计 1.5 亿元。其中 7500 万元用于部队及根据地各级政府的经费，6500 万元用于购买战略物资，

1000万元用于兴修水利、小型工商业及农业贷款。流通范围是根据地基本区、根据地游击区、根据地邻近边缘区的敌占区。根据地群众尤其是对于1元等小额边币极为欢迎，即是破烂不堪者仍在市场流通。甚至某些据点的日军愿以军票1元兑换边币1元。建设银行币刚发行时，实行联系法币、禁用伪币的货币政策，开始与法币为1:3，后来不断贬值，与法币等值流通。1941年太平洋战争爆发后，日伪滥发军票，抢夺物资，法币不断贬值。针对这种情况，边区政府决定边币与法币脱离关系，以根据地生产的粮油棉布等物资及所储黄金白银银元作准备金，确立边币本位币地位，以谷物价格为标准；掌握法币去敌占区使用，不在根据地流通；边区的所有捐税，财政支出，物资流通，市场购买，均以边区建设银行币为计算单位。

1942年，为解决“豫鄂边区建设银行币”筹码不足问题，经政府批准，襄西生产运销合作社发行了临时兑换券，已见壹圆券两种，油印技术。1945年，还以襄河贸易管理分总局的名义发行了伍佰圆的流通券。

1946年6月26日，由于蒋介石军队的进攻，中共主力部队离开宣化店分南北两路向西转移，豫鄂边区建设银行币及辅币均停止发行。

一、鄂豫边区建设银行币一览表

面额	年度		票幅	主景		主色		备注
	正面	背面	（长×宽）mm	正面	背面	正面	背面	
贰角				妇女纺线				群众称“陈大姐纺线”（陈少敏，女，为鄂豫边区党委书记）
伍角	中华民国卅一年		86×46	农村（牛耕田）	花符	蓝	土	
壹圆	中华民国卅一年		93×52	塔	花符	红	灰	
壹圆	中华民国三十二年		90×47	桥	花符	红	蓝	
贰圆	中华民国三十一年	1942	88×58	农村	花符	红	蓝	
叁圆	中华民国卅一年		85×48	城市	花符	赭	赭	
伍圆	中华民国三十一年	1942	106×54	庙宇	花符	红	蓝	
伍圆	中华民国三十一年		102×53	山野	花符	蓝	蓝	
伍圆	中华民国三十一年		104×56	耕作	花符	红	蓝	
拾圆	中华民国三十一年		111×57	工厂	亭	蓝	蓝	
拾圆	中华民国三十一年	1942	111×57	工厂	花符	灰	蓝	
伍拾圆	中华民国三十三年	1944	121×63	塔（左）、桥湖（右）	庙	紫	紫	
壹佰圆	中华民国三十三年	1944	135×66	火车（左）、楼阁（右）	花符	紫	紫	另有浅紫版
贰佰圆	中华民国三十三年	1944	137×63	烟囱（左）、城市（右）	塔（中）	棕	紫	
伍佰圆	中华民国三十三年	1944	147×67	亭台（左）、农耕（右）	火车（中）	棕	红	
壹仟圆	中华民国三十三年	1944	152×68	庙宇	农村（中）	蓝	浅紫	

二、襄河贸易管理分总局流通券一览表

面额	年度		票幅	主景		主色	
	正面	背面	（长×宽）mm	正面	背面	正面	背面
伍佰圆	中华民国三十四年		132×64	火车	“条例”4条		

三、襄西生产运销合作社临时兑换券一览表

面额	年度		票幅	主景		主色	
	正面	背面	（长×宽）mm	正面	背面	正面	背面
壹圆							

第十五节　浙东根据地货币

1942年7月，中共浙东区党委成立。1945年1月成立浙东行政公署。这一根据地自1943年起开始发行货币。1945年4月，在余姚县梁弄镇设立浙东银行，在三北（余姚县北、慈溪县北和镇海县北）设立支行，各县设办事处，发行了“浙东银行币”。为了满足根据地迅速发展的需要，各地还发行了辅币。

一、第三战区三北游击队金库兑换券一览表

面额	年度		票幅	主景		主色	
	正面	背面	（长×宽）mm	正面	背面	正面	背面
壹仟圆						红	
伍仟圆						褐	
壹万圆						蓝	

二、浙东敌后临时行政委员会金库兑换券一览表

面额	年度		票幅	主景		主色		备注
	正面	背面	（长×宽）mm	正面	背面	正面	背面	
拾圆	中华民国三十三年	中华民国三十三年	145×81	收割（右）	花符	蓝	蓝	牛皮纸

三、浙东行政公署金库兑换券一览表

面额	年度		票幅	主景		主色		备注
	正面	背面	（长×宽）mm	正面	背面	正面	背面	
伍圆	中华民国三十四年		68×125	花边、“抗币伍圆”	印章	蓝边		竖式
拾圆	中华民国三十四年		80×148	花边、“凭票即付”（竖字）	小印章	黑边		竖式
拾圆	中华民国三十四年		78×144	“凭票即付（横字）”	大印章	黄底、蓝边、红字	黄	竖式

1943 年 8 月，为筹集抗日经费，发行了“第三战区三北游击队金库兑换券”，有壹仟元、伍仟圆、壹万圆 3 种，均使用木刻技术，道林纸印刷，1945 年 1 月停止流通。1944 年 12 月 22 日，发行“浙东敌后临时行政委员会金库兑换券”，已见拾圆一种，用牛皮纸印制，流通中折合日伪币中储券 1 万元，1945 年 3 月 17 日由浙东行政公署收回。1945 年 1 月，发行“浙东行政公署金库兑换券”，已见伍圆、拾圆两种面额，3 种版别，1945 年浙东银行币发行后，停止流通。

四、浙东银行币一览表

面额	年度		票幅	主景		主色		备注
	正面	背面	（长×宽）mm	正面	背面	正面	背面	
壹角								1945 年发行，未见实物
贰角	中华民国三十四年		50×80	花边、“拾角兑换抗币壹圆”	印章	白	白	竖式，另有大幅
伍角	中华民国三十四年	1945	95×60	农忙图、“浙东地方本位辅币”	花符	蓝	棕	
壹圆	中华民国三十三年	1944	104×51	挑粮等（中）	花符	蓝	蓝	
壹圆	中华民国三十四年	1945	123×65	农村、“浙东地方本位币”	花符	棕	绿	另有两面棕版和两面蓝版
伍圆	中华民国三十四年	1945	137×71	农村	花符	红	褐	
拾圆	中华民国三十四年	1945	150×78	农村、“浙东地方本位币”	农村	蓝	灰	

五、浙东银行本票一览表

面额	年度		票幅	主景		主色	
	正面	背面	（长×宽）mm	正面	背面	正面	背面
伍拾圆	中华民国　年　月　日		176×83	花边	说明		
伍拾圆	中华民国三十四年　月　日		176×83	花边	说明		
壹佰圆	中华民国三十四年　月　日		176×83	花边	说明		

浙东银行币已见贰角、伍角、壹圆、伍圆、拾圆5种面额，石印技术，浙东银行币1元可买1斤大米，由公营粮店供应，1945年8月6日牌价，1元浙东币折合法币40元，折合中储券1600元；1945年在本位币发行筹码不敷使用时，浙东银行统一印制了伍拾圆、壹佰圆两种本票；经浙东银行总行批准，浙东银行三北支行发行了临时兑换券，已见伍角一种，壹圆券两种；浙东分行余姚支行发行了贰角、壹圆两种辅币；余姚支行还发行了临时兑换券，已见伍角一种；浙东银行三虞支行发行了临时兑换券，已见壹角一种；上虞支行发行了临时流通券，已见贰角一种。1945年10月，新四军奉命撤离浙东，浙东银行币停止流通。1946年6月由华中银行收回。

六、各地临时兑换券

为解决本位币筹码不足问题，各县政府发行了辅币券。镇海县政府发行了临时流通兑换券，流通于镇海县，已知贰角、伍角、壹圆、伍圆4种，面额前均有“抗币”字样；慈溪县观城区署发行了临时兑换券，限于当地流通，已见壹角、贰角、伍角、壹圆、贰圆、伍圆6种，8种版别，油印券，单面印刷；慈溪县庄桥区区署发行“抗币临时兑换券”，限于本区流通，已见壹圆、伍圆两种，油印技术，用钢笔书写号码；慈溪县庄桥区黄思乡公所发行了“抗币辅用券”，已见壹圆一种，油印技术；慈溪县丈亭区发行了通用辅币，限于本区流通，已见壹角、伍角、壹圆3种，油印技术，以钢笔书写编码；浒山区署先后发行“浒山区抗币临时兑换券”，已见伍角、壹圆两种，发行“浒山区临时兑换券”壹角、贰角、伍角、壹圆4种，发行“浒山区临时辅币”（金属铅币）壹角、贰角、伍角3种；长兴县抗日政府发行长兴县流通券，限在本县流通，已见壹角、贰角两种，油印技术，单面印刷；泗安区发行临时流通券，限本区流通，已见贰角、伍角、柒角伍分3种面额，6种版别，只有一种票面有印制日期；鄞江镇政府发行辅币代用券，限本镇流通，已见壹角、伍角两种，油印单面印制，票面有很大的“抗币”两字；鄞县古林区发行了辅币临时兑换券，限在本区流通，已见壹角一种，油印技术，单面印制，印制日期为“中华民国三十四年”；鄞县武陵区发行辅币临时兑换券，限在本区流通，已见壹圆一种；鄞县武陵区凰岙镇公所发行临时兑换券，已见壹圆一种；新四军浙东游击队金萧支队发行金库兑换券，已见拾圆、伍拾圆、壹佰圆3种。这些地方临时兑换券于1945年10月新四军撤离浙东根据地以后停止流通。

（一）浙东银行余姚支行临时兑换券一览表

面额	年度		票幅	主景		主色	
	正面	背面	（长×宽）mm	正面	背面	正面	背面
贰角	1945		95×60	农村劳作、“余姚地方本位辅币”		蓝	
伍角	中华民国三十四年		93×58	浇田		黑	
壹圆	中华民国三十四年		104×60	浇田		黑	

（二）浙东银行三北支行临时兑换券一览表

面额	年度		票幅	主景		主色	
	正面	背面	（长×宽）mm	正面	背面	正面	背面
壹圆	中华民国三十四年		145×85	“抗币壹圆”、“本券限在三北地区通用”		酱	

（三）浙东银行三虞支行临时兑换券一览表

面额	年度		票幅	主景		主色		备注
	正面	背面	（长×宽）mm	正面	背面	正面	背面	
壹角	中华民国三十四年	1945	100×60	花边	彩带	蓝	红	另有面绿版

（四）浙东银行上虞支行临时兑换券一览表

面额	年度		票幅	主景		主色	
	正面	背面	（长×宽）mm	正面	背面	正面	背面
贰角	中华民国三十四年		105×65	齿球	齿球	土红	蓝

（五）镇海县政府临时流通兑换券一览表

面额	年度		票幅	主景		主色		备注
	正面	背面	（长×宽）mm	正面	背面	正面	背面	
贰角								未见实物
伍角		民国三十年	95×64		花符	绿	黑	
伍角		民国三十四年		“抗币伍角”	“本县境内　一律通用”			
壹圆	中华民国三十四年		113×63	版画耕田（中）	“本县境内　一律通用”	土黄	土黄	
伍圆	中华民国三十四年		127×73	收割（右）	“本县境内　一律通用”	绿	红	

（六）慈溪县观城区署临时兑换券一览表

面额	年度		票幅	主景		主色		备注
	正面	背面	（长×宽）mm	正面	背面	正面	背面	
壹角	中华民国三十四年		59×74	“壹角”、花心	印章	蓝		竖式
贰角	中华民国三十四年		84×59	“抗币”、花心	印章	黑		
伍角	中华民国三十四年		102×65	花心	花球	红		
伍角	中华民国三十四年		101×69	花心	印章	黑		
壹圆	中华民国三十四年		66×102	花心	印章	黑		竖式
贰圆	中华民国三十四年		110×70	锄地	印章	黑		
伍圆	中华民国三十四年		74×128	帆船	印章	紫		竖式
伍圆	中华民国三十四年		74×122	红字“抗币伍圆”	印章	浅黑		竖式

（七）慈溪县庄桥区区署抗币临时流通券一览表

面额	年度		票幅	主景		主色		备注
	正面	背面	（长×宽）mm	正面	背面	正面	背面	
壹圆	中华民国三十四年		64×92	“抗币壹圆”、区长（章）、财经指导员（章）	说明	红字	蓝字	竖版
伍圆	中华民国三十四年		99×65		说明	红字	黑字	

（八）慈溪县庄桥区抗币辅用券一览表

面额	年度		票幅	主景		主色		备注
	正面	背面	（长×宽）mm	正面	背面	正面	背面	
壹圆	中华民国三十四年		88×62	红边，此券多了一个“区”字	方印	红	红	另有“慈溪县庄桥区署”字样，正面紫，背面蓝

（九）慈溪县丈亭区通用辅币一览表

面额	年度		票幅	主景		主色		备注
	正面	背面	（长×宽）mm	正面	背面	正面	背面	
壹角			53×70	人物	印章	黑		竖式
伍角			72×107	人物	说明	蓝	蓝	竖式
壹圆			73×112	红色一士兵、蓝“壹元”	区长三条说明	红	蓝	竖式

（十）浒山区抗币临时兑换券一览表

面额	年度		票幅	主景		主色		备注
	正面	背面	（长×宽）mm	正面	背面	正面	背面	
壹角	中华民国三十四年			黑边	印章	黑字	红印章	竖式
贰角	中华民国三十四年			黑边	印章	黑字	红印章	竖式
伍角			67×87	手写黑字“此券限本区流通”	印章	黑字	红印章	竖式
壹圆	中华民国三十四年		69×118	黑边	印章	黑字	红印章	竖式

（十一）浒山区临时兑换券一览表

面额	年度		票幅	主景		主色		备注
	正面	背面	（长×宽）mm	正面	背面	正面	背面	
伍角			64×80	方框	印章	黑字	红印章	竖式，纸币
壹圆			65×91	地图	印章	黑字	红印章	竖式，纸币

（十二）浒山区临时辅币一览表

面额	年度		直径（mm）	主景		主色		备注
	正面	背面		正面	背面	正面	背面	
壹角			23			铅白	铅白	金属币
贰角			27			铅白	铅白	金属币
伍角			30			铅白	铅白	金属币

（十三）长兴县流通券一览表

面额	年度		票幅（长×宽）mm	主景		主色		备注
	正面	背面		正面	背面	正面	背面	
壹角	中华民国三十四年八月		37×72	梅花壹角、“每十张兑抗币壹元”		白纸黑字	白	竖式
贰角	中华民国三十四年八月		86×37	五角星		绿纸黑字	绿	

（十四）泗安区临时流通券一览表

面额	年度		票幅（长×宽）mm	主景		主色	
	正面	背面		正面	背面	正面	背面
贰角			90×63			白纸黑字	
伍角			95×48			浅绿纸黑字	
伍角			64×41			白纸黑字	
伍角	1945		79×53	手写体		白纸蓝字	
柒角伍分			70×44			白纸红字	
柒角伍分			81×45			白纸蓝字	

（十五）鄞江镇临时辅币代用券一览表

面额	年度		票幅（长×宽）mm	主景		主色	
	正面	背面		正面	背面	正面	背面
壹角	民国三十四年八月		132×75	边线	印章	黑	黑
伍角	民国三十四年八月		135×77	飘带	印章	黑	黑

（十六）鄞县古林区署抗币临时兑换券一览表

面额	年度		票幅（长×宽）mm	主景		主色	
	正面	背面		正面	背面	正面	背面
伍角	中华民国三十四年		108×66	边线		黑	黑

（十七）鄞县古林区辅币临时兑换券一览表

面额	年度		票幅（长×宽）mm	主景		主色		备注
	正面	背面		正面	背面	正面	背面	
壹角	中华民国三十四年			手写体“抗币壹角”		黑	黑	油印技术，单面印制

（十八）鄞县武陵区辅币临时兑换券一览表

面额	年度		票幅	主景		主色		备注
	正面	背面	（长×宽）mm	正面	背面	正面	背面	
壹圆	中华民国三十四年		74×123	手写“抗币壹圆”	红印章	黑		竖式

（十九）鄞县武陵区凰岙镇公所临时兑换券一览表

面额	年度		票幅	主景		主色		备注
	正面	背面	（长×宽）mm	正面	背面	正面	背面	
壹圆			52×70	边线		黑	黑	竖式

（二十）新四军浙东游击队金萧支队金库兑换券一览表

面额	年度		票幅	主景		主色		备注
	正面	背面	（长×宽）mm	正面	背面	正面	背面	
拾圆	中华民国三四年		112×55	花边	说明	绿	绿	
伍拾圆	中华民国三四年		76×122	谷穗、五角星	说明	黑	黑	竖式
壹佰圆	中华民国三四年		74×125	花边	说明	黑	黑	竖式

第十六节　华中根据地货币

1945年8月1日，为适应抗战胜利后新形势发展经济的需要，统一各根据地货币，新四军政治部根据中共中央华中局的指示，在江苏省盱眙县张公铺创建华中解放区银行——华中银行。苏北、苏中、淮北、淮南、皖中五根据地银行改组为华中银行分行，下设支行和办事处。华中银行成立后，把统一货币作为首要任务，先后发行了华中银行本币，从货币图中可看出，最早的“华中银行”币是借用“江淮银行”币改版而来的。逐步收回了苏中、苏北、淮南、淮北、皖中等各个根据地货币（完成收兑任务1.3亿元），建立了以华中银行币为本位币的货币制度。

华中银行本币一览表

面额	年度		票幅	主景		主色		备注
	正面	背面	（长×宽）mm	正面	背面	正面	背面	
伍角	中华民国三十四年	1945	106×54	塔、亭	花符	蓝	红	
伍角	中华民国三十四年	1945	99×53	农村	花符	棕	绿	
壹圆	中华民国三十四年	1945	102×51	火车（右）	花符	蓝	红	
壹圆	中华民国三十四年	1945	104×53	轮船（右）、帆船（左）	花符	红	蓝	另有面蓝背青及面蓝背紫版

续表

面额	年度		票幅（长×宽）mm	主景		主色		备注
	正面	背面		正面	背面	正面	背面	
贰圆	中华民国三十四年	1945	115×59	原野、插稻（中）	树房（右）	浅紫	棕	另有面棕背枣红、面棕背棕和面枣红背绿版
伍圆	中华民国三十四年	1945	117×60	农忙图，浇田（右）	花符	绿	棕	另有面棕、蓝、红版
伍圆	中华民国三十四年	1945	130×65	毛泽东像	花符	红	绿	另有绿版
伍圆	中华民国三十四年	1945	115×56	长城、号兵	阁亭	棕	绿	有宽、窄两种版
伍圆	中华民国三十四年	1945	112×55	长城、号兵	花	绿	棕	另有面蓝背青、面红背绿和两面褐版
拾圆	中华民国三十三年	1944	130×64	锯木、农耕	花符	红	茶	另有面红背蓝版，均以江淮银行币改制
拾圆	中华民国三十四年	1945	130×64	毛泽东像（右）	花	红	绿	另有面红背棕版
贰拾圆	中华民国三十四年	1945	134×64	村落与原野（全景）、街道上一人挑水（中右）、打场（前右）	花符	翠绿	绿	另有两面红底绿图版
贰拾圆	中华民国三十五年	1946	125×57	天坛（右）	高塔与庙宇（右）	紫蓝	蓝	
伍拾圆	中华民国三十三年	1944	130×66	毛泽东像（左）	花符、3个“50”	红	赭石	另有面红背棕版，均以江淮银行币改制
伍拾圆	中华民国三十四年	1945	134×69	飞机、帆船（右）	花符	紫蓝	蓝	背面分有、无正副行长签名两种
伍拾圆	中华民国三十四年	1945	130×66	火车、轮船、起重机（右）	城楼（中）	棕	蓝	
伍拾圆	中华民国三十五年	1946	130×64	北海白塔	五角星花钱	紫	紫	
伍拾圆	中华民国三十五年	1946	135×64	北海白塔	城楼	棕	绿	
壹佰圆	中华民国三十四年			毛泽东像（右）		棕		

续表

面额	年度		票幅	主景		主色		备注
	正面	背面	（长×宽）mm	正面	背面	正面	背面	
壹佰圆	中华民国三十四年	1945	144×61	长城	花符	蓝	蓝	另有面绿背棕版和两面棕色版
壹佰圆	中华民国三十四年	1945	144×61	长城号兵	花符	浅绿	浅紫	
贰佰圆	中华民国三十五年	1946	145×61	塔（右）	楼	蓝	蓝	另有两面绿版
贰佰圆	中华民国三十五年	1946	145×64	天坛（中）	花符	绿	棕	另有面蓝背棕和面蓝背紫版
贰佰圆	中华民国三十五年	1946	139×62	耕作	花符	红	红	
贰佰圆	中华民国三十五年	1946	147×65	万寿山（右）	火车（中）	蓝	棕蓝	
贰佰圆	中华民国三十七年	1948	97×50	锯木	花符	棕	蓝	另有面黑背蓝版
伍佰圆	中华民国三十五年	1946	162×70	火车（右）	帆船（右）	红	绿	另有面红背棕版
伍佰圆	中华民国三十五年	1946	162×70	火车	花符	红	蓝	
伍佰圆	中华民国三十七年	1948	129×63	长城	花符	蓝	褐	另有面绿背棕版
伍佰圆	中华民国三十七年	1948	98×52	塔（中）	花符	蓝	棕	另有面绿背棕版
伍佰圆	中华民国三十七年	1948	129×62	长城	花符	绿	棕	另有面蓝背褐版
壹仟圆	中华民国三十六年	1947	129×59	耕作	花符	棕	蓝	有黑、蓝、红 3 种号码
壹仟圆	中华民国三十七年	1948	128×54	万寿山（右）	塔	蓝	棕	另有面蓝背紫版
壹仟圆	中华民国三十七年	1948	100×50	庙、塔（左）	花符	棕	绿	另有面蓝背绿版
壹仟圆	中华民国三十七年	1948	98×44	农田、风车（右）	帆船	红	绿	
壹仟圆	中华民国三十七年	1948	100×50	火车（右）	轮船	蓝	绿	另有面蓝背紫版

续表

面额	年度		票幅	主景		主色		备注
	正面	背面	（长×宽）mm	正面	背面	正面	背面	
贰仟圆	中华民国三十七年	1948	103×50	庙、桥、船（中）	花符	蓝	紫	另有面绿背绿棕版和面紫背紫棕版
贰仟圆	中华民国三十七年	1948	128×52	凉亭（左）	万寿山	蓝绿	黑绿	另有面紫背棕版
贰仟圆	中华民国三十七年	1948	128×52	长城、号兵（左）	花符	赭石	蓝	另有面绿背棕版
贰仟圆	中华民国三十七年	1948		六和塔（左）	花符	棕	绿	另有面棕背蓝版
贰仟圆	中华民国三十八年	1949		工厂、汽车		蓝	棕黑	
伍仟圆	中华民国三十八年	1949		码头（左）	牧牛	绿棕	绿	另有两面蓝版
伍仟圆	中华民国三十八年	1949		矿山（右）	塔、楼、船（中）	蓝黑	蓝	另有加印江都、海安等地名版

第十七节　琼崖根据地货币

1940 年 1 月，中共琼崖特委机关消费合作社根据中共琼崖特委的指示，发行了以银元为本位的油印“美合消费合作社代用券”（设在澄迈县美合地区），面值有伍分、贰角、伍角、壹圆 4 种，与光洋、法币等值流通。1941 年 11 月 10 日，召开琼崖东北区人民代表大会，成立琼崖东北区抗日民主政府，发行了几种货币。1942 年秋，日军对琼崖根据地“扫荡”时，曾指令日本横滨正金银行和台湾银行在海口、榆林、被黎、加积等市镇设立分支机构，滥发军用票，并压低银元币值，进行金融掠夺，为粉碎敌人的阴谋，保护根据地经济，琼崖东北区政府于当年发行“琼崖东北区政府代用券”（票面下方有“凭券在琼崖区兑换国币”字样），面额壹圆，票面上有中共琼崖特委书记、琼崖独立总队队长冯白驹的签名，票的背面有椰林风光、船舶和冯白驹的头像，与光洋、法币等值流通，代用券发行 20 万元，流通不到一年；1943 年，临高县抗日民主政府为冲破敌人经济封锁，保障部队供给，经琼崖东北区政府批准，发行了“临高县人民券”，有壹角、贰角、伍角 3 种，仅发行 1000 元，与光洋、法币等值流通，仅使用了几个月，民主政府以光洋全部收回。

一、美合消费合作社代用券一览表

面额	年度		票幅	主景		主色	
	正面	背面	（长×宽）mm	正面	背面	正面	背面
伍分							
贰角							
伍角							
壹圆							

二、琼崖东北区政府代用券一览表

面额	年度		票幅	主景		主色		备注
	正面	背面	（长×宽）mm	正面	背面	正面	背面	
壹圆	民国三十一年印行	1942	100×52	黎族一男一女在田间劳动（右）、远处椰树、“凭券在琼崖区兑换国币”、“冯白驹”（签名）	冯白驹像（右）、椰林风光和船舶（中）	蓝	红	另有黑版券

三、临高县人民券一览表

面额	年度		票幅	主景		主色	
	正面	背面	（长×宽）mm	正面	背面	正面	背面
壹角							
贰角							
伍角							

第四章　解放战争时期

1945 年 8 月，抗日战争胜利之后，国共两党有近一年的和平谈判时期。自 1946 年 4 月国民党开始向共产党所领导的地区发动进攻，和平谈判破灭。国共两党、两军历经三年多的政治斗争、经济斗争和军事战争，最终由中国共产党人及其所领导的人民军队、人民群众取得胜利，夺取全国政权。除台湾省外，中国共产党带领人民统一了全中国。金融方面，即随着解放区的不断扩大，逐步统一了各个解放区的货币，中国人民银行币演变为新中国的本位币。

1946 年西北农民银行发行了伍佰元、壹仟元等面额的货币。1947 年 3 月国民党军队进攻延安，陕甘宁边区银行撤离延安，于 8 月东渡黄河转移到晋绥解放区。同年 10 月，中共中央西北局兴县会议决定：为了统一两区财经力量，支持西北解放战争，陕甘宁边区银行与晋绥原西北农民银行合并，仍称为西北农民银行，并以其发行的西北农民银行币为两区统一的本位货币，陕甘宁边区银行币停止发行。1947 年，西北农民银行发行了贰仟圆、伍仟圆、壹万圆面额的货币。1948 年 1 月，晋绥解放区与陕甘宁边区合并统一为西北解放区，同年西北农民银行发行伍仟圆、壹万圆（两版）、伍万圆（两版）3 种大额面额货币。1948 年西北农民银行币共计发行 10453 亿元。从 1948 年 10 月起，西北农民银行币按 20 元对冀南银行币 1 元、西北农民银行币 20 元对北海币 1 元的比价在各解放区并行流通。1948 年 12 月 1 日，中国人民银行币（人民币）发行，按西北农民银行 2000 元对人民币 1 元的比价收兑，西北农民银行币停止发行。

1946 年 8 月，国民党军进攻张家口，晋察冀边区印刷局转移到河北省的阜平县，继续生产边币。1948 年 4 月，晋察冀边区政府印刷局停止了晋察冀边币的生产。

晋察冀边区银行共发行 58 种版别的货币（不包括期票、地方流动券、救国公债、粮票和饲料票等）。其中，晋察冀边区银行总行发行了 37 种，冀中分行印制发行了 8 种（均为 1945 年印制），冀热辽分行印制发行了 13 种。

至 1948 年 11 月冀南银行币停止发行，共发行不同面额的冀钞 19 种，分别为拾枚铜元券、贰拾枚铜元券、壹角、贰角、贰角伍分、伍角、壹圆、贰圆、叁圆、伍圆、拾圆、贰拾圆、贰拾伍圆、伍拾圆、壹佰圆、贰佰圆、伍佰圆、壹仟圆、贰仟圆。

1948 年 8 月，北海银行币的流通范围逐步扩大到北起沧州南至徐州津浦铁路以东地区。自 1948 年 10 月 5 日起，扩大到华中解放区。1948 年 11 月 1 日扩大到苏北与皖北解放区。北海币的累计发行额于 1949 年达到 7900 万元。北海银行币的财政透支在解放战争时期占总发行额的 71%，其余用于发放各项贷款。北海银行币与法币的比价 1940 年是 1:1，1947 年为 1:23.5，1948 年为 1:9412，共发行 16 种面额 248 种版别的货币。1949 年 11 月 1 日，中国人民银行山东省分行所属各分支机构公开收回所有北海币。

第一节　长城银行冀察热辽流通券

一、长城银行（冀察热辽流通券）一览表

面额	年度		票幅	主景		主色		备注
	正面	背面	（长×宽）mm	正面	背面	正面	背面	
壹佰圆	民国三十七年	1948	130×54	长城（左）	羊群（中）	棕	绿	
贰佰圆	中华民国三十七年		142×60	长城（左）	7 个“200”面额图案	深蓝、黄	红	
伍佰圆	中华民国三十七年	1948	150×60	毛泽东像	长城	蓝黑	红	
伍佰圆	中华民国三十七年	1948	150×60	毛泽东像	长城	蓝黑	褐	
伍佰圆	中华民国三十七年	1948	153×61	毛泽东像	长城	灰黑	红	
壹仟圆	中华民国三十七年	1948	153×61	双马耕地	长城	粉棕	灰	蓝号码
壹仟圆	中华民国三十七年	1948	153×61	双马耕地	长城	棕、黄	棕黑	红号码
伍仟圆	中华民国三十七年	1948	166×61	山海关（右）	长城	蓝、灰	蓝	
伍万圆	中华民国三十七年		84×192	长城	三条说明	蓝	绿	本票 竖版（票面注红字“冀热察”）
伍万圆	中华民国三十七年		83×190	长城	三条说明	蓝	绿	本票 竖版（票面注红字“热河”）
伍万圆	中华民国三十七年			长城	三条说明			本票 竖版（票面注“冀东”）
拾万圆	中华民国三十七年		83×190	长城	三条说明	蓝	蓝绿	本票 竖版（票面注红字“冀热察”）
拾万圆	中华民国三十七年			长城				本票 竖版（票面注红字“热河”）
拾万圆	中华民国三十七年		80×182	长城	三条说明	蓝	蓝	本票 竖版（票面注“冀东”）

1947 年 8 月，中共领导下的冀察热辽军民发动强大军事攻势，国民党军队节节败退，冀东、热河省、冀热察三区连成一片。同年 11 月，建立了统一领导三省区的政权机

构——冀察热辽办事处。过去发行的三种主要货币——晋察冀边区银行、“冀热辽”边币（晋察冀边区银行“冀热辽”版币）、热河省银行地方流通券因受地方性限制，全区物资交流，发展经济深感不便，统一全区的货币势在必行。为此，冀察热辽办事处决定，在热河省银行的基础上组建长城银行，发行冀察热辽流通券，作为全区的统一本位币。1948 年 2 月 21 日，长城银行在赤峰附近原热河省银行总行驻地成立，3 月 5 日开始发行货币。长城券的设计、制版及印刷，委托东北军区后勤部工业处印刷厂（驻佳木斯）和嫩江省银行印钞厂采用胶印印制。纸张优良、印刷精美、耐折率高，并有一定的防伪性，深受群众欢迎。券面“长城银行”行名，为该行经理史立德手书。1948 年 3 月，发行壹佰圆、贰佰圆、伍佰圆 3 种，1948 年 5 月 13 日发行壹仟圆券，1948 年 9 月发行甲种伍仟圆券，1948 年 12 月发行乙种伍仟圆券。共发行 5 种面额 3 种版别券别，总额 4370 亿元。1948 年 9 月 13 日，长城银行印制发行伍万圆、拾万圆本票两种。本票与长城券作用相同。下方加印“热河”、“冀热察”、“冀东”地区名称，规定不得跨区流通。至 1949 年 2 月 4 日共发行本票 727.5 亿元。长城银行还发行过 130 万元的期票。1949 年 1 月，长城银行改组为东北银行热河分行和东北银行辽西省分行后，长城券停止发行，并以东北银行地方流通券收回。1949 年 1 月 10 日冀察热辽办事处撤销，2 月 16 日长城银行停止行使职权。

二、长城银行本票一览表

面额	年度		票幅	主景		主色		备注
	正面	背面	（长×宽）mm	正面	背面	正面	背面	
伍万圆	中华民国三十七年			长城（上），史立德（右）与申玉洁（左）签名	“背书”3 条说明			票面注“冀东”
拾万圆	中华民国三十七年			长城（上），史立德（右）与申玉洁（左）签名	“背书”3 条说明			票面注“热河”

第二节　冀东各区县流通券

面额	年度		票幅	主景		主色		备注
	正面	背面	（长×宽）mm	正面	背面	正面	背面	
伍圆								十六（后改为十二）专署
伍圆								十七（后改为十三）专署

续表

面额	年度		票幅	主景		主色		备注
	正面	背面	（长×宽）mm	正面	背面	正面	背面	
拾圆	民国三十五年		107×62	农忙、“冀热辽第十七区边币流通券”		棕		十七专区
伍拾圆	民国三十五年一月		60×125	火车		紫棕		竖版、宝坻县
伍拾圆	民国三十五年一月		124×65	城楼	4条说明	红	棕	香河县流通券
伍拾圆			51×100	天坛（左）、“晋察冀冀东第十四专署流通券”		红	蓝	竖版、十四专署
伍拾圆								竖版、十七（十三）专署
壹佰圆	民国三十五年一月		57×117	帆船（上）	2条说明	蓝	棕	竖版、宝坻县流通券
壹佰圆								香河县

解放战争初期，冀东地区为弥补晋察冀边区银行冀热辽分行发行的“冀热辽”版币的不足，经冀热辽区行署（后改为冀东行署）批准，由部分专署和县印制发行了临时性的地方流通券。1946年4月、5月、6月三个月，冀东各专署、县陆续开始发行流通券。发行了面额为伍圆、拾圆、伍拾圆、壹佰圆临时性地方流通券，发行总额为1.38亿元。

第三节　热河省银行货币

一、热河省利民商店流通券一览表

面额	年度		票幅	主景		主色	
	正面	背面	（长×宽）mm	正面	背面	正面	背面
拾圆	民国三十五年		125×63	火车（右）	三条说明	绿	褐

1946年1月中旬，设在承德市粮食街的冀热辽印刷分局，印刷发行了“热河省利民商店流通券”，面额为拾元一种，以解决热河省小额边币数量不足，此券采用胶印机印制。时至春节临近，市场急需货币，只能边印制、边发行。1946年2月，国民党军队进攻承德，晋察冀边区银行印刷总局撤回筹建冀热辽印刷分局的人员及设备，转移到张家口。“热河省利民商店流通券”的印制时间前后一个月，共印制431万元，发行322万元。

二、热河省银行（地方流通券）一览表

面额	年度		票幅	主景		主色	
	正面	背面	（长×宽）mm	正面	背面	正面	背面
拾　圆	中华民国三十六年	1947	116×56	厂房（左）	面额		
贰拾圆	中华民国三十六年		119×57	塔、树（中）		紫	棕
贰拾圆	中华民国三十六年		123×61	山村（中）	树、小屋（中）	红	棕
伍拾圆	中华民国三十五年		140×62	羊群（左），收割（右）	长城（中）	蓝黑	蓝
伍拾圆	中华民国三十六年		130×52	长城	面额图案	绿	茶色
壹佰圆	中华民国三十五年	1946	143×67	火车（中）	粮囤（左），山川（右）	棕	紫
壹佰圆	民国三十六年	1947	132×58	宫门	面额图案	棕黑	棕黑
壹佰圆	中华民国三十六年	1947	139×60	双牛耕地	面额图案	棕红、黑	石绿
壹佰圆	中华民国三十六年		137×61	双牛耕地	面额图案	红、黄	蓝
贰佰圆	中华民国三十六年		142×60	山海关亭楼（左）	面额图案	蓝	红

1946 年 8 月第三次国内战争爆发后，国民党军队相继侵占承德、张家口、赤峰及平绥、锦承西路沿线许多城镇。冀热辽地区陷于被敌分割的局势。在热河、冀热察有一个时期，群众拒绝使用边币，形成以物易物。蒋币很快侵入中共所占地区。中共热河省政府（1945 年 10 月 14 日成立）为转变金融货币斗争的被动局面，同时有力地支持战争，决定发行“热河省银行地方流通券”。此券分别由热河省银行印刷厂与东北嫩江省银行印钞厂两厂印制。该币发行后在群众中威信较高，其流通区域迅速由林西、赤峰一带向南发展。到 1947 年末，热河全省除敌占城市外，大部分地区均流通使用热河省银行钞。据统计，热河省银行共发行地方流通券 73.76 亿元。1947 年 9 月 10 日，热河省银行经热河省政府批准，还发行过伍万元和拾万元两种期票（期票使用时与现金同效，并可随时向热河省银行兑换热河省钞）。1948 年 2 月长城银行成立后，停止热河省钞发行，按长城券与热河省钞 1:1，热河省钞与“冀热辽”版边币 1:5 的固定比价，在规定的范围内继续流通。1948 年 7 月 27 日，东北行政委员会冀察热辽办事处发出通知，决定自 9 月 1 日起，冀察热辽全区统一采用长城银行券为本位币，此后热河省钞逐渐被收回。

第四节　中国人民银行币（第一套）

在中国共产党的领导下，解放区的广大军民经过 1947 年上半年的自卫反击战，使处于山东、陕北之间的晋察冀和晋冀鲁豫两大战略区及山东的渤海和西北的黄河以东地区基本连成一片。虽然各解放区军民交往、物资交流日益繁密，但各解放区的票子不能相互流通，成了影响解放区经济发展的障碍。解放区军民纷纷要求中央采取必要的措施，成立解

放区统一的银行，发行统一能在各解放区流通的货币。根据各地的要求，中央决定在太行成立华北财经办事处（后改为华北财政经济工作委员会，并决定董必武为主任），统一华北各解放区财经政策，调剂各区财经关系和收支。

1947 年 8 月 16 日，中央批准华北财办筹建中央银行后，董必武考虑此银行叫什么名字问题。有人提名叫“联合银行”或“解放银行”。晋察冀边区银行副经理何松亭建议叫“中国人民银行”。董必武认为用“中国人民银行”这个名字，既表示这是人民的银行，有别于蒋介石的中央银行，也不失将来作为新中国国家中央银行名称的格局。1947 年 10 月 2 日，董必武致电中央，建议“银行名称拟定为中国人民银行”。中央经过反复考虑，于 1947 年 10 月 8 日复电同意：银行的名称，可以用中国人民银行。华北财办根据中央认为成立全国统一银行为时过早，但可进行准备的电示，很快成立了以南汉宸（曾经担任陕甘宁边区财政厅长）为主任的中国人民银行筹备处。中央批准筹建中国人民银行后，董必武为第一套人民币写了行名、票面金额及印制年份等。

1947 年，华北财办按照中外一般将开国领袖像印在中央银行票子上的习惯，也拟在中国人民银行票面上印上毛主席像，甚至已经请晋察冀边区印刷局设计有毛主席像的票版。经请示中央，毛泽东复电说：票子是政府发行的，不是党发行的；现在我是党的主席，而不是政府的主席，因此票子上不能印我的像，将来再说吧。因此经与票版设计者王益久协商，设计出了反映解放区工农业生产情景图案的票版，如，小毛驴驮粪、农民用辘轳浇田、放羊牛和牧马、牛马耕地、农妇经线织布、火车、帆船、工厂等图案。1949 年 10 月，毛泽东任中央人民政府主席，中国人民银行行长南汉宸趁会议休息之机，当面请示毛主席：你已经当上了政府主席，票子上是否可以印主席像了。毛泽东说，政府主席是当上了，可政府主席也不能上票子了，因为我们在进城前已经作了规定，禁止用领导人的名字作地名、城市名、街道名、建筑物和工厂的名字，因此当上政府的主席也不能印在票子上了。

人民币发行之前，国民党政府银行所发行的票子，票面下面的银行名称及票面金额等用中文，票子背面的银行名称等皆为英文。因此看正面是中国银行的票子，看背面则是外国银行的票子，这是我国殖民地、半殖民地社会性质在货币上的反映。董必武认为人民币为中国广大人民群众所使用，一定要民族化，方便广大人民群众识别和使用。1947 年 12 月 30 日董必武在致东北局代印人民币的电报中说：人民币的背面除用阿拉伯字外一律用中文正楷字，用以扫除半殖民地社会性质在货币的遗迹。

1947 年冬天，中央为保证刘邓大军在中原出征的需要，加紧组织华北等地区的印钞厂印制中州农民银行票以支持战争。中央经过前期考察，认为只有东北解放区的印钞能力和技术能够适应新币生产的需要，因此董必武提出请东北局协助代印新币的主张，征得中央同意，董必武迅速发电报给东北局，请其代为印制一批新币。中共东北局、东北银行大力支持，将此事交给设在佳木斯的东北银行印钞厂办理。中国人民银行筹备处计划，东北条件好，将大额面额的票币，即500元和1000元两种交给他们印刷。1948年5月，中国人民银行筹备处托付东北交流华北财政经济工作经验的中央财政经济部的吕克白同志代为了解印制情况，并商定所印钞票稳妥运到华北的路线。经商议，由东北局派专人负责将印好的钞票送到胶东，再由胶东送到华北。为防止意外，商定印刷的钞票上不加印章和号码。1948年年中，中央发电报指示东北局，500元停印。1949年2月，东北银行代印的1000元券途经海路至山东再转运石家庄。在石家庄新成立的中国人民银行直属印刷厂进行一番加工，再经过发行部门检查、验收，才完成了钞票印制全过程。东北银行设计的票面文字不是董必武所书，东北银行票券纸质比关内要好且有菱花水印（人民币的钞纸水印开始于此）。

根据董必武的设想，统一各解放区银行和货币分步骤进行。首先是把已经连成一片的解放区的货币固定比价混合流通。1947年11月23日，陕甘宁晋绥联防军司令部根据毛主席将陕甘宁和晋绥两区合并的指示，把陕甘宁边区银行与西北农民银行合并，以西北农民银行币为两区的本位币。华北金融贸易会议决定自1948年4月，晋察冀边区银行和冀南银行搬到石家庄市原中华北街11号小灰楼合署办公。自1948年4月15日起，晋察冀边币与冀南币按10:1的比价混合流通，停止晋察冀边币的发行，以冀南币为两区本位货币。7月22日，晋察冀边区银行和冀南银行两行合并，成立了华北银行，南汉宸为总经理，胡景沄、关学文任副总经理。同时，中国人民银行筹备处从平山县夹峪村搬到了小灰楼。1948年10月2日，华北财政经济工作委员会决定晋察冀边币、冀南币、北海币、西北农民银行币自10月起固定比价混合流通。1948年11月，北海银行币与华中银行币等价混合流通。

在1948年10月2日召开的华北财经工作委员会第一次会议上，其中有关成立人民银行的问题有两个：一个是设立发行人民银行券，人民银行券与冀南、北海钞的比价确定为1:100，与晋察冀边币的比价为1:1000，与西北农民银行币的比价为1:2000，要求在印刷上力求精美，防止造假；另一个是确定华北、华东、西北三区的货币统一。

中央原决定1949年1月1日成立中国人民银行，发行人民币，但是革命战争胜利形势发展很快，即将解放的北平（北京）、天津，不仅是我国的主要大城市，而且是几个解放区的结合部位，周围有好几个解放区的票子（晋察冀边币、冀南币、西北农民银行币、东北币、热河币、长城币、内蒙古人民币及带“冀热辽”字样的晋察冀边币）在流通。若让各解放区的票子一起进入平津，势必造成市场混乱，不利于社会稳定和市场经济秩序的恢复。

1948年11月18日，华北人民政府在石家庄市召开第三次政务会议，已当选为华北人民政府主席的董必武在会上临时增加一项《关于发行统一钞票问题》的议题。会议经过认真讨论后作出决议：“发行统一货币现已刻不容缓，应立即成立人民银行并任命南汉宸为中国人民银行第一任总经理。”

1948年11月22日，董必武签发了成立中国人民银行发行统一货币的训令。

中央决定把中国人民银行的成立和发行人民币的时间提前到1948年12月1日。

1948年12月1日，华北人民政府发出金字第四号布告，宣布即日成立中国人民银行。布告中说：为适应国民经济建设之需要，特商得山东省政府，陕甘宁、晋绥两边区政府同意，统一华北、华东、西北三区货币；决定华北银行、北海银行、西北农民银行合并为中国人民银行，以原华北银行为总行；于本年12月1日发行中国人民银行钞票，定为以上三区的本位货币，统一流通；新币发行后，冀南币、鲁西币、晋察冀边币、北海币、西北农民银行币逐渐收回；新币对冀南币、北海币为1:100，新币对晋察冀边币为1:1000，新币对西北农民银行币为1:2000。行长为南汉宸。

中国人民银行遵照华北人民政府的指示，于同日发布了发字第一号通告：本行于本年10月1日发行伍拾圆、贰拾圆、拾圆3种票券，并将票券式样详细通告。当时印制人民币的物资条件，如纸张、油墨、印刷、号码机及设计技术力量极为贫乏。印钞纸，有的是钞票纸，有的是模造纸、道林纸或自造的麻纸；油墨，有什么牌子的就用什么牌子的；号码机有6位的，有8位的，字体有粗的、细的；印刷机，有石印机，有胶印机、凹版机、凸印机。因此，第一套人民币，不但品种多，而且版式、颜色、纸质及印刷质量参差不齐，甚至有的票子上只有罗马冠字没有印号码等。

原晋察冀边区银行印制局改为第一印制局，驻地阜平县；原晋冀鲁豫边区各印刷厂改为第二印制局，驻地在涉县；原北海银行、华中银行各印钞厂合编为第三印制局；华北银行直属印钞厂被确定为中国人民银行总行直属印刷厂，驻地石家庄。

首批发行的人民币主要在河北省境内的阜平县、涉县和石家庄市印制（此外，还冒着国民党军队尚未撤出北平的危险，派人进入国民党的印刷厂，迫使厂长接受印制人民币的任务，增加了钞票印刷力量，从而保证及时肃清平津地区的“金圆券”和占领平津地区货币市场的需要，对解放后的平津地区稳定社会秩序、恢复生产、城乡物质交流起了很大作用）。

第一套人民币共发行62种版别，其中维吾尔族版4种、蒙文版2种（两种少数民族的版别均为1951年发行）。

1949年1月，中国人民银行总行从石家庄迁往已和平解放的北平。

第一套人民币于1955年3月全部收回。

中国人民银行币（第一套）一览表

面额	年度		票幅（长×宽）mm	主景		主色	
	正面	背面		正面	背面	正面	背面
壹圆	中华民国三十七年	1948	113×54	男工人和女农民（左）	中间“壹”	蓝青、粉	浅咖啡
壹圆	中华民国三十八年	1949	116×56	工厂（左）	中间“1”	褐蓝	褐蓝

续表

面额	年度		票幅（长×宽）mm	主景		主色	
	正面	背面		正面	背面	正面	背面
伍圆	中华民国三十七年	1948	115×56	帆船（左）、小船（右）	花符、“5”、“伍”、“5”	蓝	绿
伍圆	中华民国三十七年	1948	117×56	牧羊（左）	花符、“5”、“伍”、“5”	绿	深绿
伍圆	中华民国三十八年	1949	127×60	犁（左）、马拉车（中）、收割（中）、牛（右）	花符	蓝	棕
伍圆	中华民国三十八年	1949	116×56	两人织布（左）	花符、“5”、“伍”、“5”	黄、棕	茶
拾圆	中华民国三十七年	1948	121×63	浇水（左）、矿厂（右）	花符	浅绿、深绿	蓝绿
拾圆	中华民国三十八年	1949	122×65	拉锯与田野（左）、耙地（右）	花符	粉、黄	茶
拾圆	中华民国三十八年	1949	122×64	火车站	花符	茶	绿
拾圆	中华民国三十八年	1949	121×64	工人与农民（左）（面向右）	塔（右）	绿	蓝黑
贰拾圆	中华民国三十七年	1948	121×64	烟囱、树、农人与驴驮（左），火车站（右）	大花球、“20”、“20”（稍大）、“20”	绿棕	高粱红
贰拾圆	中华民国三十八年	1949	120×64	两人推矿车（中）	中“贰拾圆”	绿、蓝、咖啡	灰绿
贰拾圆	中华民国三十八年		124×64	万寿山（甲）（塔、帆、牧）	花符	蓝	墨绿
贰拾圆	中华民国三十八年		125×63	万寿山（乙）（塔、帆、牧）	花符	紫红	黑灰
贰拾圆	中华民国三十八年	1949	121×64	桥、火车、工厂、烟囱（左）	花球、“20”、“20”（稍大）、“20”	绿、黄	墨绿
贰拾圆	中华民国三十八年	1949	121×63	帆船（左）、矿车（右）	花符	紫	茶
贰拾圆	中华民国三十八年	1949	120×62	打场（中）	花符	深蓝、浅蓝	深蓝
贰拾圆	中华民国三十八年		125×63	塔、牲口、小帆船	花符	紫红	黑灰
伍拾圆	中华民国三十七年	1948	133×69	驴拉水车（左）、煤矿（右）	花符	棕黑	黄茶
伍拾圆	中华民国三十八年	1949	132×70	火车（左）、涵洞（右）	高压线、汽车（中）	紫红	蓝

续表

面额	年度		票幅	主景		主色	
	正面	背面	（长×宽）mm	正面	背面	正面	背面
伍拾圆	中华民国三十八年	1949	135×67	城楼、火车（中）	花符	黄、蓝、黑	栗
伍拾圆	中华民国三十八年	1949	133×69	城楼、火车（中）	花符	黄、蓝、黑	咖啡
伍拾圆	中华民国三十八年	1949	133×69	火车、涵洞	高压线、汽车（中）	绿蓝、黄	深红
伍拾圆	中华民国三十八年	1949	134×70	工人、农民（面向左）（中）	花球	浅咖啡	紫红、淡红
伍拾圆	中华民国三十八年	1949	133×70	轧道机（右）	车马（右）	浅蓝、绿灰	紫灰
壹佰圆	中华民国三十七年	1948	132×69	耙地（左）、厂房（右）	花符	蓝、黄、红、黑	浅褐
壹佰圆	中华民国三十七年	1948	133×69	火车站	花符	蓝、绿、茄、紫	浅黄、深黄
壹佰圆	中华民国三十七年	1948	132×69	万寿山（右）（甲）	火车	深绿	浅墨绿
壹佰圆	中华民国三十七年	1948	131×70	万寿山（右）（乙）	火车	深绿	浅墨绿
壹佰圆	中华民国三十八年	1949	132×68	工厂	齿轮	藕荷红	棕
壹佰圆	中华民国三十八年	1949	134×70	北海白塔与桥（左）、楼（右）	花符	蓝、紫、黑	灰、蓝
壹佰圆	中华民国三十八年	1949	135×70	北海白塔与桥（左）、楼（右）	花符	黄、黑紫、灰、蓝	灰蓝、紫
壹佰圆	中华民国三十八年	1949	134×70	轮船、码头	大花座	藕荷红	深红
壹佰圆	中华民国三十八年	1949	132×68	烟囱、牲口驮东西、锄地	花符	深黄、栗茶、黑	蓝绿
壹佰圆	一九四九年	1949	132×69	帆船（左）	花符	赭石	墨绿
贰佰圆	中华民国三十八年	1949	133×69	颐和园	花符	黄、蓝	浅紫、红
贰佰圆	中华民国三十八年	1949	135×70	佛香阁（右）	花符	黄、紫、绿	浅棕、深棕
贰佰圆	中华民国三十八年	1949	134×70	长城	花符	绿、茄紫	深紫
贰佰圆	中华民国三十八年	1949	134×70	炼钢（左）	花球	黄、蓝、咖啡	深棕、橘黄
贰佰圆	中华民国三十八年	1949	130×70	收割图	花符	黑蓝	黑灰
伍佰圆	中华民国三十八年	1949	133×70	一农民（左）、农村	花符	深茶	宝石绿
伍佰圆	中华民国三十八年	1949	134×70	正阳门（中）	花符	灰绿、浅紫、黑	浅蓝灰、咖啡

续表

面额	年度		票幅	主景		主色	
	正面	背面	（长×宽）mm	正面	背面	正面	背面
伍佰圆	中华民国三十八年	1949	134×70	起重机（右）	花符	浅咖啡、浅灰	灰黑
伍佰圆	一九四九年	1949	134×70	拖拉机	花符	豆绿	蓝绿、土黄
伍佰圆	一九四九年	1949	134×69	农作图（中）	花符	绿、紫、黑、酱红	咖啡
伍佰圆	一九五一年	1951	134×70	树、瞻德城、田野	维文、花符	浅蓝、酱紫红	酱紫
壹仟圆	中华民国三十七年		150×62	白云下的双马拉犁（左）、（东北银行印、“中国人民银行”不是董必武书）	天坛（中）	浅紫	浅咖啡
壹仟圆	中华民国三十八年	1949	134×70	秋收、三匹马拉车（全景）	花符	浅蓝、浅黄	绿
壹仟圆	中华民国三十八年	1949	140×75	三台拖拉机	收割（中）	蓝黑	蓝黑
壹仟圆	一九四九年	1949	135×74	工厂、推矿车（左）、耕地（右）	大轮船（中）	浅蓝、紫	浅蓝
壹仟圆	一九四九年	1949	134×70	工厂、钱塘江桥、六和塔	花球	墨绿、蓝黑	青莲
壹仟圆	一九五一年	1951	134×70	放马图（全景）	维文、花符	浅蓝、深绿	草绿
伍仟圆	一九四九年	1949	140×75	耕地机（中）	花符	浅蓝、葱绿、黑蓝	油绿
伍仟圆	一九四九年	1949	140×75	工厂	花球	深茶	茶绿、黄
伍仟圆	一九五一年	1951	140×74	骆驼与帐篷（右）	蒙文、花符	浅绿、深绿	浅蓝、深蓝
伍仟圆	一九五一年	1951	140×71	牧羊图（右）	维文、花符	浅绿、深茶	浅蓝、深绿
伍仟圆	一九五三年	1953	140×75	桥梁、火车（全景）、“中国人民银行”自左向右	花符	紫茶	蓝、红、绿
壹万圆	一九四九年	1949	140×75	军舰（中）	花符	杏黄、浅蓝、墨绿	茶
壹万圆	一九四九年	1949	145×75	三组马拉犁（全景，由近至远）	牛羊满坡（中）	黄、深棕	深棕
壹万圆	一九五一年	1951	140×75	牧童放牛羊（左）	蒙文、花符	浅紫、红茶	浅蓝、茶

续表

面额	年度		票幅	主景		主色	
	正面	背面	（长×宽）mm	正面	背面	正面	背面
壹万圆	一九五一年	1951	140×75	驼队、城楼（远方）	维文、花符	茶红、灰	茶红
伍万圆	一九五零年	1950	140×75	新华门（右）	履带拖拉机（中）	蓝黑、红绿	绿棕
伍万圆	一九五〇年	1950	140×75	收割机（左）	火热的工厂生产图（中）	红、紫、绿	棕黑

第五节　中州农民银行币

抗日战争胜利之后，中共在原新四军第五师创建的豫皖边抗日根据地的基础上，10月30日在桐柏城郊成立了中共中央中原局、中原军区和中原行署，首次创立了中原解放区，战略地位十分重要。蒋介石认为这是巩固长江中下游，进而抢占东北、控制华北的必占之地。自1946年4月起，蒋介石调集26个整编师，约30万人的兵力，频繁向中原解放区发动进攻。1946年6月26日，中共主力部队离开宣化店分南北两路向西转移，北路由李先念率领转移到豫鄂陕边地区，南路由王树声率领转移到武当山地区。

一年以后，人民解放战争的形势发生了巨大变化，人民解放军歼灭国民党军112万人，解放军由127万人增加到195万人。蒋介石被迫由向各解放区全面进攻改为向山东和陕北的重点进攻。1947年6月30日，刘伯承、邓小平根据党中央、毛泽东的战略部署，率晋冀鲁豫野战军主力12万人，强渡黄河，跨过陇海路，越过黄泛区，渡过汝河、沙河和淮河，千里跃进大别山，揭开了全国战略进攻的序幕。8月22日至24日，陈赓兵团突破黄河天险，大军进入豫西地区。9月26日，陈毅率华东野战军越过陇海路，进入豫皖地区。三路大军，互为犄角，遥相呼应。

三路解放大军挺进中原时，社会上流通着三类货币：1. 法币和关金票。2. 银元。3. 冀南币、北海币、华中币。三类货币占有市场份额不同，比价各异，市场极为混乱，严重影响商品的正常流通。尤其是法币占有市场份额最大，但它极度膨胀，贬值惨重，造成中原解放区商品物资大量外流，人民受到严重损害。为此，中原局决意建立中州农民银行。1947年12月，晋冀鲁豫部队将部分“中州农民银行币”运至桐柏区和江汉区，在两区试发行。

1948年1月25日，中共中央中原局正式作出《关于发行中州农民银行钞票的决定》，并表明坚持一定比例的财政发行，以克服财政和部队供应的困难。最早建立的是1948年5月1日成立的中州农民银行豫皖苏区界首支行。6月“中州农民银行币”开始发行，始发阶段的投放渠道主要是部队、财政、银行、公营商店。中州农民银行总行于1948年8月

23 日在河南省宝丰县商酒务村成立（1949 年 5 月迁往武汉），总经理为陈希愈。在豫西、桐柏、豫皖苏、江汉、陕南、鄂豫各解放区先后建立区行或分行。“中州农民银行币”开始发行是委托冀南银行印制的（现存的中州币中就有两种标有“中华民国三十五年印”）。1948 年 6 月到 8 月，准予以中州币 200 元兑换银元 1 元，兑出兑入自由，保持了中州币很高的信誉，9 月停止兑现。中州币发行初期，由于所印大面额的钞票多，小面额的少，使用不便和影响币值，曾准许铜元作为辅币行使；为了找零的需求，中原局于 1948 年 8 月指示各县印制低面值的地方流通券，作为中州币的补充。如襄城、宝丰、禹县、鲁山、方城、郏县等县的流通券，还有宛西贸易流通券（流通于桐柏区），面值均为壹圆和贰圆。中州农民银行共计发行了壹圆、贰圆、叁圆、伍圆、拾圆、贰拾圆、伍拾圆、壹佰圆、贰佰圆 9 种面额，21 个版别的货币。至 1949 年 3 月，“中州农民银行币”的发行量为 125 亿元左右。1949 年 3 月 2 日，中共中原局下达《关于发行中国人民银行钞票紧急通知》：1949 年 3 月 10 日中州农民银行将改组为中国人民银行中原区行，在中原解放区正式发行中国人民银行钞票。中州币与人民币的法定比价为 3:1（1 元人民币等于 3 元中州币），逐步将“中州农民银行币”兑回。

中州农民银行币一览表

面额	年度		票幅	主景		主色		备注
	正面	背面	（长×宽）mm	正面	背面	正面	背面	
壹圆	民国三十七年	1948	48×91	耕地	亭阁	红	紫	竖版，正面注“陕南”
贰圆	中华民国三十七年	1948	92×48	双亭台（右）	面额图案	蓝	褐	票面左边有一个“东”字
贰圆	中华民国三十七年	1948	91×46	农忙图（左）	英文、图案	蓝	棕黑	
贰圆	民国三十七年	1948	94×48	插秧（中）	英文、图案	深绿	绿	正面注“陕南”
贰圆	中华民国三十七年	1948	113×49	楼阁（左）	火车	绿	棕	正面注“桐柏”
贰圆	民国三十七年	1948	94×48	插秧		绿	深绿	正面注“陕南”
叁圆	民国三十七年	1948	94×48	锄地（左）	面额图案	红	蓝黑	正面注“陕南”
伍圆	中华民国三十七年	1948	53×98	耕地	面额图案	蓝	绿	竖版
伍圆	中华民国三十七年	1948	97×47	面额图案	山、屋（中）	绿	红	
伍圆	中华民国三十七年		113×54	亭、树		绿		正面注“江汉”
伍圆	民国三十八年	1949		房屋、树	花符			正面注“陕南”
拾圆	中华民国三十七年	1948		打场（中）	面额图案	灰黑	蓝	
拾圆	中华民国三十七年	1948	112×53	大亭、树	面额图案	灰黑	棕	
拾圆	中华民国三十七年	1948	107×50	树、小亭	面额图案	蓝黑	蓝	正面注“江汉”
拾圆	中华民国三十八年	1949	110×51	亭、树（左）	面额图案	蓝	棕	
贰拾圆	中华民国三十五年	1946	116×54	房屋、船（左）	亭院	红	绿	
贰拾圆	中华民国三十七年	1948		帆船（左）	面额图案	浅绿	绿	

续表

面额	年度		票幅	主景		主色		备注
	正面	背面	(长×宽) mm	正面	背面	正面	背面	
伍拾圆	中华民国三十五年	1946	121×55	牌楼（左）	面额图案	深绿	绿	
壹佰圆	中华民国三十五年	1946	140×68	火车（中）	院落	蓝	蓝	
壹佰圆	中华民国三十七年	1948	121×57	飞檐亭（右）	“佰圆”（两侧）、面额图案	紫红	蓝	
壹佰圆	中华民国三十七年	1948	121×57	飞檐亭	面额图案	咖啡	绿	
贰佰圆	中华民国三十七年	1948	125×58	轮船（中）	面额图案	紫红	咖啡	

第六节　中原解放区各县流通券

中原解放区各县流通券一览表

面额	年度		票幅	主景		主色		备注
	正面	背面	(长×宽) mm	正面	背面	正面	背面	
壹圆	中华民国三十七年			塔	四条文字说明	棕	蓝	老河口临时流通券
壹圆	民国三十七年	1948	53×106	船	四条文字说明	红	黑色花边	竖版，鲁山商业流通券
壹圆	中华民国三十七年		58×106	大楼	农民赶牛耕地	红	绿	竖版，禹县流通券
贰圆	中华民国三十七年		50×95	农忙赶牛耕地	四条文字说明	浅紫	黑	宝丰县流通券
贰圆	民国三十七年		54×98	五星放光	四条文字说明	土红	黑	竖版，宛西贸易公司流通券（南阳）
贰圆	中华民国三十七年	1948	60×106	帆船、桥	文字说明	蓝	土红	竖版，方城县流通券
贰圆	中华民国三十七年十月		93×50	院门	面额图案	蓝	红	郑州流通券
贰圆	民国三十七年		54×107	亭、树		红	深蓝	竖版，襄城县人民民主县政府流通券（另有57毫米宽版）
贰圆			50×95	牛耕地		浅紫		竖版
贰圆			59×107	火车	村舍	深蓝	红	竖版，禹县流通券
贰圆	中华民国三十七年	1948	54×107	亭、树	“公私款项一律通用”、“2”	浅红	蓝	竖版，郏县民主政府流通券
贰拾圆	中华民国三十七年			船（左）	四条文字说明	蓝黑	蓝黑	汉通商店流通券（注“陕南”）

第七节　中国人民解放军华东野战军军用流通券

1947 年 1 月 23 日，根据中国共产党中央军事委员会命令，山东军区与华中军区合并，成立华东军区，辖胶东、鲁中、渤海、鲁南、苏中、苏北 6 个军区和滨海军分区及东江纵队等。山东野战军与华中野战军在山东省临沂县前河湾村合并，成立华东野战军。

山东钱币博物馆，藏有“中国人民解放军华东野战军军用流通券”贰佰圆及伍佰圆票样。他们断定，北海银行曾印制过华东野战军军用流通券贰佰圆及伍佰圆券，目前存世的华东野战军军用流通券伍拾圆、壹佰圆系冀南银行第三印钞厂印制。

中国人民解放军华东野战军军用流通券一览表

面额	年度		票幅	主景		主色		备注
	正面	背面	（长×宽）mm	正面	背面	正面	背面	
贰佰圆	中华民国三十七年	中华民国三十七年三月	132×72	汽车运输（右）、农作（左）	中国人民解放军华东野战军司令部布告（3 条）	绿	紫	
伍佰圆	中华民国三十七年	中华民国三十七年三月	126×64	长城（全景）	中国人民解放军华东野战军司令部布告（3 条）	蓝	蓝	

第八节　鄂豫皖解放区货币

皖西解放区是刘邓大军挺进大别山后建立的一处战略根据地，皖西行署辖 4 个专署 14 个县。该区原用法币，因法币恶性贬值，百姓苦不堪言，但南下解放军带来的解放区货币老百姓也不信任；新发行的中州币，因路途遥远，加之敌人封锁，运送不便。以致银元、粮食成为当地交易媒介，使用极为不便。为了稳定金融，畅通贸易，阻止敌人用贬值的法币掠夺解放区物质，中共中央中原局指示，允许各解放区在中州币未发行前，印制一定数量的、以银元为单位的辅币流通券作为过渡。1948 年 10 月，皖西区党委决定，由行署工商总局印制发行皖西流通券。该流通券 1949 年 1 月 1 日开始在全区流通，有伍分、壹角、贰角、贰角伍分、伍角 5 种面额，以银元为单位，每 10 角可兑换银币壹圆，很受群众欢迎。发行仅 3 个多月，皖北全境解放。皖西区党委 1949 年 4 月 18 日指示，以人民币为全解放区的本位币，限期收回皖西流通券。银行和贸易机关以人民币 300:1 的比价兑换，共收回皖西流通券 1.4 万余元。

一、皖西流通券一览表

面额	年度		票幅	主景		主色		备注
	正面	背面	（长×宽）mm	正面	背面	正面	背面	
伍分	中华民国三十七年		80×49	轮船（右）	“工商总局”、“公司款项，一律通用”、局长“刘征田”（签名）	绿	红	皖西流通券
壹角	中华民国三十七年		87×46	桥亭（右）	轮船（中）、“工商总局”、“公司款项，一律通用”、局长“刘征田”（签名）	红	棕	同上（1948 年、1949 年各一种）
壹角	中华民国三十八年		87×46	树、亭（右）	“工商总局”、“公司款项，一律通用”、局长“刘征田”（签名）	红	棕	
贰角	中华民国三十八年		90×48	小亭（右）	同上	红	绿	同上
贰角伍分	中华民国三十八年		92×52	树、亭（右）	同上	绿	红	

二、皖西四专工商管理局票一览表

面额	年度		票幅	主景		主色		备注
	正面	背面	（长×宽）mm	正面	背面	正面	背面	
伍角	民国三十七年		90×52	挑夫（左）	“本券以公粮税款作保证金拾角兑银币一元完粮纳税通用”	紫	棕	背面有“陈力生”、“刘文波”签名
伍角	民国三十八年		87×50	挑夫（左）	“本券以公粮税款作保证金拾角兑银币一元完粮纳税通用”			背面有“陈力生”、“余衡”签名
伍角	民国三十八年		89×50	毛泽东像（中）	文字			背面有“陈力生”、“余衡”签名

第九节　东北各地解放区货币

日本投降后，中共中央为加强对东北地区工作的统一领导，决定成立中共中央东北局，并从关内调动主力部队 13 万余人和选派党政干部两万余人挺进东北，建立各级民主政权。为整顿东北金融，发展东北经济，解决财政困难，支持解放战争，中共中央东北局于 1945 年 10 月决定成立东北银行，组建印钞厂，发行“东北银行地方流通券”。11 月 8 日开始印出壹圆和伍圆的“东北银行地方流通券”。1945 年 11 月 12 日，东北银行在沈阳市开始营业，后来由于国民党政府依靠美国援助抢占东北，中共又受《中苏友好同盟条约》的约束，东北银行总行于 1945 年 11 月 26 日奉命撤离沈阳，经本溪、抚顺、梅河口等地到达通化。1946 年 5 月，东北银行又迁往佳木斯，同年 6 月 7 日《东北停战协议》，局势有所缓和，东北银行总行进驻哈尔滨，于 1946 年 9 月 2 日正式恢复营业。1947 年，为贯彻中共东北局第二次财经会议《关于整顿银行，逐步统一货币发行》的决定，东北银行总行接管了各地方银行，统一发行东北银行币，并规定比价收兑流通中的地方货币。据统计，1945 年 11 月至 1948 年 6 月累计发行“东北银行地方流通券”4757 亿元，大部分在北满地区发行。1951 年 4 月 1 日，中央人民政府政务院将东北银行总行改为中国人民银行东北区行。

一、东北银行（地方流通券）一览表

面额	年度		票幅	主景		主色		备注
	正面	背面	（长×宽）mm	正面	背面	正面	背面	
伍角	中华民国三十五年	1946	110×51	轮船（右）	面额图案	绿	浅蓝	票面注“辽东”
壹圆	中华民国三十四年	1945	122×63	颐和园万寿山（左）、天坛（右）	面额 3 个“1”	红	绿	
壹圆	中华民国三十五年	1946	113×58	耕田（右）	面额	红	橘黄	票面注“辽东”
壹圆	中华民国三十五年	1946	98×46	塔、水船、房	面额	粉红	土红	票面注“辽西”
伍圆	中华民国三十四年	1945	122×63	树、马拉水车（左）	大楼（中）	红	绿	
伍圆	中华民国三十四年	1945	116×60	锯木（左）		红	橘红	票面注“辽东”
伍圆	中华民国三十五年	1946	112×60	楼台亭（左）	塔	绿	蓝	票面注“辽西”
伍圆	中华民国三十五年	1946	123×68	院子（右）	建筑物（中）	灰	灰蓝	票面注“吉江流通券”
拾圆	中华民国三十四年	1945	123×61	面额图案	英文、阿拉伯图案	紫红	橘红	票面注“辽东”，票面上无“地方流通券”
拾圆	中华民国三十四年	1945	146×73	耕地（右）	面额 3 个“10”	绿	棕	票面无“地方流通券”
拾圆	中华民国三十五年	1946	148×71	浇地、树、“此券兑换东北银行法币壹圆”	面额	紫红	浅绿	
拾圆	中华民国三十五年	1946		浇地、树（右）	天坛（中）	咖啡	绿	
拾圆	中华民国三十五年	1946	137×69	会堂（中）	天坛	灰蓝	浅棕	票面注“辽西”
拾圆	中华民国三十五年	1946	130×57	会堂（右）	天坛	绿	红	票面注“辽西”

续表

面额	年度		票幅（长×宽）mm	主景		主色		备注
	正面	背面		正面	背面	正面	背面	
拾圆	中华民国三十五年发行		142×76	楼房（右）	院门	茶	蓝	票面注“吉江流通券”
拾圆	中华民国三十五年		148×71	浇水（右）、“此券兑换东北银行法币壹圆”		棕	棕	票面盖“吉江”
拾圆	中华民国三十六年	1947	122×53	农忙图（右）	图案	红黑	棕	
拾圆				烟囱（左）				票面盖“吉江”
伍拾圆	中华民国三十四年	1945		面额图案	轮船（中）	红	棕	票面注“辽东”，票面无“地方流通券”
伍拾圆	中华民国三十四年	1945	127×66	面额图案	轮船（中）	绿	棕绿	票面注“辽东”，票面无“地方流通券”
伍拾圆	中华民国三十四年	1945	123×64	面额图案	轮船（中）	棕	红	票面注“辽东”，票面无“地方流通券”
伍拾圆	中华民国三十四年	1945	123×64	面额图案	轮船（中）	红	棕	票面注“辽东”，票面无“地方流通券”
伍拾圆	中华民国三十五年	1946	142×68	火车（左）、轮船（右）	图案	茶	红	票面注“辽西”
伍拾圆	中华民国三十五年发行		143×26	院落（中）	高压线（中）			票面注“吉江流通券”
伍拾圆	中华民国三十六年	1947	131×52	兵与民（左）	哈尔滨东北银行总行两层大楼	紫	橘红	
壹佰圆	中华民国三十四年	1945	150×73	烟囱与会堂（左）		深绿	橘红	
壹佰圆	中华民国三十五年		142×70	火车（右）		蓝灰	棕	票面注“辽西”
壹佰圆	中华民国三十五年	1946	142×70	哈尔滨东北银行总行两层大楼	火车	灰	浅紫	票面注“辽西”
壹佰圆	中华民国三十五年	1946	144×62	亭、铜牛、水、船	面额图案	紫灰	红	票面注“辽西”

续表

面额	年度		票幅	主景		主色		备注
	正面	背面	（长×宽）mm	正面	背面	正面	背面	
壹佰圆	中华民国三十五年	1946	141×66	哈尔滨东北银行总行两层大楼	火车	绿土	绿	票面注“辽西”
壹佰圆	中华民国三十五年	1946	141×71	院子（左）、亭院（右）	哈尔滨东北银行总行两层大楼	蓝	棕红	票面注“吉江”
壹佰圆	中华民国三十六年	1947	141×57	双马农作(左)	面额图案	红	绿	
壹佰圆	中华民国三十六年	1947	148×60	三马耕地(左)	面额图案	红	棕	
贰佰圆	中华民国三十六年	1947	142×61	火车（右）	天坛	红、黑	蓝、黑	票面注“辽西”
贰佰圆	中华民国三十六年	1947	145×57	双亭	船	红	棕绿	票面注“辽西”
贰佰伍拾圆	中华民国三十七年	1948	135×55	兵与民（左）	哈尔滨东北银行总行两层大楼	紫	橘红	
伍佰圆	中华民国三十六年	1947	148×60	毛泽东像(左)	建筑物	红	紫	
伍佰圆	中华民国三十六年	1947	149×57	毛泽东像(右)	建筑物	桃红	褐色	
伍佰圆	中华民国三十六年	1947	146×59	毛泽东像(中)	建筑物	蓝黑	橘红	
伍佰圆	一九五零年	1950	146×59	开拖拉机(右)	建筑物	棕灰	蓝紫	
壹仟圆	中华民国三十六年		79×170	兵与民两人(右)		灰		竖版
壹仟圆	中华民国三十七年	1948	163×55	工人与农民(右)	哈尔滨东北银行总行两层大楼	茶色	褐	
壹仟圆	中华民国三十七年	1948	163×55	工人与农民(右)	哈尔滨东北银行总行两层大楼	棕灰	棕灰	
伍仟圆	中华民国三十七年	1948	161×60	哈尔滨东北银行总行两层大楼（右）	面额图案	灰蓝	蓝紫	
壹万圆	中华民国三十七年		145×67	亭子与古建筑(右)	哈尔滨东北银行总行两层大楼	绿、蓝	紫	

续表

面额	年度		票幅	主景		主色		备注
	正面	背面	（长×宽）mm	正面	背面	正面	背面	
伍万圆	中华民国三十七年		148×59	火车（左）、轮船（右）	大会堂	灰黑	咖啡	
伍万圆	中华民国三十七年		84×191	会堂	文字说明	绿	天蓝	竖版，本票（票面注“哈尔滨”）
拾万圆	中华民国三十八年	1949	135×72	耕地（左）、修铁路（右）	城楼	紫灰	黄灰	
拾万圆	一九五零年	1950	148×66	拖拉机（左），挖土机（右）	面额图案	绿、蓝	咖啡	
拾万圆			85×193	哈尔滨东北银行总行两层大楼	“注意事项”	棕黄	灰	竖版，本票
伍拾万圆	1949		73×172	工厂设备	“注意事项”	棕黄	绿	竖版，本票
伍拾万圆	中华民国三十八年			哈尔滨东北银行总行两层大楼				竖版，本票
壹佰万圆	中华民国三十八年			哈尔滨东北银行总行两层大楼				竖版，本票
壹佰万圆	1949		85×190	带红旗的圆楼	“注意事项”	蓝	棕红	竖版，本票

在东北银行总行成立的同时，根据中共东北局第一次财经会议的决定，在辽东、辽北、冀察热辽、吉林、嫩江、合江、牡丹江等解放区和旅大地区先后建立了许多地方银行，并发行了货币。

（一）在辽宁解放区发行的地方银行币

1. 辽东东北银行币。辽东东北银行于 1946 年 1 月在安东（今丹东）成立，下设辽宁、安东和辽南 3 个分行，专设印制局（后改为东方印刷局），发行印有“辽东”字样的东北银行券。面额有壹圆、伍圆、拾圆、伍拾圆 4 种，总额 3.2 亿元。辽东券于 1948 年 7 月停止发行，统一于“东北银行地方流通券”。

2. 东北银行辽西分行币。东北银行辽西分行于 1946 年 3 月在辽西行署所在地郑家屯成立，前身是 1946 年 1 月在法库成立的西满实业公司金融部。辽西分行成立后，设有团结印刷厂，印制发行东北银行辽西地方流通券。面额有壹圆、伍圆、拾圆、伍拾圆、壹佰圆、贰佰圆6种，10个版别，共发行28亿余元，主要用于财政垫款和工商投资及少量农业贷款等。因受战争影响该行于1946年5月底迁移洮南，7月改称东北银行辽吉区分行，1947年2月又改称辽北省银行。于1947年7月停止发行，统一于“东北银行地方流通券”。

（二）在吉林解放区发行的地方银行币。1946年2月在洮南成立东北银行吉江分行，3月15日发行印有“吉江”和“吉江流通券”的东北银行券，面额有伍圆、拾圆、伍拾圆、壹佰圆4种，发行总额近2300万元。还发行蒙文版拾圆券一种，发行额400万元。该行于1946年6月1日并入嫩江省银行，发行“嫩江省银行券”。“吉江银行券”被“嫩江省银行券”和东北银行辽西券收回。

（三）在黑龙江解放区发行的地方银行币

1. 依兰县金融救济券。抗战胜利后，依兰县同其他地方一样，处于无政府状态，社会秩序混乱，经济萧条。人民政府成立之后，为解决军费和财政开支困难，1945年11月，在伪满中央银行旧址成立了金融救济会，由县长兼任会长，以当地库存的煤炭、木材、盐为物资基础，发行了临时货币“依兰县金融救济券”，在本县境内流通。利用原伪满中央银行库存的空白支票，加盖票面戳记和金融救济会负责人印章，上方有“金融救济券”字样。面额有壹圆、伍圆、拾圆、伍拾圆、壹佰圆、伍佰圆6种。空白支票用完后，改用类似窗户纸样的麻纸平版印刷。票面约3寸长、2寸宽，中间盖有“依兰县地方金融救济会”印章。“东北银行地方流通券”行使后，于1946年6月1日奉命停止印刷和发行，流通中的救济券由县政府开设的益安商店以物资收回。

2. 克山县地方流通券。克山县在北安和齐齐哈尔之间，是我军较早进驻的县。1945年12月，克山县大众银行发行了700万元克山县地方流通券，面额分拾圆、壹佰圆两种。票面由克山中学教师卢振设计、绘制，由县印刷厂印刷。1947年2月停止流通，县政府委托克山县大众油坊、大众纸坊以实物收回。

3. 富锦下江银行支票。富锦市是日本溃退较早的城市之一，于1945年8月12日全部缴械投降，经中共合江省委批准成立富锦民主政府。1946年1月，合江省政府在富锦成立下江行政督察专员公署，富锦地区专员行政公署为解决政府开支以及发展经济的需要，经合江省政府同意在富锦县建立了下江地区人民银行，发行“下江银行支票”，用于购买谷物、粮米，农民持票可到国营商店购买生活用品。同年6月，合江省政府公告以“东北银行地方流通券”为本位币，富锦县政府用豆饼、豆油、白酒等商品将下江银行支票全部收回。该行支票停止流通，银行同时撤销。

4. 东安地区实业银行流通券。东安位于黑龙江东部，经济并不发达，但距中苏边境只有40公里，是个防务重镇。1946年5月，东安地区设立东安地区实业银行，发行了“东安地区实业银行流通券”，限在密山、鸡西一带流通，面额有伍角、壹圆、拾圆3种，发行1000万元。1946年11月该行由东北银行接收，改为东北银行鸡宁支行。

二、关东银行币一览表

面额	年度		票幅	主景		主色		备注
	正面	背面	（长×宽）mm	正面	背面	正面	背面	
壹圆	中华民国三拾柒年	1948	123×64	山水	轮船	橘红	粉红	
伍圆	中华民国三拾柒年	1948	133×74	山水（中）	轮船	黄绿	黄绿	
拾圆		1948	143×84	山水（中）	轮船	橘红	橘红	
伍拾圆	中华民国三拾柒年	1948	159×91	山水	轮船	紫红	紫红	
壹佰圆	中华民国三拾柒年	1948	193×94	山水（左）	轮船	灰绿	紫棕	

1945 年 8 月 22 日，苏联红军进驻旅（顺）大（连）。按中苏条约规定，国民党的势力不能进入，民主政府也不能公开出面。在苏军管制时期，苏军掌握货币发行并接管了大批主要企业，为了开展进出口贸易，调剂资金需求，1945 年 11 月前后，中共相继在大连市、大连县、旅顺市和金县各地成立了民主政府，11 月 8 日成立大连民主政府，12 月市政府财政局接收了 16 家日伪银行，合并成为工业、农业、商业 3 家银行。1946 年 1 月在大连设立了苏联远东银行。1946 年 7 月 1 日又将工农商 3 家银行合并组成了大连银行，但不准发行货币。当时市面上流通的主要是苏联红军票，伪满票也照常流通。1947 年 4 月关东公署宣布成立，4 月 20 日将大连银行改称为关东银行，直属关东公署领导。关东银行为稳定物价，巩固币值，苏军方面采取措施，对流通的货币贴上小贴（大小类似邮票），俗称“货币贴贴”。规定凡持有 100 元和 10 元面额的苏军军用票和伪满票须加贴才有效，面额 5 元和 1 元的不加贴仍可通用；凡本区人民不分阶层，成人每人一律兑给印票 3000 元，15 岁以下的小孩每人兑给 1000 元，多余者须在规定的时间内送银行登记，过期作废不得通用。1948 年 11 月关东银行统一发行关东地方性新币，票面额分壹圆、伍圆、拾圆、伍拾圆、壹佰圆 5 种，发行总额 54 亿元，新关东币由苏方在苏联印制，以新币兑换贴贴的苏军币。1950 年 6 月 15 日，关东银行与东北银行合并，将关东银行总行改名为东北银行旅大分行。

三、东北解放区其他货币

1946 年 7 月，中共中央东北局在哈尔滨召开扩大会议，通过了陈云起草的《东北的形势和任务的决议》，将进入东北的主力部队正式命名为东北人民军自治军，先后建立了锦热、辽宁、辽东、辽西、吉林、辽北、松花江、三江、嫩江、北安 10 个军区，总兵力达 39 万人。派出干部分赴各省、市、县，分别召开民主参议会和代表大会，推选省主席、市长、县长，先后组建了辽宁、安东、热河、黑龙江、嫩江、吉林、合江、松江、绥宁等省政府，下属的 30 个市、专区、盟和 200 多个县、旗政权也相继建立。但是由于国民党不断发动对东北的进攻和争夺，当时东北的社会秩序尚未恢复正常，工矿企业生产也没有开展，大批工人失业，市场萧条，通货紊乱，物价动荡。在统一的银行建立之早、中期，各地曾陆续发行过一些兑换券、流通券等。

（一）辽北省第一专区兑换券一览表

面额	年度		票幅	主景		主色	
	正面	背面	（长×宽）mm	正面	背面	正面	背面
拾圆				火车（左）、轮船（右）、“辽北省第一区行政督察专员公署发行”（下）	辽一区地方券	灰黄	橘红

1946年初，辽北省第一区行政督察专员公署发行“辽北省第一专区兑换券”，只有拾圆券一种，共发行140万元，限在专区内流通，1946年3月用辽西券收回。

（二）吉林省银行地方流通券一览表

面额	年度		票幅	主景		主色	
	正面	背面	（长×宽）mm	正面	背面	正面	背面
伍圆	民国三十五年制	1946	122×72	火车（右）	火车道	桃红、黄	蓝绿
拾圆	民国三十五年制	1946	144×66	河坝（中）	篆书“吉林省银行”	棕灰	茶
伍拾圆	民国三十五年	1946	145×67	远处城楼（右）	篆书“吉林省银行”	棕绿	橘红
壹佰圆	民国三十五年制	1946	141×64	树、山、小屋（左）	树、山、亭	蓝黑	红

1946年3月27日，吉林省银行在盘石县城成立，4月移至吉林市，发行“吉林省地方流通券”，面额有伍圆、拾圆、伍拾圆、壹佰圆4种，发行额近20亿元。1947年9月吉林省银行随省政府转移到延吉市。10月吉林省银行并入东北银行，改名为东北银行吉林省分行，“吉林省地方流通券”用“东北银行地方流通券”收回。

（三）吉东银行地方流通券一览表

面额	年度		票幅	主景		主色		备注
	正面	背面	（长×宽）mm	正面	背面	正面	背面	
伍圆		1946	122×65	面额		浅绿	蓝	印制后未发行
拾圆	中华民国三十五年	1946	133×71	羊群（右）	面额图案	棕、黄	蓝	
壹佰圆	中华民国三十五年	1946	160×81	烟囱	面额图案	棕灰	黄绿	

1946年4月，吉东银行在延吉市成立，发行“吉东银行地方流通券”，面额有拾圆、壹佰圆（伍圆印刷完毕未发行）。8月21日吉东银行并入吉林省银行，“吉东银行地方流通券”用“吉林省地方流通券”收回。

（四）宁安县（黑龙江省）地方银行券一览表

面额	年度		票幅	主景		主色	
	正面	背面	（长×宽）mm	正面	背面	正面	背面
百圆		中华民国三十四年		多层塔（右）、“伪造纸币依法处罚”	镜泊湖瀑布	白底套紫黑色	深紫

抗战胜利之初，宁安县百业凋零，亟待复苏。1945 年 11 月，县人民政府为解决资金的需要，着手组建银行。12 月 28 日组建宁安县银行，以政府信用为保证，发行壹佰圆“宁安县地方银行券”。该行于 1946 年 3 月并入牡丹江实业银行，改名为牡丹江实业银行宁安支行。同年 10 月，东北银行在宁安建立机构，“宁安县地方银行券”停止印刷、发行，流通中的地方银行券以“东北银行地方流通券”等值收回。

（五）克东县粮谷交易存款证一览表

面额	年度		票幅	主景		主色	
	正面	背面	（长×宽）mm	正面	背面	正面	背面
拾圆	中华民国三十五年			“拾圆”（中）	小写面额、花卉、“此证一圆兑换市面通行纸币一圆”	棕红	棕红
壹佰圆	中华民国三十五年			“壹百圆”（中）大写			

1946 年初，为解决购粮资金问题，经黑龙江省政府批准，克东县发行“克东县粮谷交易存款证”，发行额 1000 万元。“克东县粮谷交易存款证”于 1948 年 3 月停止流通。

（六）合江银行（合江地方经济建设流通券）一览表

面额	年度		票幅	主景		主色		备注
	正面	背面	（长×宽）mm	正面	背面	正面	背面	
壹角	中华民国卅五年		99×51	航海图	面额图案	深蓝	棕	
伍角	中华民国卅五年		101×51	河港、码头（左）	面额图案	深蓝	棕	
壹圆	中华民国卅四年		128×59	大楼（中）	平台	绿	绿	
拾圆	中华民国卅四年		128×59	大楼（中）	尖塔楼	橘红、橘黄	红	背面有“完纳租赋一概通用”字样
壹佰圆	中华民国三十四年		142×67			紫、黄	棕、黄	票面盖章“当拾圆用”

苏联政府对日宣战后，早期转移到苏联境内的原东北抗日联军各部配合作战回到东北。日本投降之后，根据上级指示，这批抗联官兵进入合江、松江等地，创建人民政权，1945 年 11 月 21 日合江省人民政府正式成立，省会设在佳木斯。12 月中旬，省政府接受伪满三江银行，并于 1946 年 1 月在原址成立合江银行，为解决财政需要，合江银行为地方政府发行了“合江地方经济建设流通券”。面额有壹角、伍角、壹圆、拾圆、壹佰圆 5 种。在流通中币值迅速下降，原因是没有筹备充足的基金；侧重解决筹借军政用款，没有及时调集更多的物资来巩固货币；人民政权初建，人们还持观望态度，影响到合江券的信誉。当年 6 月东北银行合江省分行成立，同时撤销合江银行，“合江地方经济建设流通券”由合江贸易公司以物资收回。

（七）牡丹江实业银行券一览表

面额	年度		票幅	主景		主色	
	正面	背面	（长×宽）mm	正面	背面	正面	背面
拾圆	中华民国三十五年	1946		高塔（右）	花符		
拾圆	中华民国三十五年		106×52	山丘	面额图案	绿、灰	蓝
拾圆	中华民国三十五年	1946	122×65	马车	房、树	紫	紫
伍拾圆	中华民国三十五年	1946		马拉车（右）	房、树（中）		
壹佰圆	中华民国三十四年印制		167×93	牡丹花	“壹佰圆”（竖字、中），“此票依据特殊银行暂行货币条例而发行之”	紫	咖啡
壹佰圆	中华民国三十五年	1946	124×65	火车（右）、耕地（左）		玫瑰	浅棕

牡丹江是绥宁省省会所在地，接近林区，又接近煤矿和金矿区，生产潜力很大，但又是土匪出没的地方，座山雕就活动在这一带的林海雪原中。1946 年 1 月 10 日，牡丹江实业银行在牡丹江市西长安街正式开业，发行“牡丹江实业银行券”（货币印刷在 1945 年），有拾圆、伍拾圆、壹佰圆 3 种，发行总额 2. 21 亿元，流通于绥宁省境内。该票用纸粗糙，流通中破损票较多，使人真假难辨。该币发行最大的特点是支持对鸡西火力发电厂的修复使用，带动了该地区的煤矿生产；同时支持了开采金矿业，日产砂金百两；还兼营贸易，收购棉纱、军用大衣和军用毛毯等军需品，支持解放战争。1946 年 9 月，东北银行在牡丹江市建立绥宁省分行，统一发行“东北银行地方流通券”，“牡丹江实业银行券”停止印刷和发行。东北银行以地方流通券兑“牡丹江实业银行券”80∶100 的比价，收回了流通中的实业银行券。1946 年 10 月牡丹江实业银行合并于东北银行绥宁省分行。

（八）嫩江省银行券一览表

面额	年度		票幅	主景		主色	
	正面	背面	（长×宽）mm	正面	背面	正面	背面
伍圆	中华民国三十五年	1946	122×66	射击	嫩江省银行两层大楼	棕紫	蓝
拾圆	中华民国三十五年	1946	132×68	农作	嫩江省银行两层大楼	棕灰	红
拾圆	民国三十五年		133×69	火车向里开（右）		橘	紫
拾圆	中华民国三十五年	1946	128×67	火车向外开（右）	坛	红	绿灰
伍拾圆	民国三十五年		130×64	花符		蓝	
伍拾圆	中华民国三十五年		140×64	工农学兵 4 人扛枪（左）	嫩江省银行两层大楼	绿灰	紫
伍拾圆	中华民国三十五年	1946	130×64	嫩江省银行两层大楼		蓝	深蓝
壹佰圆	中华民国三十五年	1946	146×71	两军人（左）	农民打场	棕紫、绿	绿

嫩江省银行成立于 1946 年 6 月 1 日，是黑龙江解放区银行中规模最大、时间最长的银行。前身是 1946 年 3 月嫩南行政区在洮南开业的东北银行吉江分行，1946 年 4 月解放

军攻克齐齐哈尔，嫩南、嫩北两个行政区连成一片，5 月 15 日正式成立嫩江省政府，吉江分行改为嫩江省银行，下设 3 个办事处。专设造币厂，印制的票子有“嫩江省银行券”、“热河省银行券”和“长城银行券”。嫩江省银行自 1946 年 6 月开始发行“嫩江省银行券”，面额有伍圆、拾圆、伍拾圆、壹佰圆 4 种，8 个版别。1947 年 2 月嫩江省与黑龙江合并，成立黑嫩省政府。1947 年 3 月 1 日，嫩江省银行与东北银行嫩江省分行合并，改为东北银行黑嫩省分行，同时开始收回“嫩江省银行券”。1947 年冬嫩江造币厂迁到佳木斯，并入东北银行佳木斯造币厂。

（九）松江贸易公司流通券一览表

面额	年度		票幅	主景		主色	
	正面	背面	（长×宽）mm	正面	背面	正面	背面
伍拾圆	中华民国三十五年	1946	130×65	农夫一人做农活（右）	旷野、树、小屋	棕灰	棕
壹佰圆	中华民国三十五年	1946	130×75	长城全景	树木风光	白底、棕色花边	白底、深褐色

1946 年初，原松江省以松江贸易公司的名义发行了面值为伍拾圆、壹佰圆两种流通券，限于松江省境内流通。1946 年 9 月，东北银行总行营业部在本地发行东北地方流通券，“松江贸易公司流通券”由贸易公司负责收回。

（十）黑龙江省银行（黑河地方流通券）一览表

面额	年度		票幅	主景		主色	
	正面	背面	（长×宽）mm	正面	背面	正面	背面
拾圆	中华民国三十五年	中华民国三十五年		桥和水库（右）	面额图案	棕红	蓝
壹佰圆	中华民国三十五年	1946		山沟和小屋（右）	面额图案	深蓝、绿	橘红

1946 年初，黑龙江北部的黑河地区发行过“黑龙江省银行黑河地方流通券”，有拾圆和壹佰圆两种，发行数额 900 万元，流通范围很窄，于 1948 年 5 月由东北银行收回。

（十一）鹤岗矿务局煤票

苏联红军对日宣战之后，第二天有两架苏联红军飞机在鹤岗上空盘旋。日本在鹤岗的留守人员预感末日来临大部逃跑，剩下的人员破坏了电厂、变电所、机车库后也逃离。万余名矿工陷于困境。8 月 12 日，以原鹤岗煤矿大把头杜文祥为首组成“鹤岗煤矿临时维持会”，10 月，成立“鹤岗煤矿煤票发行委员会”，拟定章程，以 20 万吨储煤作抵押品，发行代用货币“鹤岗煤矿煤票”500 万元，分拾圆和壹佰圆两种。1946 年初，经合江省政府批准，正式成立的鹤岗矿务局，发行两期“鹤岗矿务局煤票”，面额有拾圆、伍拾圆、壹佰圆 3 种，共计发行 1200 万元。使用煤票在矿务局买煤，每吨可加一分（百分之十）优待。1946 年 6 月 17 日，合江省政府命令鹤岗矿务局即日停止发行，公司交易一律以东北银行地方流通券为本位币。12 月 20 日，紧急通告回收煤票。

第十节　内蒙古解放区货币

一、兴安总省政府暂行流通券一览表

<table>
<tr><th rowspan="2">面额</th><th colspan="2">年度</th><th>票幅</th><th colspan="2">主景</th><th colspan="2">主色</th></tr>
<tr><th>正面</th><th>背面</th><th>（长×宽）mm</th><th>正面</th><th>背面</th><th>正面</th><th>背面</th></tr>
<tr><td>伍圆</td><td></td><td></td><td>112×59</td><td>花卉图案</td><td>花卉图案</td><td></td><td></td></tr>
<tr><td>拾圆</td><td></td><td></td><td>116×64</td><td>牧马</td><td>花卉</td><td></td><td></td></tr>
<tr><td>壹佰圆</td><td>1945</td><td></td><td>121×67</td><td>山峦、马群</td><td>风中树（左）</td><td>蓝</td><td>灰</td></tr>
</table>

1945 年 8 月，日本帝国主义投降后，东北三省和内蒙古东部地区首先获得解放。当时内蒙古地区尚处于不统一阶段，原有的伪满洲中央银行兴安支店和伪兴农金库兴安支库均告关闭。为方便市场交易，解决交易筹码不足问题，1945 年 9 月 1 日，在接收伪满洲中央兴安支店财产的基础上正式成立了东蒙地方流通券印刷厂。东蒙地方流通券印刷厂是采用石印工艺印制纸币的，使用的是模造纸。票面图案由一位蒙族老画家奈洛囊设计，票面号码使用号码机人工打印。10 月开始发行“兴安总省政府暂行流通券”。票面金额有伍圆、拾圆、壹佰圆 3 种。在东蒙解放区境内的兴安、呼伦贝尔、纳文慕仁地区流通。

二、流通券、救济券

1945 年 10 月，科左三旗（科尔沁左翼中旗、前旗、后旗）联合办事处和交易局，以粮食为基金发行三旗联合流通券，面额壹佰圆，发行金额总计几十万元。

1946 年 1 月，新四军解放通辽，开始印制发行“通鲁地方救济元”，俗称“小牛票”。面额有伍圆、拾圆两种，主要在通辽、开鲁地区流通，共发行金额 2500 万元。

1946 年 1 月 16 日，在乌兰浩特市召开东蒙人民代表大会，成立东蒙古人民自治政府。1946 年 3 月 1 日在东蒙流通券印刷厂的基础上成立了东蒙银行。大部分职员是原伪满洲中央银行兴安支店和伪兴农金库的旧职员。东蒙银行从 3 月 15 日开始发行“东蒙古人民自治政府暂行流通券”，券别分伍拾圆、壹佰圆两种，总额 1600 万元。

由于印刷手段和技术落后，东蒙银行的货币发行不敷需要，1946 年 6 月，纳文慕仁（蒙语的意思为“河流”）盟政府开始发行“纳文慕仁盟政府暂行流通券”，券别仅壹佰圆一种，据资料介绍，至 1947 年 3 月，此币发行 3 亿元。

1946 年 9 月，东蒙银行开始发行货币，券别有伍拾元、壹佰圆两种，至 1946 年年底，发行额 2.6 亿元。

（一）东蒙古人民自治政府暂行流通券一览表

<table>
<tr><th rowspan="2">面额</th><th colspan="2">年度</th><th rowspan="2">票幅
（长×宽）mm</th><th colspan="2">主景</th><th colspan="2">主色</th></tr>
<tr><th>正面</th><th>背面</th><th>正面</th><th>背面</th><th>正面</th><th>背面</th></tr>
<tr><td>伍拾圆</td><td>中华民国三十五年</td><td></td><td>136×78</td><td>蒙徽（五星、马鞭、锄头、粮穗组图），楼</td><td></td><td>黑蓝</td><td>黑蓝</td></tr>
<tr><td>百圆</td><td>中华民国三十五年</td><td></td><td>152×85</td><td>厂房（中）、“百圆”</td><td>牧马（中）</td><td>蓝</td><td>绿</td></tr>
</table>

（二）纳文慕仁政府暂行流通券一览表

<table>
<tr><th rowspan="2">面额</th><th colspan="2">年度</th><th rowspan="2">票幅
（长×宽）mm</th><th colspan="2">主景</th><th colspan="2">主色</th></tr>
<tr><th>正面</th><th>背面</th><th>正面</th><th>背面</th><th>正面</th><th>背面</th></tr>
<tr><td>壹佰圆</td><td>中华民国三拾五年</td><td></td><td>144×71</td><td>五星（左）、“百圆”（右）</td><td>房屋</td><td>深蓝、绿</td><td>红</td></tr>
</table>

（三）东蒙银行（东蒙各旗县公私款通用）币一览表

<table>
<tr><th rowspan="2">面额</th><th colspan="2">年度</th><th rowspan="2">票幅
（长×宽）mm</th><th colspan="2">主景</th><th colspan="2">主色</th></tr>
<tr><th>正面</th><th>背面</th><th>正面</th><th>背面</th><th>正面</th><th>背面</th></tr>
<tr><td>伍拾圆</td><td>中华民国三十五年</td><td>1946</td><td>135×60</td><td></td><td>海上、船</td><td>紫</td><td>棕灰</td></tr>
<tr><td>佰圆</td><td>中华民国三十五年</td><td>1946</td><td>145×74</td><td>火车（中）</td><td>水站（中）</td><td>蓝</td><td>棕灰</td></tr>
<tr><td>佰圆</td><td>中华民国三十六年</td><td>1947</td><td>134×66</td><td>工厂（中）</td><td>塔、楼（中）</td><td>黑蓝</td><td></td></tr>
</table>

（四）兴安省政府暂行流通券一览表

<table>
<tr><th rowspan="2">面额</th><th colspan="2">年度</th><th rowspan="2">票幅
（长×宽）mm</th><th colspan="2">主景</th><th colspan="2">主色</th></tr>
<tr><th>正面</th><th>背面</th><th>正面</th><th>背面</th><th>正面</th><th>背面</th></tr>
<tr><td>伍圆</td><td></td><td></td><td></td><td></td><td></td><td></td><td></td></tr>
<tr><td>拾圆</td><td>中华民国三十五年</td><td>1946</td><td>120×59</td><td>蒙徽（左）</td><td>面额图案</td><td>褐</td><td>蓝</td></tr>
<tr><td>伍拾圆</td><td>中华民国三十五年</td><td></td><td>133×70</td><td>蒙徽（左）</td><td></td><td>红棕</td><td>绿</td></tr>
<tr><td>壹佰圆</td><td>1946</td><td>中华民国三十五年</td><td>145×72</td><td>蒙徽（左）</td><td></td><td>紫</td><td>蓝</td></tr>
<tr><td>壹佰圆</td><td>中华民国三十五年</td><td></td><td></td><td>蒙徽（左）</td><td></td><td></td><td></td></tr>
<tr><td>壹佰圆</td><td>1947</td><td>中华民国三十六年</td><td>143×73</td><td>牧羊、红字
“暂行流通券”</td><td>树、白云、
“兴安省政府”</td><td>蓝灰</td><td>浅红</td></tr>
</table>

1946 年 5 月 25 日，内蒙古人民代表大会召开，27 日宣布东蒙古人民自治政府解散，28 日宣告兴安省政府成立。同年 7 月 20 日兴安省政府颁布布告，前东蒙古人民自治政府“兴安总省政府暂行流通券”改为“兴安省政府暂行流通券”，券别分伍圆、拾圆、伍拾圆、壹佰圆 4 种，6 个版别，总额近 3000 万元。据记载，这个期间还发行了蒙文版的兴安省政府暂时流通券。

（五）兴安省政府东蒙各旗县地方流通券一览表

面额	年度		票幅	主景		主色	
	正面	背面	（长×宽）mm	正面	背面	正面	背面
伍　圆		中华民国三十五年	92×50	面额图案	蒙徽	蓝	
伍拾圆	中华民国三十五年	1946	145×72	面额图案	山峦、“50”（中）	褐	蓝
伍拾圆	中华民国三十五年			五星、马鞭、锄头、粮穗（组图、左），马头（中）			
壹佰圆	中华民国三十五年	1946	154×70	树房（左）、红字“东蒙各旗县地方流通券”（两侧）	山峦、大雁（中）、“百圆”	红棕	
百圆	中华民国三十五年			五星、马鞭、锄头、粮穗（组图、左）			

1946 年 6 月，国民党军强占通辽等地，为确保兴安省政府安全，政府机关撤往海拉尔市。此间发行了“兴安省政府东蒙各旗县地方流通券”，有伍圆、拾圆、伍拾圆、壹佰圆券 4 种，7 个版别，总额 2000 余万元。

（六）内蒙银行（内蒙各旗县公私款通用）币（“旧蒙币”）一览表

面额	年度		票幅	主景		主色		备注
	正面	背面	（长×宽）mm	正面	背面	正面	背面	
壹百圆	1948	民国三十七年		火车	“百圆”面额	咖啡	蓝	
贰百圆	中华民国三十六年	1947	118×58	花符	五层大楼（右）	蓝	红	
伍百圆		1947	141×57	塔尖（上）	火车（下）	棕	红（蓝）	竖版

1947 年初，随着全国解放战争形势的大发展，内蒙古的革命运动进入了一新阶段。经中共中央东北局 1946 年 11 月 26 日同意，1947 年 4 月 23 日在乌兰浩特市召开了内蒙古人民代表大会，会议决定撤销内蒙古自治运动联合会和兴安省政府。4 月 27 日，大会向毛泽东主席、朱德总司令发出致敬电。5 月 1 日宣告内蒙古自治区政府成立，乌兰夫当选为政府主席。同年 6 月 1 日东蒙银行正式改组为内蒙银行，行长胡子寿（内蒙财政经济部副部长兼任）。内蒙银行发行了“内蒙各旗县公私款通用”地方流通券，票面金额为壹佰圆、贰佰圆、伍佰圆 3 种。印刷工艺为石印，票面设计者仍为奈洛囊。从 1947 年 5 月到 1948 年 5 月末，内蒙银行共发行了蒙币总额近 55 亿元。与前发行的各种流通券在兴安、呼伦贝尔、纳文慕仁等地等值流通。

三、内蒙古人民银行币（内蒙旗县公私通用）（“新蒙币”）一览表

面额	年度		票幅	主景		主色		备注
	正面	背面	（长×宽）mm	正面	背面	正面	背面	
贰佰圆	中华民国三十七年	1948	133×56	牧马、“贰百圆”	牛车、帐篷、“贰佰圆”	绿	咖啡	
伍佰圆	中华民国三十七年	1948	146×60	牧羊图（右）	两辆骆驼车	蓝	绿	
贰仟圆	中华民国三十七年	1948	154×52	牧羊图（左）	牛拉车、帐篷（中）	紫	咖啡	
壹万圆	中华民国三十八年	1949	136×61	牧马	牛拉车、帐篷（中）	红	浅咖啡	
伍万圆	中华民国三十八年	1949	148×66	羊群（左）、骆驼（右）	蒙文面额、图案	棕、黑	蓝	
贰拾万元	中华民国三十八年			五层大楼	文字说明			竖版本票
伍拾万元	中华民国三十八年			塔尖楼				竖版本票
伍拾万元	民国三十八年			骑马扬鞭牧羊	文字说明			竖版本票
壹佰万元	一九五零年			骑马扬鞭牧羊				竖版本票

1948 年 6 月 1 日，内蒙古自治区政府颁布了“关于币制改革，改组内蒙银行”的布告：将内蒙银行停止业务，重新组建内蒙古人民银行，发行新货币。新蒙币改为胶版印刷。票面金额为贰佰圆、伍佰圆、贰仟圆、壹万圆、伍万圆 5 种。同时，还发行了贰拾万元和伍拾万元本票两种。后期，还发行了壹佰万元本票。

1951 年 3 月 20 日，中央人民政府政务院命令，为统一全国币制，决定收回东北银行和内蒙古人民银行发行的地方流通券。收兑比价为人民币 1 元兑换“内蒙古人民银行流通券”9.5 元。从 1951 年 4 月 1 日起，以人民币为法定货币本位。1951 年 4 月 1 日，内蒙古人民银行正式改组为中国人民银行内蒙古自治区分行。1951 年 5 月 1 日，中国人民银行开始在内蒙古自治区发行印有蒙文的人民币，券别有伍仟圆、壹万圆两种。同时收兑“内蒙古人民银行地方流通券”，至 1952 年 5 月底，共计收兑内蒙币 7303 余亿元（占“内蒙古人民银行地方流通券”发行额的 98%），折合人民币近 769 亿元。

四、内蒙古人民银行本票一览表

面额	年度		票幅	主景		主色	
	正面	背面	（长×宽）mm	正面	背面	正面	背面
贰拾万圆	中华民国三十八年			大楼	注意事项（上）		
伍拾万圆	民国三十八年						
伍拾万圆	一九五零年			牧羊	注意事项（下）		
壹佰万圆	一九五零年			牧羊			

1948 年 12 月 1 日，中国人民银行成立后，中共中央考虑到内蒙古的生产刚开始恢复，物资交流正在不断扩大的现状，没有立即停止“内蒙古人民银行流通券”的使用，在广袤的内蒙古大地上，新蒙币仍然是唯一合法的本位币。

第十一节　滇黔桂边区贸易局流通券

滇黔桂边区贸易局流通券一览表

面额	年度		票幅（长×宽）mm	主景		主色	
	正面	背面		正面	背面	正面	背面
伍圆				毛泽东像（右）、局长金明	马、装粮		

1949 年上半年，中共在广西、贵州、云南边境一带建立了滇黔桂边区，同时建立了人民解放军滇黔桂边区纵队。

滇黔桂边区设有贸易局。经滇黔桂边区党委报请中共中央南方局批准，以滇黔桂边区贸易局的名义印刷发行流通券。

流通券印好后，由于解放军大军已渡江南下，南方局通知停止发行。同年，中国人民解放军滇黔桂边区纵队司令部和政治部决定发行“云南人民革命公债券”，即以“滇黔桂边区贸易局流通券”加盖戳记作为公债券发出。

第十二节　琼崖解放区货币

1947 年，中共琼崖特委着手建立以五指山为中心的琼崖革命根据地。琼崖民主政府授权大众合作社发行光洋代用券。通过支付党政军人员津贴和大众合作社收购农副产品的方式投放市场。已见壹角、贰角两种，与银元等值流通。

1948 年 2 月，琼崖民主政府西区专署成立，为支持前线做物资准备，于 1948 年 12 月发行光洋代用券，面额有伍分、壹角、贰角 3 种，与银元同值。

1949 年 5 月，琼崖民主政府改组为琼崖临时人民政府，于 6 月发行了“光艮”代用券，面额有伍分、壹角、伍角 3 种，与银元等值流通。由于准备金和物资供应充足，各级政府保证兑现，币值很稳定，受到群众欢迎。1950 年 7 月 23 日，海南军政委员会发出通告，宣布此券停止流通，限 8 月 30 日前，由乡、区政府按中国人民银行海南分行牌价收回。

一、大众合作社光银代用券一览表

面额	年度		票幅（长×宽）mm	主景		主色	
	正面	背面		正面	背面	正面	背面
壹角							
贰角							

二、西区专员公署光银代用券一览表

面额	年度		票幅（长×宽）mm	主景		主色	
	正面	背面		正面	背面	正面	背面
伍分							
壹角							
贰角							

三、琼崖临时人民政府光艮代用券一览表

面额	年度		票幅（长×宽）mm	主景		主色		备注
	正面	背面		正面	背面	正面	背面	
五分		1949	37×76	“五分”	一枝谷穗（上）、“主席冯白驹、副主席何浚”（下）	棕	棕	竖版
壹角			47×111	花边、“壹角”	一农妇抱禾（上）、“主席冯白驹、副主席何浚”（下）	酱	酱	竖版
伍角	1949		124×55	谷穗包着“五角星”（左）、五角星上半端（中），“冯白驹、何浚”（右）	花符	绿	绿	

第十三节　华中解放区货币

1946 年 12 月，因国民党进攻，华中银行总行随新四军军部撤离苏皖地区，与山东北海银行合并后，华中币在华中大部地区停止流通。1947 年 11 月 22 日，随着解放战争形势

发展，华中银行总行在江苏射阳县境内复建，“华中银行币”恢复发行。印制发行伍角券两种、壹圆券两种、贰圆券一种、伍圆券 4 种、拾圆券两种、贰拾圆券两种、伍拾元券 6 种、壹佰圆券 4 种、贰佰圆券 6 种、伍佰圆券 4 种、壹仟圆券 5 种、贰仟圆券 4 种、伍仟圆两种。

为解决市场筹码不足问题，发行面额壹仟圆的本票，与“华中银行币”等值行使。1948 年 1 月 20 日发行面额为贰仟圆的本票。1949 年发行定额为伍万圆、拾万圆两种本票。自 1948 年 11 月 25 日起，华中币与北海币在两解放区相互流通。华中银行币发行 13 种面额，86 种版别。初发时与法币的币值是 1:1，1946 年国民党进攻华中区后，有的地区一度出现 3 元华中币折法币 1 元，为稳定币值，苏皖边区政府指示抛售物资与黄金，收缩华中币，共收回 6200 万元，占当时发行额的 30%。1948 年 10 月，与法币的比价为 1:12000。1948 年 12 月，华中银行改组为中国人民银行苏北分行，华中币与人民币固定比价（100:1），混合流通。1949 年 9 月逐步收回华中币。

一、华中银行本票一览表

面额	年度		票幅	主景		主色		备注
	正面	背面	（长×宽）mm	正面	背面	正面	背面	
壹仟圆	中华民国三十六年		160×87	高粱		蓝边		竖式
贰仟圆	中华民国三十六年		163×88	麦穗		蓝边		竖式
贰仟圆	中华民国三十六年		153×81	花边花心		蓝边		竖式
伍万圆	中华民国三十八年		156×83	蓝花心		红		竖式
拾万圆			159×81	紫花心		蓝边		竖式

二、华中银行苏中办事处本票一览表

面额	年度		票幅	主景		主色		备注
	正面	背面	（长×宽）mm	正面	背面	正面	背面	
壹仟圆	中华民国三十六年八月		155×84	花边		蓝边		竖式
贰仟圆	中华民国三十六年八月		150×84	花边		蓝边黄心		竖式
伍仟圆	中华民国三十六年八月		155×84	花边		蓝边红心		竖式

第十四节　华南解放区货币

1946 年 6 月，东江纵队北撤后，在中共中央香港（后改为华南分局）和广东省委的领导下，重新建立了 8 万人的武装力量，进行反对国民党统治的游击战争，逐步建立了各自独立的粤赣湘、闽粤赣、桂滇黔、粤中、琼崖、粤桂边六个行政区，分别发行了各自的货币。1949 年发行了统一的货币——南方人民银行币。

一、粤赣湘解放区货币

1948 年秋天，建立了粤赣边支队，1949 年元旦建立了中国解放军粤赣湘边区纵队，逐步建立起东江行政委员会和 11 个县人民政权。为解决供给问题，先后发行了“新陆行流通券”、“河源县信用流通券”、“连和县信用流通券”、“广东省人民解放军粤赣边支队第二团信用欠票”、“粤赣湘边人民流通券”、“海丰民主县政府临时流通券”和“紫金人民流通券”。

（一）新陆行流通券一览表

面额	年度		票幅	主景		主色	
	正面	背面	（长×宽）mm	正面	背面	正面	背面
壹角			94×55	凉亭（右）、“麦友俭”（左侧）、“郑达忠”（右侧）	花符	青	
贰角			94×55	凉亭（右）、“麦友俭”（左侧）、“郑达忠”（右侧）	花符		
伍角			92×55	凉亭（右）、“麦友俭”（左侧）、“郑达忠”（右侧）	花边	黄	
贰圆			103×54	山村（右）、“麦友俭”（左侧）、“郑达忠”（右侧）	花边	蓝	
伍圆			114×77	桥亭（中）、“麦友俭”（左侧）、“郑达忠”（右侧）	塔、汽车	黑	

1948 年 2 月，经中共江南地委和粤赣湘边区党委批准，1949 年春设立新陆银行，使用锌版套色印刷“新陆行流通券”。当年五六月间开始在陆丰县发行，后扩大到江南地委管辖的全部地区。币值是新陆行券 2 元兑港币 1 元。面额有壹角、贰角、伍角、贰圆、伍圆 5 种。1949 年冬粤赣湘地区解放后，“新陆行流通券”由中国人民银行分支机构按比价收回。

（二）河源县信用流通券一览表

面额	年度		票幅	主景		主色		备注
	正面	背面	（长×宽）mm	正面	背面	正面	背面	
贰角								
伍角			69×43	“凭券即付金圆券伍角”（中下）、“基金保管委员会”（右侧）		黄		
壹圆	1948		105×52	耙田、“凭券即付金圆券壹元”（中下）、“基金保管委员会”（右）		黄		
贰圆	1948		62×129	上山、“凭券即付金圆券弍元”（下）		黄		竖式
伍圆	1949		128×55	机器脱粒、“凭券即付金圆券伍元”（右下）		黄		

续表

面额	年度		票幅	主景		主色		备注
	正面	背面	（长×宽）mm	正面	背面	正面	背面	
拾圆	1949		58×122	轮船、“凭券即付金圆券拾元”（中）、“基金保管委员会”（右下）		黄		竖式
贰拾圆	1949		58×122	锄地（中）、“基金保管委员会”		黄		竖式
贰佰圆	1949			右站1人赤脚（大）、左两人点种（小）、“基金保管委员会”（右上）		黑		竖式
伍佰圆	1949			骆驼		黑		
壹仟圆	1949			骆驼		黄		
壹万圆	1949			帆船		棕		竖式

1948年12月，粤赣边支队司令部宣布发行河源县信用流通券，规定与国民党政府发行的金圆券等值行使流通，初发行时有贰角、伍角、壹圆、贰圆、伍圆、拾圆、贰拾圆7种小面额。国民党发行大面额金圆券后，增发了贰佰圆、伍佰圆、壹仟圆、壹萬圆4种大面额。油印套色技术，有道林纸和白报纸。1949年冬河源县解放后，由中国人民银行分支机构予以收回。

（三）连和县信用流通券一览表

面额	年度		票幅	主景		主色		备注
	正面	背面	（长×宽）mm	正面	背面	正面	背面	
壹圆	1949		58×101	农民耙田（上）、“凭券即付金元券壹元”（下）		棕		竖式，另有蓝版
贰圆	1949		58×108	花心		黑		竖式
贰圆	1949		107×60	牧牛、“凭票即付金元券式元”		深棕		
叁圆	1949		108×61	耕田		蓝		

1949年1月1日，连和县人民政府成立，经中共九连地委和粤赣边支队司令部批准，发行此券。面额有壹圆、贰圆、叁圆3种，与金圆券等值流通行使。

（四）广东省人民解放军粤赣边支队第二团信用欠票一览表

面额	年度		票幅	主景		主色		备注
	正面	背面	（长×宽）mm	正面	背面	正面	背面	
壹圆	一九四九年一月		60×120	谷穗、财委会主席赵淮生的签章（右）、干事黄观金的签章（左）		黑		竖式

（五）粤赣湘边人民流通券一览表

面额	年度		票幅（长×宽）mm	主景		主色		备注
	正面	背面		正面	背面	正面	背面	
贰角			98×62	耙田、财经委主任黄松坚的签盖章（左）		红		另有蓝色
伍角			98×59	上山、财经委主任黄松坚的签章（右）		红		
壹圆	1949		66×130	大树、牛车、财经委主任黄松坚的签章（下）		蓝		竖版
伍圆			133×66	帆船（中）、财经委主任黄松坚的签章（右）		绿		
拾圆			133×66	耕田（中）、财经委主任黄松坚的签章（右）		蓝		

1949年8月，粤赣湘边区各县相继解放，已确定发行的“南方人民银行兑换券”一时难以运到。为适应部队供给和市场商品流通的需要，1949年8月14日，中国人民解放军粤赣湘边区纵队司令部颁布布告，宣布自16日起发行“粤赣湘边人民流通券”，面额有贰角、伍角、壹圆、伍圆、拾圆5种。币值稳定，信用良好。1949年9月下旬发现假票，遂即布告，向南方人民银行东江分行等值兑换。

（六）海丰民主县政府临时流通券一览表

面额	年度		票幅（长×宽）mm	主景		主色		备注
	正面	背面		正面	背面	正面	背面	
壹角	1949		104×52	花心、县长蓝训才印章（右）、总发行人缪振业印章（左）		黑		
贰角	1949		100×57	花心、县长蓝训才印章（右）、总发行人缪振业印章（左）		绿		
壹圆	1949		120×71	花心、县长蓝训才印章（右）、总发行人缪振业印章（左）		红		
贰圆	1949		120×71	花心、县长蓝训才印章（右）、总发行人缪振业印章（左）		棕		
伍圆	1949		75×140	花心、县长蓝训才印章（右）、总发行人缪振业印章（左）		绿		竖版

1949年1月，海丰民主县政府成立，决定发行“海丰民主县政府临时流通券”，1949年5月底前后开始发行。目前发现壹角、贰角、壹圆、贰圆、伍圆5种面额。该券与港币等值兑换，并行流通。1949年10月，海丰全境解放，以南方人民银行券2元兑海丰券1元的比例收回。

（七）紫金人民流通券一览表

面额	年度		票幅（长×宽）mm	主景		主色	
	正面	背面		正面	背面	正面	背面
伍角	一九四九年		121×67	“紫金县人民政府发行”、“当南方人民银行券伍角”		黑	

（八）紫金县人民政府税捐抵纳券一览表

面额	年度		票幅（长×宽）mm	主景		主色	
	正面	背面		正面	背面	正面	背面
壹毫							
伍毫	1949		120×80	“紫金县人民政府”（黑）、“税捐抵纳券”（红）	7条条例、长方形章（内容“本券取消白银本位 当南方人民银行辅币使用”	红	黑
壹圆							
贰圆							
伍圆							

1949年紫金县人民政府成立，由于南方人民银行券调拨困难，于当年八九月间发行了紫金人民流通券，限在本县政府控制区流通，目前只征集到伍角券一种。八九月间还发行了紫金县人民政府税捐抵纳券，面额有壹毫、伍毫、壹圆、贰圆、伍圆5种，同“南方人民银行券”等值流通。1949年10月，紫金县解放，“紫金人民流通券”和“紫金县人民政府税捐抵纳券”均由“南方人民银行券”收回。

二、闽粤赣解放区货币

1949年元旦，中国人民解放军闽粤赣边区纵队成立，夏季攻势后使若干小块解放区连成一片，建立了潮梅行政委员会和十几个县政权，为迎接解放军南下做了充分的准备。1949年2月，中共闽粤赣边区党委成立边区财经委员会，决定在发行“裕民银行券”的基础上扩大货币发行，增发的货币有“大埔角军民合作社流通券”、“大埔军民合作社流通券”、“闽西军民合作社流通券”和“潮饶丰行政委员会军民合作社流通券”。

（一）裕民银行流通券一览表

面额	年度		票幅（长×宽）mm	主景		主色		备注
	正面	背面		正面	背面	正面	背面	
壹角	1949		89×45	“裕民银行”、牌坊（中）、“黄润泽”（左）、“刘化南”（右）签名	帆船（中）	棕		
壹角	1949		97×55	人在田间挑水（左）、“总经理”、“副经理”	凉亭	黑		券名“裕民行”
贰角	1949		90×45	“裕民银行”、牌坊	帆船	蓝		
贰角	1949		96×55	人在田间挑水（左）	凉亭	红		券名“裕民行”
伍角	1949		95×55	人在田间挑水（左）	凉亭	绿		券名“裕民行”
壹圆	1949		120×70	“裕民行流通券”、“黄润泽”（左）、“刘化南”（右）	帆船	棕	深蓝	

续表

面额	年度		票幅	主景		主色		备注
	正面	背面	（长×宽）mm	正面	背面	正面	背面	
壹圆	1949		120×70	黑花心		红		
伍圆	1949			牛羊（中）、“黄润泽”（左）、“刘化南”（右）		棕		券名“裕民行流通券”
拾圆	1949	1949	124×66	农村全景、插秧、“黄润泽”（左）、“刘化南”（右）	别墅（中）	棕黄		券名“裕民银行”

1948 年夏，中共潮梅地委召开潮汕地区党政军负责人联席会议，决议成立裕民银行，发行“裕民银行流通券”。面额有壹角、贰角、伍角、壹圆、伍圆、拾圆等 6 种。与港币比价是 2:1，与南方人民银行券比价是 1:1。1949 年冬，由中国人民银行潮汕地区分行分支机构按 250 元人民币兑 1 元裕民银行券的比价兑回。

（二）大埔角军民合作社流通券一览表

面额	年度		票幅	主景		主色		备注
	正面	背面	（长×宽）mm	正面	背面	正面	背面	
壹角	1949		108×51	山水		黑		单面印刷
壹圆	1949		132×67	红五角星（中上）、送粮进城（左）		浅蓝		单面印刷

1949 年 5 月 19 日，闽粤赣边区财经委员会建立了大埔角军民合作社，发行“大埔角军民合作社流通券”。规定是市场交易的唯一合法货币，暂时限制在人民解放军军队驻地的大埔角、枫郎、百侯一带流通使用。规定 1 元流通券可以买 1 斤 6 两大米。面额有壹角、壹圆两种。因折算麻烦，要按当天的米价来折算，不便于交易，发行额很小。

（三）大埔军民合作社流通券一览表

面额	年度		票幅	主景		主色	
	正面	背面	（长×宽）mm	正面	背面	正面	背面
伍分			87×37	五角星（中）、军民图 3 人（站）		不详	
伍分			90×37	五角星（上）、军民图 3 人		不详	
壹角			108×51	红五星（稍大）、树林与红旗（右）		棕红	
壹角	1949		108×51	五角星（中上）、山水（左）		棕红	
壹圆	1949		132×67	红五星（中上）、送粮进城（左）		蓝	
伍圆		1949（左下角）	119×68	红五星（中）、军民田间休息图	3 个“5”（中间大）	绿	绿

1949 年 5 月大埔县城解放，6 月建立大埔军民合作社，仿大埔角军民合作社的办法，在社内设立金融、贸易两部。金融部发行“大埔军民合作社流通券”。面额有伍分、壹角、壹圆、伍圆 4 种，木刻制版。1949 年 10 月 23 日，南方人民银行设立大埔办事处，按 1:1 的比例逐步收回。

（四）闽西军民合作社流通券一览表

面额	年度		票幅	主景		主色	
	正面	背面	（长×宽）mm	正面	背面	正面	背面
伍分			87×37	军与民（两侧各一组）		红	
伍分			90×37	耕作（两侧各一组）		红	
壹角			108×51	五角星（中）、树林与红旗（右）		红	
壹角	1949		108×51	五角星（中）、山水（左）		红	
壹圆	1949		132×67	五角星（中）、运粮进城（左）		绿	
拾圆	1949		125×64	五角星（中上）、大五角星（中）	拥军图（中）	紫红	紫红

1949年6月初，福建省闽西永定县城解放，18日在原福建省银行永定县办事处旧址成立闽粤边区军民合作社闽西分社，发行伍分、壹角、壹圆（加“闽西”）、拾圆4种面额的“闽西军民合作社流通券”。10元流通券等于1元银币。南方人民银行设立大埔办事处设立后，闽粤边区军民合作社闽西分社停止营业，“闽西军民合作社流通券”停止发行，但仍在市场流通。1950年1月16日，中国人民银行龙岩支行成立，改发人民币。按200元人民币兑换1元“闽西军民合作社流通券”的比价逐步收回。

（五）潮饶丰行政委员会军民合作社流通券一览表

面额	年度		票幅	主景		主色	
	正面	背面	（长×宽）mm	正面	背面	正面	背面
壹角	一九四九		120×81	五星花边、右为经理陈光远、左为副经理许崇英（签名）	文字	红	
贰角	一九四九		120×81	花边、右为经理陈光远、左为副经理许崇英（签名）	文字	蓝	
伍角	一九四九		120×81	南瓜、茄子（中）、右为经理陈光远、左为副经理许崇英（签名）	文字	棕黑	
壹圆							

1949年7月1日，潮（安）饶（平）丰（顺）行政委员会成立军民合作社，发行壹角、贰角、伍角、壹圆4种流通券，作为本解放区的本位币，币值与港币1:1，由县委领导的《自由韩江》期刊印刷组设计、制版和印刷。潮州解放后，设立了南方人民银行潮汕分支机构，流通券陆续收回。

三、桂滇黔解放区货币

1947年7月1日建立了泸西县人民政府，1948年10月改编为桂滇黔边纵队，1949年1月，成立中国人民解放军桂滇黔边区纵队。先后发行了“江城县临时联合政府流通券”和“车佛南流通券”。

（一）江城县临时联合政府流通券一览表

面额	年度		票幅	主景		主色		备注
	正面	背面	（长×宽）mm	正面	背面	正面	背面	
壹圆			105×70			红		布币
伍圆			100×70			蓝		布币

1949 年江城县临时联合政府成立，发行了布质流通券，币材为白布，面额有壹圆、伍圆两种，木版印刷。11 月，人民政府正式成立，以勐野井盐兑回。

（二）车佛南流通券一览表

面额	年度		票幅	主景		主色	
	正面	背面	（长×宽）mm	正面	背面	正面	背面
壹圆							
贰圆							

1949 年 10 月 18 日，桂滇黔部队下属车佛民族中队叛变人员勾结国民党军在乡人员从三面包围佛海地区，断绝经济来源。中共桂滇黔部队所属九支队决定成立车佛南流通券发行局，以 1 万多斤食盐作发行准备，发行壹圆、贰圆两种流通券。1950 年 1 月 25 日停止发行。同年 8 月 5 日，中国人民银行佛海县支行设立，以 3000 元人民币兑换 1 元“车佛南流通券”的价格予以收回。

四、粤中解放区货币

1948 年冬，粤中地区国民党金圆券贬值，黄金、美钞、港币充斥市场。1949 年 2 月，新高鹤财政经济委员会成立，先后发行“新兴县人民政府军粮代换券”，鹤山县第四区、高明县第一区、高明县第二区、高要县第二区、高要区第三区人民政府粮税代用券。

（一）新兴县人民政府军粮代换券一览表

面额	年度		票幅	主景		主色	
	正面	背面	（长×宽）mm	正面	背面	正面	背面
壹角	1949		110×50	“县长杨子江”（左）、“副县长刘长荣”（右）、“凭券可换 港币壹角”		棕	
贰角	1949						
伍角	1949		122×63	毛泽东像（左）、“县长 杨子江”（左）、“副县长刘长荣”（右）、“凭券可换”（右）、“港币伍角”（左）		绿	
壹圆	1949		130×62	毛泽东像（左）、“凭券可换港币壹圆”、“县长杨子江”（左），“副县长刘长荣”（右）		黑	

续表

面额	年度		票幅	主景		主色	
	正面	背面	（长×宽）mm	正面	背面	正面	背面
贰圆							
伍圆			118×75				
拾圆							

1949年新兴县人民政府成立，为方便市场交易，保障部队供给，根据县委指示，印制军粮代换券。5月开始发行，流通于新兴县境。面额有壹角、贰角、伍角、壹圆、贰圆、伍圆、拾圆7种。规定1元可兑换1元港币。

（二）鹤山县第四区人民政府粮税代用券一览表

面额	年度		票幅	主景		主色	
	正面	背面	（长×宽）mm	正面	背面	正面	背面
壹毫	1949		55×95	农妇劳军图（上）、“区长 方向平”（下）		蓝黑	竖式
贰毫	1949		95×50	军民共学		赭红	
伍毫			107×61	毛泽东像		赭红	
伍毫			107×61	毛泽东像		绿	
壹圆	1949		125×71	毛泽东像（左）、“区长 方向平”（右）		棕	
壹圆	1949		125×71	毛泽东像（左）、“区长 方向平”（右）		浅绿	
壹圆			125×71	伍角星（右上）、毛泽东像（右）、“区长方向平”（左）		深绿	
贰圆	1949		120×71	毛泽东像（左）、“区长 方向平”（右）		浅绿	
贰圆	1949		128×70	毛泽东像		蓝绿	

1949年2月，鹤山县已经成为解放区的大后方，局面稳定。4月成立鹤山县第四区人民政府，以公粮和税收作准备金，发行代用券。油印技术。印制精美。面额有壹毫、贰毫、伍毫、壹圆、贰圆、伍圆6种。

（三）高明县第一区人民政府粮税代用券一览表

面额	年度		票幅	主景		主色		备注
	正面	背面	（长×宽）mm	正面	背面	正面	背面	
壹毫	一九四九		51×100	农民劳军、“区长谭知平”（签名）		黑		竖式
贰角	一九四九		54×98	植树“式角”（中）、“区长 谭知平”（签名）		棕		竖式
伍毫	1949		61×102	毛泽东像（上）、“区长 谭知平”（签名）		棕		竖式
壹圆	1949		123×71	毛泽东像、“区长 谭知平”（签名）		绿		

（四）高明县第二区人民政府粮税代用券一览表

面额	年度		票幅	主景		主色	
	正面	背面	（长×宽）mm	正面	背面	正面	背面
伍毫			107×61	毛泽东像、区长阮贞元签名		绿	
壹圆			123×71	毛泽东像，区长阮贞元签名		绿	
伍圆			135×60	毛泽东像（右框内）、朱德像（左框内）、区长阮贞元签名（右）、副区长黄云锦签名（右）		棕	

1949年七八月间，高明县借鉴鹤山县的经验，高明县第一区人民政府发行本区的粮税代用券，面额有壹毫、贰毫、伍毫、壹圆4种，后两种印有毛泽东肖像，油印技术，与港币等值行使；同时间，高明县第二区人民政府开始发行本区的粮税代用券，目前只收集到伍毫、壹圆、伍圆3种，壹圆券上有毛泽东肖像，伍圆券上有毛泽东和朱德肖像，三种券上均有区人民政府的红色大印，与港币等值流通。

（五）高要县第二区人民政府粮税代用券一览表

面额	年度		票幅	主景		主色	
	正面	背面	（长×宽）mm	正面	背面	正面	背面
壹圆	一九四九年		130×78	毛泽东像（左）、“区长 伍新”		深蓝	

（六）高要县第三区人民政府粮税代用券一览表

面额	年度		票幅	主景		主色		备注
	正面	背面	（长×宽）mm	正面	背面	正面	背面	
壹毫	1949		54×99	军民团结、“区长林源”		棕红		竖式
贰毫	1949		55×95	农民读书、“区长 林源”		浅蓝		竖式
壹圆	一九四九年七月		127×78	毛泽东像（左）、“区长 林源”		棕红		

同时间，高要县人民政府第三区发行了本区的粮税代用券，面额有壹毫、贰毫、壹圆3种，后一种印有毛泽东的肖像，与港币等值行使。

1949年11月，人民币在本地发行后，上述代用券均由中国人民银行当地分支机构以人民币收回。

五、南方人民银行券

1949年1月，中国人民解放军向国民党军发动了声势浩大的春季攻势，潮梅和东江两大边区连成一片。1949年4月，为驱逐港币和国民党货币，统一华南解放区货币，经请示党中央批准，中共中央华南局决定创建南方人民银行，发行“南方人民银行券”。经过筹备，1949年7月8日南方人民银行在揭阳县境内成立，下设分行、支行和办事处，在香港设立宝通行，发行“南方人民银行券”，面额有壹角、贰角、伍角、壹圆、伍圆、拾圆6

种，9 个版式，同时发行伍拾圆、壹佰圆两种面额的本票。由香港永发印务公司和揭阳县河婆镇永泰印刷厂共同承印，使用先进的柯式美机，印刷质量很高。为便于在香港印刷，此券设计革命色彩不明显，共计印刷 1 亿元。

中共中央南方局和潮梅人民委员会规定，“南方人民银行券”为华南解放全局本位货币，原“裕民银行券”、“新陆行券”和“闽粤赣边区军民合作社流通券”逐渐收回，未收回前与“南方人民银行券”按 1:1 固定比价照旧流通。

1949 年 11 月 21 日，中国人民银行华南区行成立后，人民币在华南区发行行使。随之，中国人民银行广东省分行、广州市分行及各地支行逐步建立，裕民银行、新陆银行和南方人民银行所属分支机构改组为中国人民银行广东省分行的分支机构，限期收回“裕民银行券”、“新陆银行券”和“南方人民银行券”及其他边区货币。1950 年 6 月，中国人民银行币基本统一了市场。

南方人民银行券一览表

面额	年度		票幅	主景		主色		备注
	正面	背面	（长×宽）mm	正面	背面	正面	背面	
壹角	1949		93×52	楼房（中）		红		
壹角	1949		102×42	花心（中）		红		
贰角	1949		106×54	工农团结（左）		红		
伍角	1949 年	1949	95×50	凉亭（中）	耕作（中）	红	红	
伍角		1949	118×58	工农团结（左）	山峦、水牛（中）	深蓝	深蓝	
壹圆	中华民国三十八年		170×85	高塔（右）		紫	紫	
伍圆	中华民国三十八年		170×85	亭（右）	花符	紫	紫	
拾圆	中华民国三十八年		170×85	亭（中）	花符	青绿	青绿	
拾圆	中华民国三十八年		127×62	亭	亭子	青绿	青绿	以“闵粤赣边区银行”币改制

第十五节　中国人民银行江西省分行临时流通券

中国人民银行江西省分行临时流通券一览表

（1949 年 6 月至 1950 年 6 月流通于江西省）

面额	年度		票幅	主景		主色		备注
	正面	背面	（长×宽）mm	正面	背面	正面	背面	
伍圆	中华民国三十八年	1949	54×104	面额	发行条例（3 条）	红		竖式
拾圆	中华民国三十八年	1949	57×104	面额	发行条例（3 条）	棕		竖式
贰拾圆	中华民国三十八年	1949	63×110	面额	发行条例（3 条）	深蓝		竖式

1949 年 5 月 21 日，中国人民解放军进驻江西省南昌市。6 月 9 日，中国人民银行江

西省分行在南昌市成立。由于大军南下进展神速，后方印制的人民币一时难以满足本地市面的需要，经江西省人民政府批准，发行了“中国人民银行江西省分行临时流通券”3种。据载，发行额1000万元。

第十六节　新疆省银行货币

一、“三区”期票

面额	年度		票幅	主景		主色		备注
	正面	背面	（长×宽）mm	正面	背面	正面	背面	
壹佰圆			144×74			粉红		正、背面均用维、俄两种文字
叁佰圆								
伍佰圆								
壹仟圆			200×102			酱红	深蓝	木刻

二、新疆商业银行伊犁分行期票

面额	年度		票幅	主景		主色		备注
	正面	背面	（长×宽）mm	正面	背面	正面	背面	
贰仟圆	1947		170×79	伊犁面粉厂和发电厂				流通伊、塔、阿三区
叁仟圆	1947		178×79	伊犁银行				流通伊、塔、阿三区

三、新疆商业银行伊犁专区分行期票

面额	年度		票幅	主景		主色		备注
	正面	背面	（长×宽）mm	正面	背面	正面	背面	
壹佰圆	1948		125×73	维文大字Yuz（佰）	“100”（中）、周围“省商业银行伊犁专区分行期票”（维文）、回历1367年			流通伊、塔、阿三区
伍佰圆			76×137	主景双马拉双轮骅犁、“省商业银行伊犁专区分行期票”（上首，维文）、Besh Yuz（维文“伍佰”、下首，空心大字）				竖式，流通伊、塔、阿三区
壹仟圆			143×71	维文“Bir Ming”（壹仟，左右两侧）、上首横幅内“省商业银行伊犁专区分行期票”（维文小字）、阿拉伯文回历“1367”（右下）	楼房建筑物、左侧“省商业银行伊犁专区分行的临时钞票”（5行直书满文自左至右读）			流通伊、塔、阿三区

四、新疆省银圆

面额	年度		票幅	主景		主色		备注
	正面	背面	（长×宽）mm	正面	背面	正面	背面	
壹圆	“一九四九年”（新疆和平起义后改为“1949”）	1949	直径39.2、厚2.5、重26.8克		“1 Dolar”			流通于除伊犁、塔城、阿尔泰3个区外的7个区

五、新疆省银圆票一览表（贾尼木汗或白文昱签字）

面额	年度		票幅	主景		主色		备注
	正面	背面	（长×宽）mm	正面	背面	正面	背面	
壹分								流通于除伊犁、塔城、阿尔泰3个区外的7个区
伍分								
壹角								
贰角								
伍角								
壹圆								
拾圆			153×76	火车（左）、轮船（右）				1950年印制，新疆省政府发行，流通于全省

六、新疆省银圆票一览表（辛兰亭签字）

面额	年度		票幅	主景		主色	
	正面	背面	（长×宽）mm	正面	背面	正面	背面
伍圆							
拾圆							

1944年11月，新疆北部的伊犁、塔城、阿尔泰三地区爆发少数民族人民反对国民党统治的革命武装斗争，简称“三区革命”。

自“三区革命”爆发，革命政权立即接管三个地区的新疆省银行各分行。

1945年1月，“三区”地区发行壹佰圆、三佰圆、伍佰圆和壹仟圆4种期票（临时钞票，维文称“chek”），主要流通于伊犁一带。

1946年6月，张治中代表南京政府与三区革命政权谈判，曾达成和平协议，成立新疆省政府，旋于1947年破裂，三区政权和新疆当局双方以玛纳斯河为界成军事对峙状态，直至新疆和平解放。

1947年起，伊犁的新疆商业银行分行发行了新的期票。“三区”期票（在1949年底前）只流通于“三区”境内，与国民党统治的新疆其他 7 个区内流通的银元票互不通用，也无折合率。此前，塔城和阿尔泰也发行过期票。

1949 年 9 月 16 日，中共中央派邓力群同志由苏联经伊犁到迪化，督促新疆和平起义。9 月 25 日，新疆和平起义实现。

新疆和平起义前后，新疆省发行了“壹圆”银元。

新疆和平解放后，党和政府没有立即以人民币替代当地货币。为了有利于安定人心，稳定币值，恢复市场，根据当时具体情况，经各族各界协商，新疆省人民政府于 1950 年 2 月决定：保留银元票为新疆合法的临时流通货币；期票停止发行，由银行陆续收回；并有意识地提高银元票对关内人民币的汇率，以促进内地物资输入新疆。实质上是以全国的财力、物力支持银元票的币值，支持新疆经济的稳定和恢复。

1951 年 10 月 1 日，根据政务院命令，新疆省人民政府发出布告，在新疆发行标有维文的人民币。

1951 年底，人民币成为新疆流通领域内的唯一货币。

参考文献

参考图书

［1］千家驹、郭彦岗：《中国货币发展简史和表解》，人民出版社，1982。

［2］中国人民银行金融研究所、财政部财政科学研究所：《中国革命根据地货币》，文物出版社，1982。

［3］中国人民银行四川省分行金融研究所：《川陕省苏维埃政府工农银行》，四川省社会科学院出版社，1985。

［4］山东省委党史资料征集研究委员会：《中共山东党史大事记（1921～1949）》，山东人民出版社，1986。

［5］中共冀鲁豫边区党史编委会：《中共冀鲁豫边区党史大事记》，山东大学出版社，1987。

［6］山东省金融学会：《北海银行五十周年纪念文集》，1988。

［7］中国人民银行河北省金融研究所（贾章旺主编）：《晋察冀边区银行》，中国金融出版社，1988。

［8］中国人民银行河北省分行（贾章旺编辑）：《回忆晋察冀边区银行》，河北人民出版社，1988。

［9］中国人民银行货币发行司：《人民币图册》，中国金融出版社，1988。

［10］孙礼新编撰：《华中敌后货币》，江苏科学技术出版社，1989。

［11］中国人民银行河北省分行（王静然主编）：《冀南银行》（上下），河北人民出版社，1989。

［12］马飞海：《中国历代货币大系（11）》，上海人民出版社，1989。

［13］冀鲁豫边区革命史工作组：《冀鲁豫边区革命史》，山东大学出版社，1991。

［14］郑海章主编：《东北革命根据地钞票》，辽沈书社，1991。

［15］姜宏业：《金融图集与史料》（新民主主义时期），湖南出版社，1991。

［16］罗开华、罗贤福主编：《湘赣革命根据地货币史》，中国金融出版社，1992。

［17］邵之久：《江苏人民革命金融》，南京大学出版社，1992。

［18］秦子卿、任兆风主编：《江苏历代货币史》，南京大学出版社，1992。

［19］姜宏业主编：《中国地方银行史》，湖南出版社，1993。

［20］武博山主编：《回忆冀南银行九年》，中国金融出版社，1993。

［21］徐枫、赵隆业：《中国人民货币图录》，中国社会科学出版社，1993。

［22］丁国良、张运才主编：《湘鄂赣革命根据地货币史》，中国金融出版社，1993。

［23］中国人民银行货币发行司：《中华人民共和国货币图录》，中国大百科全书出版社，1993。

［24］新疆维吾尔自治区财政厅、中国人民银行金融研究所、新疆金融研究所：《革命理财家毛泽民》，新疆人民出版社，1994。

［25］李年椿：《中央苏区货币文物图鉴》，中国金融出版社，1994。

［26］蒋九如主编：《福建革命根据地货币史》，中国金融出版社，1994。

［27］杨勇伟主编：《华中银行币》，上海科技教育出版社，1994。

［28］吴平主编：《华南革命根据地货币史》，中国金融出版社，1995。

［29］张书成、许炳南主编：《闽浙赣革命根据地货币史》，中国金融出版社，1996。

［30］张转芳主编：《晋冀鲁豫边区货币史》（上册），中国金融出版社，1996。

［31］刘崇明、祝迪润主编：《湘鄂西革命根据地货币史》，中国金融出版社，1996。

［32］中国革命根据地印钞造币简史编纂委员会（殷毅主编）：《中国革命根据地印钞造币简史》，中国金融出版社，1996。

［33］高士敏主编：《河北省志·金融志》，中国书籍出版社，1997。

［34］吴筹中：《中国纸币研究》，上海古籍出版社，1998。

［35］罗华素、廖平之主编：《中央革命根据地货币》，中国金融出版社，1998。

［36］山东省钱币学会：《北海银行暨鲁西银行货币图录》，齐鲁书社，1998。

［37］石雷：《人民币史话》，中国金融出版社，1998。

［38］胡菊莲主编：《鄂豫皖革命根据地货币》，中国金融出版社，1998。

［39］安徽省钱币学会：《华中革命根据地货币史》（第二分册），中国金融出版社，2000。

［40］浙江省钱币学会：《华中革命根据地货币史》（第三分册），中国金融出版社，2000。

［41］中国人民银行盐城市中心支行，江苏省盐城市钱币学会：《盐阜银行史》，江苏人民出版社，2000。

［42］杨世源主编：《晋绥革命根据地货币史》，中国金融出版社，2001。

［43］李实主编：《陕甘宁革命根据地货币史》，中国金融出版社，2003。

［44］袁远福、巴家云主编：《川陕革命根据地货币史》，中国金融出版社，2003。

［45］贾章旺：《毛泽东从韶山到中南海（1893～1949）》（上下），中国文史出版

社，2004。

［46］千家驹、郭彦岗：《中国货币演变史》，上海人民出版社，2005。

［47］周逢民、初本德主编：《东北革命根据地货币史》，中国金融出版社，2005。

［48］赵宁夫主编：《中原革命根据地货币史》，中国金融出版社，2005。

［49］内蒙古自治区钱币学会：《内蒙古革命根据地货币史》，中国金融出版社，2007。

［50］许树信：《中国革命根据地货币史纲》，中国金融出版社，2008。

［51］中国人民银行石家庄中心支行等：《红色的见证——中国人民银行成立旧址纪念馆暨河北钱币博物馆纪实》，2009。

［52］马德伦（主编）、敖惠诚（副主编）、贺林、张解东：《中国名片人民币》，中国金融出版社，2010。

［53］牛双跃：《冀南银行货币图鉴》，河北人民出版社，2015。

［54］山东省钱币学会：《北海银行货币大系》，齐鲁书社，2015。

参考文章

［1］肖茂盛、丘少河：《大埔军民合作社流通券发行始末》，载《中国钱币》，1987（2）。

［2］石雷：《东北银行设计印刷的一种人民币》，载《中国钱币》，1987（3）。

［3］乔洪斌：《也谈东北民众自卫军通用钞票》，载《中国钱币》，1987（3）。

［4］石雷：《人民币的诞生》，载《中国钱币》，1988（4）。

［5］周士敏：《人民币统一全国市场的斗争及其特点》，载《中国钱币》，1988（4）。

［6］郁祥祯：《对“工”字银元若干问题的探索》，载《中国钱币》，1988（4）。

［7］张瀛：《对井冈山根据地“工”字银元一些争论疑点的看法》，载《中国钱币》，1988（4）。

［8］李春祥：《井冈山红军造币厂的“工”字银元及其历史作用》，载《中国钱币》，1988（4）。

［9］袁常奇：《人民革命政权最早的银行及其货币》，载《中国钱币》，1988（4）。

［10］刘森：《鄂豫皖根据地货币论略》，载《中国钱币》，1988（4）。

［11］吴平、陈忠、曾桂蝉、江梅枝、陈佩山、肖茂盛、曾超仪：《中国第一个红色政权建立的海陆丰劳动银行》，载《中国钱币》，1988（4）。

［12］蒋九如、刘敬扬、叶冠：《永定第三区信用合作社银毫票》，载《中国钱币》，1988（4）。

［13］王敏贤：《人民币统一新疆货币的过程》，载《中国钱币》，1988（4）。

［14］王培英、邢富亭、阎天佑、王仲秋：《上党银号与上党票》，载《中国钱币》，

1988（4）。

［15］金诚：《江南银行货币与江南印钞厂》，载《中国钱币》，1988（4）。

［16］章惠云：《我所保存的江西省临时流通券》，载《中国钱币》，1988（4）。

［17］吴筹中：《关于新民主主义革命时期人民货币的称谓》，载《中国钱币》，1988（4）。

［18］石雷、左宝昌、王洪恩、童子玉：《关于旧版人民币的几个问题》，载《中国钱币》，1988（4）。

［19］山西省钱币学会：《最早的抗币——兴县农民银行币》，载《中国钱币》，1991（1）。

［20］杨枫、谢启才：《苏维埃货币二题》，载《中国钱币》，1991（1）。

［21］李清兰：《川陕根据地货币论略》，载《中国钱币》，1991（1）。

［22］程丕、杨科（执笔）、程学峰：《谈豫皖苏边区货币》，载《中国钱币》，1991（1）。

［23］胡学源：《马占山将军的大洋票》，载《中国钱币》，1991（1）。

［24］吴满平：《吉安发现江西工农银行暂借发行券》，载《中国钱币》，1991（1）。

［25］蒋九如、郑莺、江伟年、李强：《闽北苏区确曾铸造“红洋”》，载《中国钱币》，1991（1）。

［26］张瀛、吴筹中：《闽浙赣省苏维埃两种银币辨析》，载《中国钱币》，1991（1）。

［27］山西省钱币学会：《上党银号伍圆券孙中山头像版》，载《中国钱币》，1992（1）。

［28］孙忠兴、杨若龄、张春亮：《鹤岗煤票》，载《中国钱币》，1992（1）。

［29］齐光：《鄂豫边区建设银行印钞厂始末》，载《中国钱币》，1992（1）。

［30］范广维、熊涵东：《“阜东县第四区流通券”在盐城面世》，载《中国钱币》，1992（2）。

［31］金诚：《关于国家银行湘赣省分行票币有关版别的探述》，载《中国钱币》，1992（2）。

［32］杨科：《中原解放区豫西、桐柏、皖西地方流通券初探》，载《中国钱币》，1992（3）。

后　记

本书是在中国钱币学会、中国革命根据地货币史研究会直接指导下编写的。

1993 年 9 月，在内蒙古召开的全国革命根据地货币研究会议上，根据中国革命根据地货币史研究会主任委员周士敏同志提议，开始酝酿此书。后经过 1994 年 4 月承德会议、1996 年 9 月北京会议、1997 年 8 月山东会议，通过了修订编目、讨论体例、完善内容几个阶段。

1998 年由马宪玉（中国人民银行原山东省分行）及贾章旺（中国人民银行原河北省分行）两同志负责编写初稿，包括简史和表两部分。

2005 年 7 月，在中国钱币学会周士敏、戴志强、黄锡全等权威专家的直接指导下，由贾章旺同志对简史部分作了修订。

2010 年 6 月 10 日、6 月 28 日、7 月 15 日、7 月 20 日，戴志强先生、许树信先生、金德平先生、黄锡全先生等权威专家分别审阅稿件，提出了他们的修改意见。

2010 年 9 月至 2011 年 3 月，在周士敏同志的直接指导下，由贾章旺同志根据各位权威专家的意见，对书稿进行整理、修改、补充、完善。

2015 年、2016 年，贾章旺同志再次对全书进行修改、订正。

书中一张张货币用一个个表格说话，叙述简练，在同类出版物中别具特色。

全书是在参阅已经出版的全国各革命根据地货币史的基础上编写的，使得内容充实丰满。

但是，由于编者水平有限，视野受限，掌握资料局限，尽管付出了较大的努力，做了 23 年的整理编写工作，本书仍然存有不足之处，恳切希望得到专家和同行们的批评指正。

本书适合广大钱币爱好者，中共党史工作者阅读，适合金融、大专院校、党史、图书馆、档案馆、博物馆等部门收藏。

作者

2016 年 12 月 8 日